존 스튜어트 밀 자서전

존 스튜어트 밀 지음 / 백영원 옮김

이 책을 읽는 분에게

존 스튜어트 밀(John Stuart Mill)은 영국 공리주의(功利主義)의 지도자인 제임스 밀(James Mill)의 장남이다. 그는 조기(早期) 교육을 받은 행운아였다.

16세에 '공리주의자의 회(會)'를 만들어 철학적 급진파를 지도하였으며, 1823년 동인도 회사에 입사하였다. 1824년에는 《웨스트민스터 리뷰》로 공리주의의 보급과 의회개혁을 제창하였다. 1826년 공리주의에 의문을 품어 정신적 위기에 빠졌으나 한편으로 콜리지, 워즈워스 등의 역사·사회관을 배워 위기를 극복하였다.

1851년에 재색을 겸비한 테일러 부인과 결혼하였으며, 1865년부터 1868년까지 대의원 생활을 지내면서 선거법 개정 문제와 노동자·부인의 참정권, 토지 국유화 등을 후원하였고 다방면에 걸쳐 많은 저작을 내기도 하였다.

그의 사상은 영국의 전통적인 개인 자유의 존중을 기본으로 삼고 있었지만, 그가 살던 시대에는 이미 자본주의의 모순으로서 사회 및 노동 문제가 표면화하여 노동자를 옹호하려는 사상이 엿보인다.

예컨대 《자유론》에서는 정신적 자유와 더불어 단결의 자유도 중요하다고 역설하였고, 또 《정치경제학 원리》에서는 생산의 법칙은 불변이지만 분배법칙은 개선의 여지가 있다 하여 사회개량주의 내지 사회정책의 길을 열었던 것이다. 특히 만년에는 사회주의에 관한 몇 편의 논문을 썼으며 그 때문에 그는 과도기의 사상가라고도 불린다. 그러나 그의 사상은 한 국가의 사회에서 개인적 자유의 확립에 있었다. 이러한 관점에서 그는 의회제도를 개선하고 국민을 위한 교육을 보급하였으며 점진적으로 선거권을 확대해 나갈 것을 주장하였다.

그는 1859년 자유에 관한 불후의 명저인 《자유론》을 내놓았다. 이 저서는 1851년에 결혼하여 이 저서가 출판되기 전년에 급사한 애처 테일러 부인과의 공저인데 전체가 5장으로 되어 있다.

이 저서는 홉스, 로크, 벤담 이래의 자유에 관한 견해를 집대성하였고, 특히 권력에 따른 개인의 자유에 대한 침해를 억제하려고 하였다. 동시에 개인과 사회의 관련에 대해 언급하고, 19세기 중반의 자유주의(개인주의)와 사회주의와의 관련에 대한 문제를 제기하고 있다.

밀은 공리주의의 경우에도 벤담이 개인의 쾌락을 단순히 양적으로 계산되는 것이라 한 데 대하여 쾌락에는 고급에서 저급에 이르는 질적인 차이가 있다고 하여 벤담주의에 수정을 가하였다.

그는 자본주의 사회에서의 모순과 그 사회의 이질적 구성을 인정하고 그 속에서 어떻게 공리의 원리에 따라 당시의 사회적 모순을 조정할 것인가를 고찰했다.

이 책은 자유주의와 공리주의의 체계를 완전히 확립시킨 밀의 생애와 사상을 완벽하게 추적할 수 있는 귀중한 문헌이다. 특히 자유민주주의를 이상으로 삼고 있는 우리에게는 몇 번에 걸쳐 읽어도 좋을 만큼 소중한 저서라 하겠다.

이 책은 라스키(H. Laski) 교수가 엮은 *Autobiography of John Stuart*

*Mill*을 대본으로 사용했으나, 문제의 삭제부분만은 컬럼비아 대학 출판부에서 나온 코스(John Jacob Coss) 판으로 보완했다. 코스 판은 코스 교수가 입수한 밀의 원고에 의하여 코스 교수의 사후에 출판된 것이다.

본문 중 { }로 표시된 것은 원전의 보완 설명, 〔 〕은 역자의 보충 설명이며 페이지 하단의 *은 원주(原註)이고 1), 2)는 역주임을 밝혀 둔다.

옮긴이

J. S. 밀 자서전

제1장 1806~1819년

어린 시절과 소년기의 교육

나의 전기를 쓰기에 앞서서, 왜 나는 나처럼 파란이 적었던 한 생애의 회고록을 남기려고 생각하게 되었는지 그 이유를 잠깐 밝혀 두는 것이 좋을 것 같다. 나는 이제부터 내가 쓰는 이야기의 어느 한 부분이라도 하나의 읽을거리로서, 또는 나 자신에 관련된 기사(記事)로서 대중의 흥미를 살 수 있으리라고는 결코 생각하지 않는다.

다만 나는 이렇게 생각할 뿐이다. 즉 요즈음 교육과 그 개혁이 영국 역사에 있어서 그 어느 때보다 더 깊이 연구되고 있지는 않다 하더라도 내가 받은 남달리 특이한 하나의 교육에 대해서 약간의 기록을 남긴다는 것은 어쩌면 쓸모가 있을지도 모른다고. 내가 받은 교육은 다른 여러 가지의 결과는 제쳐 놓더라도, 흔히 말하는 교육의 보통 방법의 경우에는 보람이 없는 유년시절에 흔히들 생각하는 것보다 훨씬 많은 것을 훌륭하게 가르쳐 줄 수 있다는 것을 증명하였다.

그리고 이런 생각도 하였다. 이와 같은 사상의 전환기에는 자기 자신과 다른 사람의 사상에서 꾸준히 배울 것은 배우고 또 반성의 자료로 삼을 것은 삼으려고 노력하며, 언제나 앞으로 내닫는 마음의 자세를 갖춘 사람이 하나하나 더듬어 기록하여 두는 것이 흥미있고 유익한 일이 아닐까 하고.

그러나 앞에서 말한 동기 중 그 어느 것보다도 나에게 있어 더 중요한 이유는 내가 지적으로 또는 도덕적으로 발전하는 데 혜택받은 남들의 은혜에 대하여 감사의 뜻을 분명히 밝혀 두자는 것이다. 내가 은혜를 입은 분들 중 몇 사람은 널리 알려진 명사들이며, 다른 몇 사람은 그분들이 지닌 가치만큼 알려져 있지 않다. 그리고 다른 누구보다도 내게 많은 것을 얻게 해준 분이 있는데, 그는 세상에는 전혀 알려져 있지 않은 분이다. 내가 이상에서 말한 것에 흥미를 느끼지 않는 독자는 이 책을 더 읽을 필요가 없다. 이 책은 그러한 사람을 위해서 쓴 것이 아님을 명심해 주길 바랄 수밖에. 나는 그러한 독자들로부터는 아무런 관용도 기대하고 싶지 않기 때문이다.

나는 1806년 5월 20일, 《영령 인도사(英領印度史)》의 저자 제임스 밀의 장남으로 런던에서 태어났다. 내 아버지는 앵커스 주 보드워터 브리지의 소상인이며 가난한 농부였던 사람(내가 믿기로는)의 아들이었다. 어려서부터 재주가 있어서 스코틀랜드의 재무 재판소 판사의 한 사람이며 페터캐언에 살고 있던 존 스튜어트 경의 인정을 받은 결과, 제인 스튜어트 부인(존 스튜어트 경의 부인)과 다른 귀부인들이 스코틀랜드 교회에서 일하는 청년들을 양성하려고 창설한 기금으로 에든버러 대학에 입학하게 되었다. 아버지는 이 대학에서 보통 누구나 거쳐야 하는 학과 과정을 마치고 전도사의 자격을 받았지만, 끝내 그 직업에 몰두하지는 않았다. 스코틀랜드 교회든지 또는 다른 교회든지 간에 그 교리를 믿을 수 없다는 결론에 스스로 이르렀기 때문이었다. 몇 해 동안 아버지는 스코틀랜드의 여러 가정에서 가정교사 노릇을 하고 있었는데, 그 가운데에는 트위이데일 후작의 가정도 끼여 있었다. 그러나 아버지는 그러한 가정교사의 생활을 청산하고 곧 런던으로 나가서 자리를 잡아 저술하는 일에 전념하게 되었다. 그리하여 1819년 동인도 회사에 취직하게 될 때까지는 저술이 유일한 생계의 길이었다.

아버지의 생애 중 이 시기에 특기하지 않을 수 없는 두 가지 일이 있었다. 그 중 하나는 불행하게도 대수롭지 않은 일이지만, 다른 하나는 매우 드문 일이다.

하나는 정기 간행물에 글을 쓰는 막연한 수입 이외에는 한푼의 수입도 없었으면서도 결혼해서 많은 아이를 가졌다는 것이다. 이것은 그가 적어도 그의 생애 후기에 열심히 지지했던 사상으로 미루어 양식으로나 의무의 문제로서 이만큼 서로 어긋나는 행동은 없었다.

다른 하나는 그가 이 일을 시작할 당초부터 있었던 불리한 조건과 또 결혼으로 말미암아 스스로 초래한 사정 속에서 그러한 생활을 꾸리기 위하여 필요했던 비상한 정력이다. 설혹 글 쓰는 일만으로 그토록 오랫동안 가족을 부양했으나, 한 번도 빚을 지지 않았고 재정상의 아무런 곤란도 겪지 않았다. 이것만으로도 작은 일이 아니었다. 어쨌든 그는 정치에 있어서나 종교에 있어서나 그 당시 세력이 있는 모든 사람들에게 또는 부유한 영국인에게 도대체 비길 데 없을 정도로 흉칙하게 여겼던 여러 가지 견해를 품고 있었다.

게다가 그는 절대로 자기의 신념에 위배된 글을 쓰지 않았을 뿐더러 자기가 쓰는 글에 가능한 한 반드시 자기의 신념을 쏟아넣지 않고는 못 배기는 인간이었다. 그처럼 그는 어떤 일이든 적당히 얼버무릴 수 없는 인간이었다. 그리고 글을 쓰거나 그 밖에 무슨 일을 하든지 간에 어떤 일이라도 그 일을 훌륭하게 마무리하는 데 필요한 온갖 노고를 양심적으로 쏟지 않고는 못 견디었다. 그러면서도 그는 그만큼 무거운 짐을 지고서 《영령 인도사》를 계획 착수하여 그것을 완성하였다. 저술은 약 10년이 걸렸는데, 10년이라는 세월은 이만한 부피의 다른 어떠한 역사책이나 독서와 조사에 필요한 어떤 저술을 내놓는 데 {저자가 그 일에 전념한 경우일지라도} 소요된 세월보다 짧은 기간이었다. 더구나 잊어서는 안 될 것은 이 전 기간을 통해, 거의 매일 상당히 많은 시간을 자녀의 교육에 할당한 일이다. 그 한 사람인 나 자신의 경우를 볼 때 그 자신의 생각에 따라 최고의 지적 교육을 베풀기 위해 세상 어느 어버이도 기울이지 못할 정도의 노력과 주의와 인내를 쏟았던 것이다.

조금의 시간이라도 아끼고 절대로 낭비하지 않는다는 원칙을 엄격하게 지켜 나간 그이기에, 자기의 자녀를 가르칠 때에도 같은 원칙을 고집하는 것은 당연했다. 내가 언제부터 그리스어를 배우기 시작했는지는 정확히 기억하고 있지 않으나 아마 세 살 때였을 거라고 듣고 있다. 아버지의 말을 빌리면 그리스어에 관한 나의 가장 오래된 기억은 극히 쉬운 단어를 영어 해석을 붙여 일일이 카드에 적어 준 단어집을 암기하려던 일이다. 문법은 몇 해 후까지 명사와 동사의 어미 변화 이외에는 배우지 못하였고, 단어를 약간 배운 뒤 곧 역독(譯讀)으로 들어갔다. 그리고 《이솝 우화집》은 내가 맨 처음 읽은 그리스어 책인데, 그 때의 일을 어렴풋이 기억하고 있다. 《아나바시스(*Anabasis*)》는 보다 뚜렷이 외우고 있는데, 이것이 두 번째로 읽은 책이다. 여덟 살까지 나는 라틴어를 전혀 배우지 않았다. 그 무렵 나는 아버지의 지도 아래 그리스 산문작가의 글을 몇 권 읽었는데, 그 중 아직 기억하고 있는 것은 헤로도토스의 전부와 크세노폰의 《퀴로파이데이아(*Cyropaedia*)》와 《소크라테스 추상록》,

디오게네스 라에르티오스가 지은 철학자들의 전기 일부, 루키아노스의 일부, 소크라테스의《아드 데모니쿰(*Ad Demonicum*)》과《아드 니코클렘(*Ad Nicoclem*)》이다. 나는 또 1813년에 플라톤의 대화편[1] 중 맨 처음 여섯 편 {보통의 배열 순서로}, 즉〈에우튀프론(*Euthyphron*)〉에서〈테아이테토스(*Theaetetus*)〉까지를 읽었다. 이 중 맨 마지막 대화편은 도저히 이해할 수가 없었기 때문에 차라리 읽지 않는 것이 옳았다고 생각된다.

그러나 아버지는 무엇을 가르치든지 내가 할 수 있는 최선뿐 아니라 나로서는 도저히 할 수 없는 일까지도 요구했다. 나를 교육시키기 위해 아버지가 얼마나 스스로를 희생하여야 했는가 하는 것은 다음과 같은 사실로 판단될 것이다. 나는 그리스어의 예습을 항상 아버지의 서재 책상에서 했다. 그 당시 영어판 그리스어 사전은 없었고, 라틴어판 사전은 아직 라틴어를 배우지도 않았던 나에게는 소용이 없었다. 따라서 나는 모르는 낱말이 나올 때마다 그 뜻을 아버지에게 묻지 않을 수 없었다. 아버지는 원래 성미가 급한 분이었는데도 이러한 쉴 새 없는 방해를 달게 받았으며, 그 속에서《영령 인도사》몇 권과 그 밖에 써야만 했던 다른 모든 글들도 썼다.

이 어린 시절에 그리스어 외에 내가 수업으로 배운 것은 산술이었다. 이것 역시 아버지가 가르쳐 주었고, 이 산술은 저녁때의 공부였는데, 싫증이 나도록 재미가 없었던 것을 지금도 기억하고 있다. 이러한 수업은 내가 매일 받은 교육의 일부에 지나지 않았다.

---

1) 종래의 '일반 나열방식'으로 처음 6편은〈에우튀프론〉,〈소크라테스의 변명〉,〈크리톤〉,〈파이돈〉,〈크라튀로스〉,〈테아이테토스〉. 옥스퍼드판(版)에서도 이 순위를 좇고 있다. 어쨌든 오늘날 문체론적 연구의 입장에서 저작연대를 추정하여 위와 같은 순서로 나열하는 것이 보통이다.

이 교육의 대부분은 내가 혼자서 읽는 책과 주로 우리가 산책하면서 아버지가 나에게 들려준 것이었다. 1810년부터 1813년까지 우리는 뉴윈턴 그린(Newinton Green)에서 살았다. 그 때는 아직 시골이나 다름이 없는 곳이었다. 아버지의 건강은 늘 상당한 운동을 해야만 하는 형편이었고, 그리하여 아침식사 전에 혼지 쪽으로 가는 숲속의 오솔길을 거니는 습관이 있었다. 나는 언제나 이 산책에 따라다녔다. 푸른 들이라든지 야생의 꽃에 대한 나의 가장 오래된 기억에는 내가 매일 그 전날에 읽은 것을 아버지께 이야기한 추억이 스며 있다. 이것은 아버지가 시켜서 한 것은 결코 아니었다. 내가 자진해서 한 것이었다.

나는 책을 읽고는 종이쪽지에 메모해 두었다가 그것을 아침 산책때 이야기하곤 했다. 내가 읽은 책들은 주로 역사책이었는데, 그것은 상당히 많았다. 로버트슨(Robertson)의 사서(史書), 흄(Hume)·기번(Gibbon)의 책도 그랬지만, 나에게 그 때나 그 후나 두고두고 재미있게 읽은 것은 왓슨(Watson)의 필리페 2세와 3세의 전기였다.[2] 말타 섬의 기사단이 터키 군대와 맞선 용감한 방어, 네덜란드의 여러 주의 반란군이 에스파냐와 싸운 비장한 저항 등은 나의 머리 속에 강렬한 흥미를 자아냈다. 왓슨 다음에 애독한 역사책은 후크(Hooke)의 《로마사》였다. 그리스에 관해서는 당시의 나는 체계 있는 책은 하나도 읽지 못하고, 다만 교과서용 축소판과 롤린(Rollin)

2) 영국의 사가(史家) 로버트 왓슨 (1730~81)의 저서 《에스파냐 왕 필리페 2세전》(1777) 《동 3세전》(1783년 사후 출판)을 일컫는다. 말타 섬의 기사단이 이 터키군의 포위 공격에 용감히 저항하여 마지막 순간까지 이곳을 방어할 수 있었던 것은 1565년 필리페 2세 때였고, 네덜란드 여러 주(州)에 반기를 들고 일어나 폴란드국으로서 독립을 선언한 것은 1568년으로, 이후 이 독립전쟁은 17세기 중반 필리페 3세의 치하로부터 동 4세의 치하에까지 계속되었다.

의 《고대사》[3]를 번역한 마지막 두서너 권과 마케도니아 필리페 왕의 뒷부분을 읽었을 뿐이었다. 그런데 랭그혼(Langhorne)이 번역한 《플루타르코스 영웅전》은 굉장한 정열을 기울여 읽었다. 영국사에 있어서 흄이 붓을 놓은 그 이후는 버넷(Burnet)의 《영국 현대사》를 읽은 것을 기억하는데, 나의 관심은 거의 그 가운데의 전쟁과 전투에만 쏠렸다. 《연감》[4]의 처음부터 1788년경까지의 부분, 아버지가 나 때문에 일부러 벤담 씨로부터 빌려 온 이 책은 여기까지만 있었다. 그 중의 역사 항목도 읽었다. 나는 어려웠던 시대의 프로이센의 프리드리히 대왕이나 코르시카의 애국자 파올리에 대하여 매우 흥미를 느꼈다. 그러나 미국 독립전쟁의 줄거리에 가서는 역시 어렸던 만큼 {아버지로부터 시정되기까지} 그릇된 쪽의 편을 들었다. 그쪽이 영국 편으로 되어 있었기 때문이었다.

이렇게 내가 읽은 책에 대해서 자주 이야기를 나누는 동안, 아버지는 기회가 있을 때마다 문명 · 정치 · 도덕 · 지적 교양 등에 대하여 설명 또는 생각하는 방법을 알려 주고 그것을 뒤에 복습시켜 주곤 했다. 그는 또 내버려 두면 읽고 싶은 흥미마저 갖지 않았을 책까지도 몇 권이나 읽게 하여 그것을 다시 그에게 되풀이하도록 하였다. 그 중에는 당시로서는 굉장히 이름난 명저로서, 아버지가 높이 평가하고 있던 밀라(Millar)의 《영국 정치의 역사적 개관》, 그리고 모스하임(Mosheim)의 《교회사》, 맥크리(MeCrie)의 《존 녹스전》, 또한 슈웰(Sewell)과 러티(Rutty)의 공저인 《퀘이커의 종교사》

---

3) 프랑스의 사가 샤를 롤린(1661~1741)은 《고대사》 12권, 《로마사》 16권의 저자다.

4) 18세기의 저명한 출판자였던 로버트 도즈리가 에드먼드 버클리와 협력하여 해마다의 기록을 남길 목적으로 1758년 창간했다. 현재까지 계속되고 있다.

까지 들어 있었다. 아버지는 나에게 정력과 창의에 찬 사람들이 비상한 환경 속에서 여러 가지 난관을 극복해 가는 이야기를 기록한 책들을 곧잘 물색해 주었다. 그 가운데는 비버(Beaver)의 《아프리카 기행》과 콜린스(Collins)의 《뉴사우스 웨일스 주(州) 초대 식민의 기록》이 기억에 남아 있다. 내가 조금도 싫증을 내지 않고 읽은 두 가지 책은 보통 젊은 사람이 무척 즐기는 앤슨(Anson)의 《항해기》와 드레이크(Drake)에서 시작되어 쿡(Cook)과 부갱빌(Bougainville)로 끝나는 네 권으로 된 《세계일주 항해》(혹스워스가 모은 것이었다고 생각한다)였다.

아이들의 읽을거리는 나에게는 장난감처럼 조금밖에 없었다. 그것은 어쩌다가 친척이나 아는 분들로부터 선물받은 것이었다. 그 중에는 로빈슨 크루소가 으뜸이었는데 나의 소년시절을 언제나 즐겁게 해주었다. 아버지는 이러한 오락책 따위는 아주 드물게 허락했었지만, 이것들을 배척하는 일이 그의 방침의 일부였다고는 말할 수 없다. 또 그러한 종류의 책을 아버지는 하나도 갖고 있지 않았으나, 몇 권인가를 나에게 빌려다 주었다. 그 중에서 기억에 남는 것은 《아라비안 나이트》, 카조트(Cazotte)의 《아라비아 이야기》, 《돈 키호테》, 에지워스(Edgeworth) 여사의 《세상 이야기》, 그리고 그 당시 어느 정도 평이 좋았던 브루크(Brooke)의 《바보 귀족》 등이다.

여덟 살 때 나는 누이동생과 함께 라틴어를 배우기 시작했다. 먼저 배운 것을 누이동생에게 가르쳐 주고, 누이동생은 나에게 배운 것을 다시 아버지 앞에서 복습하는 방법이었다. 이 무렵부터 다른 동생들도 차례로 끼여 들었기 때문에 내 일과의 많은 부분이 이 같은 예습 수업에 소비되었다. 나는 이 일이 질색이었다. 더군다나 동생들의 성적에 대해서도 책임을 지게 되었으므로 더욱 못마땅했다. 그렇지만 나는 이러한 훈련에서 큰 이익을 얻었다. 동생들에게 가르쳐 주는 과정에서 그 내용을 나도 더욱 확실하게 이해하게 되었고, 그만큼 오래 기억하게 된 것이다. 또한 어쩌면 어려운 것을 남에게 설명하고자 애쓴 가운데 한 연습은 어린 나이에도 큰 도움이 되었을 것이다. 이 점을 떠나 다른 면에서는 나의 소년 시절의 경험으로 보아 아이들끼리 서로 가르치게 하는 방법에는 그다지 찬성할 수가 없었다. 그것은 매우 불충분하기도 하고, 가르치는 자와 가르침을 받는 자의 관계는 어느 쪽으로 보나 도덕적 훈련이 되지 않는 일이기 때문이다. 어쨌든 나는 이렇게 해서 라틴어의 문법과 코르넬리우스 네포스와 카이사르(시저)의 《사론(史論)》 대부분을 마쳤는데, 나중에는 수업의 감독 외에 나 자신을 위한 공부를 보다 오래하게 되었다.

라틴어를 시작한 그 해에 《일리아스》를 위시하여 그리스 시인들의 작품을 처음으로 읽어 보았다. 이것이 어느 정도 진행된 뒤에 아버지는 나에게 포프의 역서를 주었는데, 이것이야말로 내가 정성껏 읽은 최초의 영시였다. 이것은 여러 해 동안 가장 즐긴 책 중의 하나가 되었다. 나는 이 시(詩)를 스무 번 내지 서른 번은 읽었던 것으로 기억하고 있다. 어쩌면 소년 시절에 흔히 있는 이러한 취미를 일부러 들추어 내는 것은 이렇게 아름답고 훌륭한 이야기를 담은 시를 나처럼 열심히 애독하는 일이, 나의 관찰로는 내가 기대한 만큼 소년들 가운데서 찾아볼 수 없기 때문에 잠깐 덧붙이게 된 것이다. 이와 때를 같이하여 나는 곧 유클리드를, 그리고 얼마 후에는 대수학을 배우기 시작했다. 역시 아버지의 지도로 공부하였다.

여덟 살에서 열두 살까지 내가 읽은 기억이 나는 라틴어 책은 베르길리우스의 《전원시》와 《아이네이스》의 처음의 여섯 권, 호라티우스의 것은《서정시〔이포데스〕》이외의 전부, 파이드루스의《우화시집》, 리비우스의 첫 다섯 권〔여기에다 그 내용이 재미있어서 틈틈이 자발적으로 읽은 것이 여섯 권에서 열 권으로 늘어났다〕, 살루스티우스의 것 전부, 오비디우스의《메타모르포제스(變形譜)》의 거의 전부, 테렌티우스의 희곡 두서너 편, 루크레티우스의 것 두세 권, 키케로의 연설 약간과 웅변술에 관한 것, 아티쿠스에게 보낸 편지였다. 이것은 아버지가 맹고의 주석 가운데 있는 역사적 설명을 일부러 나 때문에 프랑스어로 번역해 주었다.

그리스어로는《일리아스》와《오디세이아》를 통독하였고 또 소포클레스, 에우리피데스 그리고 아리스토파네스의 희곡도 한두 편씩 읽었지만 별로 얻은 것은 없었다. 그리고 투키디데스의 전부, 크세노폰의《헬레니카》, 데모스테네스와 아이스키네스 및 리시아스의 대부분, 테오크리토스, 아나크레온,《안토로기아》[5]의 일부, 디오니시오스의 것 약간, 폴리비오스의 몇 권, 마지막으로 아리스토텔레스의《수사학(修辭學)》을 읽었다. 이《수사학》은 내가 읽은 맨 처음의 윤리적 · 심리적 문제에 대한 뚜렷한 학문적인 논문으로서, 인간성이나 인간생활에 대한 고대인의 가장 뛰어난 관찰을 망라한 것이다.

아버지는 나에게 특별히 정성을 들여 가르쳐 주었으며, 그 내용의 요약을 도표로 만들게 했다. 이 같은 몇 해 동안 나는 또 초등수학과 대수를 철저하게 배웠다. 그리고 미분학과 그 외 고등수학도 배웠는데, 이것은 대충 끝낸 셈이다. 왜냐하면 아버지가 젊었을 때 공부한 이 계통의 지식이 충분히 남아 있지를 않았고, 게다가

---

5) 사화집이란 뜻. 기원 전 1세기의 메레아그로스 편(篇)을 비롯하여 여러《그리스 사화집(史話集)》이 있다.

나의 공부를 도울 만한 시간을 감당할 수가 없었기 때문에 결국 나는 책 이외의 누구의 도움도 없이 스스로 공부할 수밖에 없었다. 나는 어려운 문제를 풀 수가 없어서 늘 아버지의 기분을 상하게 했는데, 아버지는 내가 그 문제를 푸는 데 필요한 예비지식이 없다는 사실을 모르고 있었다.

나 혼자서 읽은 것에 대해서는 생각나는 대로 적을 수밖에 없다. 역사는 가장 좋아한 과목인데, 특히 고대사가 그러했다. 미트퍼드(Mitford)의 《그리스사》를 즐겨 읽었다. 아버지는 일찍이 이 저자의 보수적 편견, 전제군주를 좋게 다루고 있는 반면 민중적인 제도를 나쁘게 다루고 있는 사실의 왜곡을 경계할 것을 주의해 주었다. 그는 이 점을 그리스의 웅변가나 역사가로부터 예를 들어 가며 상세하게 설명해 주었기 때문에 미트퍼드의 작품을 읽으면서 나의 동정은 항상 저자의 의도와는 반대쪽에 쏠려 얼마쯤은 저자에 대한 반대론을 펼 수 있을 것 같았다. 그렇다고 해서 이로 말미암아 이 책에 대한 나의 새로운 기쁨이 줄어들지는 않았다.

로마의 역사와 옛날 즐겼던 후크 그리고 퍼거슨(Ferguson)[6]도 계속 나를 즐겁게 하였다. 그 문체가 무미건조하다고는 하지만 내가 재미있게 읽은 책은 《고대 만국사(古代萬國史)》인데, 이 책을 늘 읽은 덕분에 별로 세상에 알려져 있지 않은 고대 민족에 대한 알뜰한 사실(史實)을 알게 되었다. 그러나 근대 역사는 예컨대 네덜란드의 독립전쟁 같은 고립된 몇 대목을 제외하면 비교적 아는 것이 적었고 또 관심도 없었다.

소년 시절을 통해 내가 굉장히 열중한 자발적 작업은 자칭 역사 집필이라고 한 일이었다. 나는 후크의 책에서 발췌하여 《로마사》를

6) 그의 《로마 공화국의 진전과 종언》은 1782년 간행되었다.

지었다. 그 다음엔 《고대 만국사》를 요약했고, 내가 즐겨 읽던 왓슨의 책과 이름이 없는 책을 바탕으로 하여 《네덜란드사》를 저술했다. 그리고 열한 살에서 열두 살까지 나 나름으로 제법 대작이라고 자부한 어떤 책을 쓰기 시작했다. 그것은 바로 《로마 정치사》인데, 리비와 디오니시우스의 책을 참고하여 {후크의 책을 따르면서} 편찬한 것이었다. 8절판(八切判) 한 권은 거뜬히 될 부피의 길이였고, 리키니안 법전 시대까지를 완전히 썼다. 이것은 사실 귀족과 평민의 투쟁을 다룬 것인데, 전에는 단지 로마 사람들의 싸움이나 정복에만 흥미를 느끼던 내가 그 무렵에는 완전히 이 문제에만 집중하고 있었다. 나는 연달아 등장하는 국가 조직에 관한 문제를 자세히 논하였다. 나는 니부르(Niebuhr)[7]의 연구에 관해서는 전혀 모르고 있었지만 아버지가 나에게 준 견해에 따라 리비의 기술(記述)을 토대로 하여 토지 분배를 옹호하고, 철저하게 로마의 민주당을 지지하였다.

몇 년 후 나는 이 어린 시절의 노력을 경멸하는 마음에서 그 때의 원고를 모조리 찢어 없애고 말았다. 집필하고 추리한 이 최초의 시도에, 후일 다소나마 자기가 호기심을 느끼게 되리라고는 물론 그 당시에는 생각조차 못하였다. 아버지는 이러한 나의 유익한 일을 격려해 주기는 했으나, 한번도 원고를 보겠다고 말하지 않았던 것은 역시 현명한 처사였다고 하겠다. 그리하여 나는 글을 쓰면서 책임감 있는 부담을 진다거나 누군가의 비판적인 눈초리를 살핀 일은 조금도 없었다.

이 역사 집필의 습작은 결코 강요된 일은 아니었는데, 또 한 가지 아무래도 쓰지 않고는 안 될 것이 있었다. 그것은 시를 짓는 일

---

7) 그의 《로마사》 2권은 1811년, 1832년에 각각 간행되었다.

인데, 내가 제일 싫어하는 일 중 하나였다. 그리스어나 라틴어의 시를 쓴 적이 없었고, 또 시작법도 배우지 않았었다. 아버지는 그런 데에 시간을 보낼 만한 가치가 없다 하여 자기 앞에서 음독시켜 억양만 고쳐 주고 만족하였다. 나는 그리스어로는 산문 한 장 지어 보지 않았고, 라틴어는 겨우 더듬거릴 정도였다. 그렇다고 해서 언어의 실력을 쌓기 위해서 작문 연습이 별 효과가 없다고 아버지가 소홀히 생각한 것이 아니라 다만 사실상 그 시간이 없었던 것이다. 그래서 내가 짓게 된 시는 영시였다. 나는 처음으로 포프의 《호메로스》를 읽고 나서 야심이 생겨 비슷한 작시를 꾀한 끝에 《일리아스》의 속편 한 권 가량을 써 냈다.

나의 시적 야심에 대한 충동은 보통 같으면 아마 그 정도에서 끝났을 텐데, 자발적으로 시작한 이 연습이 공교롭게도 남의 명령으로 계속되게 되었다. 아버지는 나에게 무슨 일을 시킬 때에는 언제나 될 수 있는 한 그 이유를 설명해 주는 습관이 있었다. 이 때도 마찬가지로 두 가지 이유를 든 것을 나는 잘 기억하고 있다. 그 하나는 어떠한 경우에 산문보다 시 형식이 보다 더 멋있고 강렬하게 표현될 수 있다는 것이며, 이것은 시작 능력을 가지는 데 참으로 유리한 점이라고 했다. 다른 하나는 일반적으로 사람들이 시라는 것에 그 진가 이상의 가치가 있다고 생각하기 쉽기 때문에, 그 점에서도 시를 짓는 능력을 가질 필요가 있다는 것이었다.

아버지는 대개의 경우 주제를 나에게 맡겼는데, 내가 기억하는 한 나의 주제는 주로 신화 중의 인물 아니면 우의적(寓意的) 추상 개념으로 기울어졌었다. 그런데 아버지는 호라티우스의 비교적 짧은 시를 수없이 영시로 번역시켰으며, 또 톰슨의 《겨울》을 읽힌 다음, 같은 제목으로 나 자신에게 무엇{책 없이}을 쓰게 했던 것도 기억하고 있다. 내가 쓴 시는 물론 보잘것없는 것이었고, 또 내가 시작의 솜씨를 끝까지 익히게 될 수도 없었지만 이러한 연습은 후에 표현력을 기르는 데 그만큼 도움이 되었는지도 모른다.*

나는 이 때까지만 해도 영시를 아주 조금밖에 읽지 않았다. 셰익스피어의 작품은 아버지로부터 배웠는데 주로 사극을 위해서였다. 나는 사극에서 내 멋대로 다른 것으로 옮겨 갔다. 아버지는 셰익스피어의 찬미자가 전혀 아니었으며, 영국인이 그를 우상시하는 것을 약간 통렬하게 비난하곤 했다. 아버지는 영시를 그리 중요하게 여기지 않고, 단지 밀턴{아버지는 이 시인을 가장 높이 평가하고 예찬했다}, 골드 스미스, 번스, 그리고 그레이의 《방랑 시인》 이외에는 영시를 대단하게 여기지 않았다. 그리고 그레이의 《무덤가의 비가》보다 《방랑 시인》을 좋아했다. 아마 쿠퍼와 비티이는 이상의 여러 시인에 끼여도 좋지 않을까 한다. 아버지는 스펜서의 가치를 어느 정도 인정하고 있었으므로 어떤 때는 나에게 {여느 때라면 나에게 읽히고 그는 듣기만 하는 습관이었는데} 《선녀왕》 제1권을 읽어 주었던 일을 기억한다. 그렇지만 나는 그다지 재미있다고 생각하지 않았다.

현세기로 접어든 후의 시에 대해서 아버지는 거의 그 가치를 외면하였으며, 내가 어른이 될 때까지도 그러하였다. 단지 월터 스콧

---

* 좀더 나이가 들어 위의 작업이 강요되지 않게 되자, 대개의 젊은 애송이 문장가가 그렇듯이 나도 비극을 썼다. 단 나에게 영감을 준 것은 셰익스피어보다도 조아나 베일리였다. 특히 이 사람의 《콘스탄틴 팔레올로가스》[8]는 이른바 인간의 손에서 빚어진 문장 중에서 가장 훌륭한 것으로 생각되었다. 나는 아직도 이 작품을 최근 2세기간의 가장 뛰어난 희곡들 중 하나로 꼽고 있다.

8) 1453년에 멸망한 동로마 제국의 마지막 황제. 그리고 조아나 베일리는 18세기 말부터 19세기 초에 걸쳐 드라마와 시를 발표한 여류작가이다. J. S. 밀이 크게 평가했으나 오늘날 거의 문제시되지 않고 있다.

의 서사시는 예외였는데, 나도 아버지의 권고로 읽고 무척 좋아졌다. 나는 늘 신나는 내용을 좋아했던 것이다. 드라이든의 시집은 아버지의 장서 중에도 있었으며, 그의 시를 많이 읽었는데, 그 가운데 〈알렉산더의 향연〉 이외에는 하나도 재미있는 것이 없었다. 이 시만은 스콧 작품 중의 많은 가요와 함께 나대로의 가락을 붙여 속으로 흥얼거려 보기도 했다. 스콧 작품의 몇몇은 사실 내가 작곡까지 했기 때문에 그것은 지금도 외울 수가 있다. 쿠퍼의 단시(短詩)는 약간 재미있게 읽었는데, 그의 장시(長詩)는 그다지 깊이 들어가지 못했다. 그의 작품 두 권 중에서 세 마리의 토끼를 쓴 산문시만큼 나의 흥미를 끈 것은 없었다.

열세 살 때, 나는 캠벨의 시를 알게 되었다. 그 중에서 《로키엘(*Lochiel*)》과 《호엔린덴(*Hohenlinden*)》 그리고 《에린의 망명자》, 이 밖의 몇 편은 그 때까지 시에서 맛보지 못한 깊은 감명을 받았다. 이 시인의 경우에도 장시는 조금도 이해하지 못했지만 《와이오밍의 케르트루트(*Gertrude of Wyoming*)》의 멋진 서두만은 비탄의 아름다움과 극치가 내 감정 속에 오래도록 새겨져 있었다.

이 무렵 나의 가장 큰 즐거움 가운데 하나는 과학 실험이었다. 단 실험이라지만 이론상 이렇게 써도 좋겠다는 의미이지 일반적인 의미는 아니다. 말하자면 실제로 실험을 한 것도 아니고——이러한 실험의 훈련을 받지 못한 것을 나는 때때로 후회했다——또한 남이 실험하는 것조차 본 일도 없이 그냥 책을 읽은 것뿐이다. 나는 조이스의 《과학의 대화》만큼 정신없이 읽은 책은 단 한 권도 생각나지 않는다. 그리고 이 책의 시작에서 종종 나오는 물리학의 초보 원리 이론의 뼈대가 약하다는 아버지의 비평에 나는 반감을 느꼈다. 나는 화학 논문도 탐독하였다. 특히 아버지의 젊었을 때의 벗이며 동창이었던 톰슨 박사의 것은 강의에 참관하기도 하고 실험을 보기도 하여 수년 전부터 열심히 읽었다.

열두 살 때쯤부터 나의 교육이 지금까지와는 다른 한 걸음 앞선 단계로 들어갔다. 여기서의 중요한 목표는 이미 사상의 보조 수단이나 연장이 아니라 바로 사상 그것이었다. 그 시초는 논리학인데, 여기서 나는 바로 《오르가논》부터 시작하여 《분석론》을 끝까지 읽었다. 그러나 《분석론》 후편에서는 그다지 얻은 것이 없었다. 이 대목이 다룬 사색은 아직 나에게는 무리였다. 《오르가논》과 때를 같이하여 아버지는 나에게 스콜라 학파 식의 논리학을 논한 여러 가지 라틴어의 논문 전부를 읽게 하였다. 읽은 것은 매일 아침의 산책 때 상세히 보고하여 아버지의 숱한 날카로운 질문에 대답하게 했다. 그 뒤 나는 같은 방법으로 홉스의 《계산학》, 즉 논리학을 읽었다. 이 책은 스콜라 학파 논리학자들의 것보다 훨씬 높은 사상을 담은 저작이다. 아버지가 높이 평가한 책이기도 했다. 그러나 나의 생각으로는 이 책이 물론 높은 가치를 지니고 있기는 해도 아버지의 평가 만큼은 못 되는 것으로 보았다. 아버지는 언제나 변함없이 어떤 공부를 나에게 시켜도 그 공부가 무엇에 유익한 것인지를 될 수 있는 데까지 이해하고 느끼게끔 했다.

특히 삼단논법의 실제 이익이 어디에 있는가에 대한 약간의 개념을 가지게끔 하고, 내가 제대로 답을 못하면 그가 설명해서 나에게 이해시키려고 애를 썼다. 당시의 일은 그것이 어느 산책 때이며, 장소가 백숏 황무지 근처였다는 것까지 기억하고 있다(우리는 그 때 아버지의 옛 친구며 당시 샌드허스트의 수학 교수의 한 사람이었던 월라스의 집에 머물고 있었다). 아버지의 설명은 그 때 도무지 문제를 분명히 밝혀 주지 않았지만, 그렇다고 소용없지는 않았다. 그 설명은 그것을 중심으로 장차 나의 관찰이나 사색이 결정(結晶)될 하나의 중핵이 되었다. 아버지가 일반적인 말로 이야기한 뜻이 후일 내게 끼친 낱낱의 사례로 점차 이해하게 되었다. 즉 나 자신의 자각과 경험은 스콜라 학파의 논리학과 젊었을 때부터 사실상 가까이 해온 가치들이 아버지가 평가한 것이나 다름없이 높이 평가되게 된 것이다.

나의 몸에 밴 다소의 사고 능력을 생각할 때 나는 내가 받은 교육에서 논리학 이상으로 혜택을 받은 것을 달리 찾아볼 수가 없다. 내가 다소나마 숙달하게 된 최초의 지적 조작은 어긋난 의론을 해부하여 어느 부분에 잘못이 있는가를 발견하는 일이었다. 내가 이 분야의 능력을 내 것으로 할 수 있었던 것은, 첫째는 분명히 그것이 아버지로 말미암아 가장 끈기있게 단련된 두뇌의 훈련이었던 것은 틀림없지만 동시에 스콜라 학파의 논리학이나 그것을 배우는 동안 이 지적 습관이 이 훈련의 주된 도구가 되었다는 것도 사실이다.

확신하건대, 오늘날의 교육에 있어서 그것이 정당하게 쓰인 경우에 개개의 말이나 명제에 정확한 뜻을 붙이고, 막연하고 애매한 용어에 현혹되지 않는 정확한 사상가를 낳는 데는 논리학 이상의 역할을 하는 것은 없다고 생각한다. 수학이 크나큰 힘을 갖는다고 우기는 사람도 있지만 논리학에 비하면 아무것도 아니다. 수학의 추리과정에서는, 정확한 추리에 따르는 여러 가지 현실적인 난점이 전혀 문제되지 않기 때문이다. 특히 논리학은 철학 학도들의 초기 교육에도 적당하다. 그것은 이 학문이 경험과 사색에 의하여 서서히 자기 자신의 귀중한 사상을 쌓아 올려가는 것과 같은 과정은 필요하지 않기 때문이다. 이것을 배움으로써 그들은 자신의 사고 능력이 그다지 나아가지 않는 가운데서도 혼란과 자가당착에 빠진 사상의 복잡한 엇갈림을 바로잡을 수 있게 될 수도 있다. 이러한 능력은 그와 같은 훈련을 받고 있지 않기 때문에 다른 점에서는 유능한 많은 사람들이 전혀 잊고 있는 실정이다. 이와 같은 사람들은 그들의 논적(論敵)을 앞두고, 기껏 자기가 구사할 수 있는 논법을 써서 적의 논리를 반박하기는커녕 땀흘려 애쓴 보람도 없이 반대론자의 결론에 말려들기 일쑤였다. 이래서는 모처럼 잘된 경우라도 문제가 의론(議論)에 의해 좌우되는 한 아무런 결말도 짓지 못하게 되는 것이다.

이 무렵에 아버지와 함께 계속 읽은 그리스어, 라틴어 책은 어학을 위해서뿐 아니라 사상적 내용에서도 연구할 값어치가 있는 것이었다. 그 중에서도 웅변가, 특히 데모스테네스의 것이 많았다. 데모스테네스의 대표적 연설 몇 가지를 나는 몇 번이나 되풀이해서 읽고, 연습삼아 그 상세한 내용 분석을 위한 글을 썼다. 이것을 아버지에게 읽어 드렸을 때 이 글에 대한 비평의 말은 나에게 많은 도움을 주었다.

그는 나의 주의를 그와 같은 연설에서 짐작이 가는 아테네의 온갖 제도라든가, 또 거기에 종종 설명되어 있는 입법이나 정치 원리 등으로 돌려 주었을 뿐 아니라, 이 웅변가의 교묘한 솜씨——그의 목적에 중요한 것은 하나도 빠짐없이 우선 청중의 마음에 그것을 받아들이기에 가장 알맞은 상태로 옮겨 놓고 적당한 순간을 골라 말한다거나, 단도직입적으로 말해서 청중의 반항을 살 만한 것은 서서히 그들의 마음에 스며들게 하는 방법——를 지적해 주었다. 이러한 관찰의 대부분은 당시의 나에게는 완전히 이해하기는 어려웠지만, 그것은 후일 씨앗으로 남아 시기를 거쳐 차차 싹트게 되었다.

이 시기에 나는 또 타키투스, 유베날리스, 퀸틸리아누스의 것을 전부 읽었다. 퀸틸리아누스는 그 어려운 문체와 그의 논문의 대부분을 구성하고 있는 스콜라 학파적 세심성 때문에 지금은 그다지 읽혀지지 않고, 또 충분히 평가되어 있지도 않다. 그의 책은 교육과 교양의 모든 분야에 걸친 고대인들 사상의 백과사전이다. 나는 나의 젊었던 시절에 그의 작품에서 얻은 영향이라고 단언할 수 있는 귀중한 사고방식을 지금까지도 버리지 않고 있다. 플라톤의 대화편 중의 가장 중요한 몇 개와 특히 《고르기아스(*Gorgias*)》, 《프로타고라스(*Protagoras*)》 그리고 《공화국(*Republic*)》 등을 읽은 것도 이 무렵이다.

아버지는 그 자신의 정신적 교양이 다른 누구보다도 이 플라톤에 힘입었다고 했다. 그리고 젊은 학생들에게도 플라톤을 읽도록 권했는데, 나 자신도 역시 마찬가지로 증언할 수 있다. 플라톤의 대화편에 의해 가장 잘 표현되고 있는 소크라테스적인 변증법은 온갖 잘못을 바로잡고, 독단적 오성(intellectus sibi permissus)에 따라다니는 온갖 혼동을 씻어 버리는 데 가장 좋은 훈련이 되는 일이다. 즉 통속의 용어법이 가르치는 대로 머리 속에 연상의 무더기를 꾸며왔던 두뇌에 흔히 따르는 과오와 혼란을 바로잡는 훈련으로서는 그 유례가 없다. 막연하고 복잡하게 일을 생각하는 사람에게 면밀하고 날카로운 반론을 던져서 자기의 주장을 명확한 용어로서 표현하거나, 아니면 자기 자신도 분간할 수 없는 것을 말하고 있다고 자인하거나, 그 어느 쪽을 상대편에게 인정케 하는 수련이라든가, 모든 일반적인 명제(命題)를 개개의 실례로 검토해 보는 정신, 혹은 큼직한 추상적 용어의 뜻을 규정함에 있어서 무엇인가 그 용어를 포함하는 더 큰 명사를 골라 거기에서 점차 요점까지 세분해 가는 ——즉 그 용어의 한도나 정의를 정하는 데 그 용어와 그러한 종류의 여러 가지 대상을 정확히 구분하는 선을 몇 줄 그어 놓고, 다른 대상을 하나씩 지워 가는——정공법적 방법이라든지, 이러한 종류는 명확한 사고를 갖게 하는 교육으로서 엄청난 가치를 갖는 것이다. 또 이와 같은 종류가 그렇게 젊었는데도 불구하고 완전히 나를 사로잡아 그 후 나 자신의 두뇌의 한 부분이 되었다.

그 후 나는 항상 느끼는 것이지만 플라톤 신봉자라는 칭호는 플라톤 연구법 안에서 자라 그것을 실행하려고 애쓰는 사람들 편이 훨씬 정당한 권리로써 자신에게 요구할 수 있다고 생각한다. 그런데 보통 플라톤 신봉자라 하면 그의 저작의 가장 어려운 부분에서 고른, 더구나 그의 사고방식이나 저술의 성격으로 보아 그 자신이 단순한 시적 공상 혹은 철학적 추리 이상의 것이라고 간주했는지 의아스러운 어떤 독단적인 결론을 자기의 것으로 해서 잘난 체하고 있는 작자들이다.

플라톤과 데모스테네스의 경우 어학에 관한 한 이제는 거침없이 읽을 수 있었으므로, 이전처럼 한 행마다 해석을 달지 않아도 되었다. 다만 아버지 앞에서 음독하고 질문에 답하면 되었는데, 아버지가 낭독법에 특별히 주의했기 때문에 (아버지의 낭독은 매우 우수하였다) 그의 앞에서 낭독하기란 여간 고된 일이 아니었다. 아버지의 요구로 한 일들 가운데 이것만큼 거듭 실수한 것도 없거니와 아버지가 이처럼 화를 낸 적도 없었다. 그는 낭독법의 원리에 대하여, 특히 종래 가장 등한시되고 있었던 소리의 변화, 낭독술의 학자가 말하는 이른바 '억양' (이것은 개개의 낱말의 발음과도 다르고 또 말의 감정 표현과도 다른 것이다) 에 대해서 벌써부터 연구하고 그것을 문장의 논리적 분석에 따른 몇 가지의 원칙으로 간추리고 있었다. 그는 이 원칙을 우선 나에게 열심히 가르쳐 놓고, 그 원칙을 내가 위반할 때마다 맹렬히 꾸짖었다. 그러나 내가 그 당시에 이미 알고 있었던 것은 (그러나 감히 아버지에게 말할 용기는 나지 않았다) , 내가 어떤 문장을 틀리게 읽으면 아버지는 이러이러하게 읽어야 한다고 말로만 가르쳐 주었지 한 번도 같은 곳을 그 자신이 읽어 모범을 보여 주지 않았다는 일이다.

다른 점에서 아버지의 교수법은 훌륭했지만, 한 가지 결점은 구체적으로 구현되지 않는 추상적인 말도 당연히 이해되어야만 한다고 무조건 생각하고 있다는 점이었다. 이 점은 아버지의 모든 사교법에 있어서도 그러했다. 청년기가 지날 무렵, 나 혼자 또는 같은 또래의 친구들과 낭독법을 연습하고 있었던 무렵에야 비로소 나는 아버지의 그 원칙의 의도와 심리적 근거를 이해하였다. 그 당시 나는 다른 친구들과 이 문제를 그 지엽적인 데까지 추구하고 있었으므로, 아버지의 원리를 발판으로 해서 굉장히 유익한 논문을 쓸 수도 있었다. 아버지 자신도 이 원리와 원칙을 책으로 엮지는 않았다. 나는 계통적인 연습을 쌓아서 나의 머리가 이 문제로 꽉 찰 때쯤에 이 원칙, 아니면 거기에 개량한 것을 뚜렷한 것으로 써서 남겨 두지 않았던 것을 후회한다.

나의 교육에 진정한 의미로 크나큰 공헌을 한 책은 아버지의《영령 인도사》였다. 이 책은 1818년 초에 출판되었다. 그 전해, 이 책이 인쇄되고 있을 당시 나는 아버지를 도와 교정을 보는 습관이 있었다. 더 정확히 말하면 아버지가 교정하는 곁에서 내가 원고를 읽는 것이다. 이 귀중한 책에서 헤아릴 수 없이 많은 새로운 사고방식, 또는 힌두족의 사회와 문명, 영국의 제도나 행정에 대해 담겨진 비판과 규정이 나의 사상에 준 충격 · 자극 · 지도 등을 생각한다면, 일찍이 이 책이 그 후의 나의 진보에 얼마나 도움이 되었는지 모른다. 지금 완전한 수준이라는 것을 염두에 두고 생각할 때 이 책에서 결점을 찾을 수도 있지만, 나는 지금까지도 이 책을 현존하는 유일한 교훈적인 역사라고까지는 못할망정 적어도 가장 교훈적인 역사의 하나, 그리고 어떤 정신이 자기의 견해를 형성해 가는 도상에 가장 많은 이익을 얻을 수 있는 책 중 하나라고 생각한다.

이 책의 서문은 아버지가 쓴 것 중에 그의 사상을 가장 많이 표현함과 동시에 사색의 자료라는 점에서 가장 풍부한 것 중 하나로 꼽을 수 있는데, 이것은 읽는 것만으로도 아버지가 이 역사를 어떤 기대를 가지고 썼는가가 뚜렷이 나타나 있다. 전편을 통해서 당시 과격한 일종의 급진적 민주주의 견해와 판단법이 팽팽하게 넘쳐 있고 영국의 헌법 · 법률, 또 국내에서 조금이라도 뚜렷한 세력을 가지고 있는 모든 당파, 모든 계급 등을 그 당시로서는 이례적으로 통렬히 공격하고 있다.

아버지는 이 책의 출판으로 다소의 명성을 기대하고는 있었을망정 사회적 지위를 더 노리지는 않았다고 생각된다. 또한 유력한 방면에 적을 늘리는 외에, 이 책이 다른 무엇을 늘리게 되리라고는 절대로 예상하지 않았을 것이다. 특히 아버지가 꿈에도 생각지 못한 일은 동인도 회사의 호의였다. 왜냐하면 아버지는 그 회사의 상업상의 특권에 대한 무조건 공격과 그 통치 방법에 통렬히 비판을 퍼부었기 때문이다. 하지만 아버지는 이 책의 여러 군데에서 회사 측에 유리한 증언도 했다. 아버지는 그 증언을 그들을 위하여 마땅히 해야 할 의무라고 느낀 것이다. 그 이유는 어느 나라의 정부라 할지라도 전체적으로 그 통치하에 있는 국민에 대하여 이만큼 무수하고 적극적인 선의의 증거를 남긴 일은 없었다는 점, 그리고 어느 정부의 행정일지라도 이 회사처럼 그 흑막이 완전히 세상에 공개되었을 때, 아무리 생각해 보아도 그 행정이 이 회사 문제 만큼 상세한 검사의 시달림에 견딜 힘은 없었을 것이라는 점 등이었다.

그런데 1819년 봄, 즉 《영령 인도사》를 출판하고 약 1년이 지날 무렵, 동인도 회사의 이사들이 본부 정원 가운데 인도와의 통신연락을 담당할 부하를 강화하려는 의향인 것을 알자 아버지는 자진해서 일할 것을 밝혀 결국 채용된 것은 이사진 여러분의 덕택이라고 하겠다. 아버지는 인도 통신 심사부장 보좌역의 한 사람으로 임명되었다. 아버지의 일은 인도로 보내는 급송 공문서를 기안해서 경영의 주요한 각 부분에 있는 이사들의 결재를 맡는 것이었다. 이 위치에 있으면서, 또 그 후에 취임한 심사부장의 위치에 있으면서 아버지는 그의 재능과 명성과 확고한 성품으로 말미암아 진심으로 인도의 좋은 통치를 바라는 사람들 사이에서 큰 비중을 차지하게 되었다. 그리고 차차 인도 국민에 대한 그의 진지한 생각을 비상하게 기안하여 이사회와 감독관 회의의 관문을 그 실효를 감소하는 일 없이 통과시킬 수 있었다.

아버지는 이 《영령 인도사》에서 인도 통치의 진정한 원리를 처음으로 갈파했다. 아버지가 쓰는 공문서는 그 저서의 정신에 따라 인도를 보다 좋게 하고, 인도 주재의 관리들에게 그 사업을 이해시키기 위하여 전무후무의 위대한 공헌을 했다. 만약 그 공문서 선집이 공간(公刊)된다면 아버지의 실제적 정치가로서의 평은 그의 사상적 저작가로서의 이름 못지 않게 높아질 것이라 확신한다.

직장생활로 시간을 빼앗기면서도 나의 교육에 대한 아버지의 배려에는 조금도 빈틈이 없었다. 같은 해인 1819년에 그는 나에게 경제학의 전과정을 가르쳤다. 아버지가 경애하는 친구 리카도가 이보다 좀 유명한 책을 내고 있었다. 이 책은 아버지의 갈망과 힘찬 격려가 없었던들 출판은커녕 집필마저 못했을 것이다. 리카도라는 사람은 참으로 내성적인 사람이어서 자설(自說)의 정당성을 확신하면서도 그것을 정당하게 해설하고 표명하는 일은 자기로서는 도저히 불가능한 일이라고 생각하고 있었고, 더구나 세상에 내놓는다는 것은 엄두도 못할 일이었다. 1, 2년 뒤 그가 하원의원이 될 때도 이 때와 다름없는 우정의 격려가 필요하였다. 그의 생애는 아직도 지력이 극히 왕성한 무렵에 불행히도 끝났으나, 하원에서의 마지막 서너 해 동안 경제학이나 기타 문제에 대해서 그 자신의, 또는 나의 아버지의 견해로 말미암아 눈부신 일을 하였다.

리카도의 큰 저술은 이미 출판되어 있었는데, 그 설을 초보자에게 알맞게 개편한 교과서적 저작은 아직 나오지 않고 있었다. 그래서 나의 아버지는 일종의 연속 강의 형식으로 이 학문을 나에게 가르치기 시작했다. 즉 매일 아침 산책 때에 강의를 하는 것이다. 그는 매일 이 학문의 일부씩을 설명하고, 나는 다음날 그것을 쓴 것을 보였다. 그것을 다시 아버지는 명료하고 정확하게 거의 완전한 형태가 되기까지 몇 번이나 다시 쓰게 하는 방법이었다. 이 방법으로 나는 이 학문의 처음부터 끝까지를 모두 배웠다. 그리고 나의 매일의 보고서를 모은 전편의 개요는 나중에 아버지가 《경제학 요망》을 쓸 때의 대본이 되었다. 이 후에 나는 직접 리카도의 작품을 읽었는데, 그 때에도 매일 읽은 것을 보고하고 또 진행에 따라 절로 생겨 나오는 부수적인 점을 마음껏 아버지와 논하였다.

이 학문의 가장 골치아픈 부분인 화폐론에 대해서, 아버지는 같은 방법으로 나에게 리카도가 이른바 지금논쟁(地金論爭) 시기에 쓴 훌륭한 팜플렛 등을 읽혔다. 그 뒤에는 애덤 스미스가 이어졌다. 이것을 읽게 한 아버지의 주요한 목적 중 하나는 나에게 경제학에 대한 스미스의 약간 피상적인 견해와 리카도의 보다 더 훌륭한 견해를 비교해서 스미스의 의론 속의 그릇된 점이나 그 결론의 어느 부분이든지 틀린 점을 찾게 하는 데 있었다. 이와 같은 교수법은 생각하는 인간을 낳는 데에는 안성맞춤이지만 그러자면 지도하는 쪽도 아버지처럼 면밀하고 정력적인, 역시 생각하는 사람이어야 할 필요가 있었다. 그 길은 아버지에게는 무척 힘든 길이었고, 내가 이 학문에 쏟은 강한 흥미에도 불구하고 나에게도 물론 가시밭길이었다.

아버지는 가끔 애초부터 내 힘에 미치지 않는 것의 한 가지 실패를 몹시 못마땅하게 생각했다. 그러나 전체적으로 아버지의 방법은 옳았고 또 효과도 좋았다. 아마 여태까지의 어떠한 과학적인 교육방법도 아버지가 나에게 논리학과 경제학을 가르친 방법 이상으로 철저하고, 또 두뇌작용을 훈련하는 데 적합한 것은 절대로 없다고 나는 믿는다. 모든 것을 나 스스로 발견함으로써 내 머리의 작용을 일깨우려고 지나칠 정도로 노력한 그는 내가 그 어려움을 뼈저리게 느끼게 될 때까지뿐만 아니라 느끼고 난 뒤까지도 절대로 설명해 주지 않았다. 또 단순히 이 두 가지의 위대한 학문에 대한 그 당시에 이해되었던 모든 정확한 지식을 모조리 알려 주는 데 그치지 않고 어느 경우나 나 자신이 생각하게 하였다. 나는 처음부터 거의 혼자서 생각했다. 때로는 아버지와 다른 방법으로 생각했으나, 그것은 주로 작은 문제에 대해서뿐이었고 최후의 기준은 아버지의 의견을 따랐다. 나중에는 내가 가끔 아버지를 감탄케 하여 세밀한 점에 대한 아버지의 의견을 변경시키는 일까지 있었다. 이 일은 아버지의 명예를 위하여 적어 두는 것이지, 나 자신 때문은 아니다. 이것이 바로 아버지의 완전한 솔직성을 예증하는 동시에, 그의 교육방법의 진가를 말하는 것이라고 믿는다.

나의 과업이라 할 수 있는 것은 여기에서 끝맺었다. 나는 14세 때쯤 1년 이상 영국을 떠나 있었다. 귀국한 뒤에도 나의 공부는 주로 아버지의 지도하에서 계속되었지만, 이미 아버지는 선생의 입장에 서 있지 않았다. 그러므로 지금까지의 이야기는 여기서 일단 중단하고, 나의 생애와 교육 가운데 지금까지의 추억 속에서 다룬 시기와 관계있는 좀더 일반적인 성질의 것으로 펜을 돌리기로 하겠다.

내가 지금까지 대략 더듬은 교육과정 중에서 누구나 쉽게 알 수 있는 일은 어른이 되기까지 좀처럼 익힐 수 없는 (설혹 다소라도 익힐 수 있는 것이라 해도) 일반적으로 고급교육 정도의 지식을 아직 어린 시절의 머리에 넣도록 한 대단한 노력일 것이다. 나 자신의 실험결과는 이것이 그다지 어렵지 않다는 사실을 증명하고 있으며, 보통 초등학생 · 중학생에게 가르칠 수 있는 아주 초보적인 라틴어 · 그리스어의 습득에 얼마나 많은 귀중한 시간이 낭비되고 있는지를 여실히 보여 주고 있다. 이 낭비 때문에 많은 교육 개혁자들은 일반 교육에서 이 두 언어를 전부 배제하려고 매우 터무니없는 제안을 끄집어 낼 생각을 하고 있다. 만약 나라는 인간이 태어나서부터 비상하게 이해력이 있었다든지, 매우 정확한 기억력을 가지고 있었다든지, 혹은 또 눈에 띄게 활동적이고 정력적인 성격의 소유자였다면, 나 혼자의 실험에서는 각별한 결론이 나오지 않았을 것이다. 그러나 이들 여러 가지의 천분에 있어서 나는 평균 이하였지 이상은 결코 아니었다. 내가 할 수 있었던 일은 보통의 능력, 보통의 건강한 체질을 가진 어떠한 소년 소녀들도 분명히 해낼 수 있는 일이었다.

내가 만약에 무슨 일을 해낼 수 있었다면 그것은 운이 좋은 것도 있지만, 내가 아버지로부터 받은 초기 훈련의 모든 것을 통해 같은 내 또래의 사람들보다 4분의 1세기 빨리 출발했다는 사실 덕택이라 해도 과언이 아니다.

내가 받은 훈육에는 한 가지 기본적인 중요점이 있었다. 그것은 앞에서도 약간 언급했지만, 내가 받은 이익의 원인은 무엇보다도 그 점에 있다. 많은 지식을 엄격하게 교육받은 대개의 소년 소녀는 그 때문에 정신 능력이 강화되기는커녕 억압되는 것이 보통이다. 그들은 단순한 사실이라든가 사람의 의견이나 말을 머리 속에 집어넣음으로써 그들 자신의 의견을 기르는 능력의 대용물로 받아들이게 된다. 따라서 훌륭한 부친이 제 아들의 교육에 힘을 아끼지 않는 경우, 그 아이들이 배운 것은 단지 앵무새처럼 되풀이하는 인간으로 자라는 수가 많고, 그들이 배운 길 밖으로 나서면 자기의 판단으로 걸어갈 수 없게 되는 것이다. 그러나 내가 받은 교육은 절대로 마구 배운 교육은 아니었다. 나의 아버지는 내가 배우는 어떠한 것이든 단순히 기억력에만 의존하는 태도를 용서하지 않았다. 그는 나를 가르치는 모든 단계에 이해력이 앞서도록 노력했다. 생각해서 알 만한 일은 나 스스로 노력해서 알게 될 때까지 절대로 먼저 가르쳐 주려고 하지 않았다. 내가 나의 기억을 믿을 수 없는 한 이 방면에서의 나의 성적은 매우 부진했다. 그러한 나의 기억은 거의 모두가 실패한 기억뿐이며 성공한 기억이라곤 하나도 없었다.

하기야 그 실패의 대부분은 당시 나 정도의 초보적 단계로는 성공하기란 거의 불가능한 문제에 대한 것이었다. 지금도 나는 기억하고 있지만, 내가 13세 때의 어느 날 어쩌다가 '관념'이라는 말을 썼는데, 아버지가 관념이란 무엇인가 하고 물었다. 그런데 내가 만족할 만한 정의를 내리지 못하자 그는 언짢다는 뜻을 나타냈다.

또 내가 무엇은 이론상으로는 옳지만 실제적으로는 수정할 필요가 있다는, 보통 쓰는 표현을 사용한 적이 있었다. 그 때 아버지는 이론이란 어떤 것인가를 정의해 보라고 한 뒤 나를 얼떨떨하게 하고서, 그 뜻을 설명하면서 내가 쓴 매우 저속한 말버릇의 잘못을 지적한 일도 기억하고 있다. 나로서도 그 때 이론이라는 말의 올바른 정의조차 밝히지 못하는 주제에 그것을 마치 실제와는 양립되지 않는 것처럼 생각해서 그 말을 쓴 점은 어처구니없는 무식을 드러낸 것이라고 생각하였다.

이러한 점에서 아버지는 정말 부당했다고도 생각된다. 또 어쩌면 사실 부당했었는지도 모른다. 하지만 부당했던 것은 나의 실태에 화를 낸 점만이었다고 나는 생각한다. 자기 스스로 할 수 없는 일은 무엇 하나 요구하지 않는 학생은 결코 자기의 모든 힘을 다할 수 없게 되기 때문이다.

무슨 일이든 젊을 때에 두각을 나타내게 될 때 따르기 쉬운 해악(害惡)의 하나, 이것은 왕왕 모처럼의 유망성을 망치는 수도 있다. 이 예방에도 아버지는 세심한 신경을 써 주었다. 이것은 곧 자만이라는 것이다. 아버지는 극도의 세심한 신경으로, 나에 대한 칭찬이 내 귀에 들리지 않도록 또는 나 자신이 남과 견주어 우쭐해지지 않게끔 주의하였다. 아버지와의 교섭에서도 나는 나 자신을 낮추는 마음밖에 가질 수 없었다. 그리고 아버지가 늘 나에게 보여 준 비교의 대상은 남이 무엇을 하고 있는가가 아니라 사람에게 어떤 가능성이 있는가, 사람은 무엇을 해야 하는가 하는 점이었다. 아버지는 그가 두려워한 어떤 종류의 외부의 힘으로부터 나를 멀리하는 데 철저하였다.

나는 내 실력이 나이에 비해 약간 이상스러운 것이었다는 걸 조금도 몰랐다. 어쩌다가 한 소년이 나보다 적게 알고 있다는 사실을 알게 될 때에는——이러한 일은 여러분의 상상처럼 자주 일어나지 않았지만——나는 자신이 많이 안다고는 생각하지 않았다. 상대방이 어떤 이유가 있어서 모르고 있거나 혹은 그는 내가 모르고 있는 것을 알고 있을 것이라고만 생각하였다. 내 마음은 비굴하지는 않았지만 그렇다고 거만하지도 않았다.

단 한 번이라도 나는 내가 이러이러한 사람이다, 혹은 나는 그만한 일은 해낼 수 있다고 자랑하고 싶은 생각은 없었다. 자신을 과대평가도 과소평가도 하지 않았을 뿐더러, 자신을 평가해 본 적도 전혀 없었다. 만약에 내가 자신에 대해서 생각한 것이 있다면, 그것은 나의 학문이 뒤떨어졌다는 것이었고 사실 아버지의 기대에 비해 확실히 모자란다고 언제나 생각했기 때문이다. 이 일에 대해서는 확신을 가지고 단언할 수 있다. 그러나 나의 어린 시절을 아는 여러 사람들의 인상은 이와는 또 달랐던 모양이다. 나중에서야 알았지만, 그들은 나를 매우 불유쾌한 자신가로 생각한 것 같다. 짐작하건대 내가 의론을 즐기고, 여러 가지 정면으로 반대 의견을 내세우는 데 주저하지 않기 때문이었으리라. 생각해 보면, 나의 이러한 나쁜 버릇은 주제넘게 어른을 상대로 나이에 맞지 않는 문제를 제기하는 것이 약간 지나치게 권장되어, 어른을 대하는 경우에 소홀했던 탓이라고 생각한다. 아버지는 이러한 버릇을 고쳐 주려 하지 않았다.

아마 아버지 자신이 이 점을 알아차리지 못했기 때문이었을 것이다. 왜냐하면 아버지 앞에 서면 완전히 질려서 얌전히 굴어야만 했기 때문에 어쨌든 나는 나 자신이 남보다 잘났다는 생각은 전혀 할 수 없었으며, 그것은 어쩌면 내 성격의 좋은 면이었다고 할 수 있다.

나는 열네 살 때 오랫동안 여행을 떠나게 되었는데, 그 때 아버지가 하이든 파크에서 다음과 같이 말씀한, 그 공원 안의 장소까지 기억하고 있다. 아버지는 이렇게 말했다. "이제부터는 새로운 사람들과 사귀게 됨에 따라 너는 네 또래의 젊은 사람들보다 많은 것을 배웠다는 사실을 알 것이다. 또 많은 사람들이 네가 많은 것을 배웠다고 칭찬할 것이다." 이 때의 아버지 말씀을 끝까지 외우고 있지는 않지만 마지막으로 이렇게 끝맺었던 것을 기억한다. "네가 남보다 무엇을 더 알고 있다 해서 그것이 네 자신의 공은 아니다. 너를 가르칠 수 있었고 거기에 필요한 수고와 시간을 바치는 데 인색하지 않았던 아버지를 가진 너의 행운의 덕인 것이다. 그와 같은 행운을 타고나지 못한 많은 사람들보다 네가 좀더 알고 있다고 해서 하등 칭찬받을 일은 못 되며, 반대로 칭찬을 못 받아도 너에게는 더 없는 치욕이 될 것이다"라고. 정상적인 교육을 받은 소년들보다 내가 보다 많은 지식을 가지고 있다는, 그 때 처음으로 엿들은 사실만은 나에게 있어 하나의 뉴스였다.

이 뉴스를 나는 아버지로부터 들은 다른 모든 말과 같이 무조건 믿기로 했다. 그렇다고 그것이 나 혼자의 공이라는 생각은 조금도 없었다.

이 세상에서 나보다 덜 아는 사람이 있다 하더라도 그것으로 내가 잘났다고는 생각하지 않았다. 자기가 가진 지식이 무엇이든 간에 그것을 스스로의 힘으로 쌓았다는 생각을 해본 적도 없었지만, 지금 그 점에 주의를 받게 되면서 나는 아버지가 말씀한 특수한 행운이라는 것이 과연 사실이고 상식적인 견해임을 느꼈으며, 또 그 말이 그 후의 나의 견해와 생각을 결정하게끔 하였다.

아버지의 교육 계획의 여러 목적 중에서 이 한 가지가 훌륭히 달성될 수 있었던 것은, 아버지가 나를 다른 소년들과 그다지 깊은 교제를 갖지 않도록 주의하면서 소년끼리 미치는 영향뿐 아니라 저속한 사고방식이나 감수성으로부터 감염되지 않게 특히 주의를 기울였기 때문이다. 그러기 위해서는 내가 모든 나라의 초등학생·중학생이 주로 힘을 쏟는 방면의 훈련에는 뒤떨어지게 되는 희생도 아버지는 아랑곳하지 않았다. 나의 교육의 주된 결함은 아이들이 부모들로부터 방임되어 어떻게 해서든지 자기 힘으로 하게끔 내버려 놓든지 집단 속에 내던져진 데에서 얻어지는 것에 있었다.

절제와 자주 했던 산책 탓으로 나는 건강하게 자랐으나, 훈련과 체력을 필요로 하는 재주는 무엇 하나 없었고 흔히들 하는 운동 경기 한 가지도 몰랐다. 공부하는 습관이 흩어져서 게으름을 피울까

봐 휴일이라고는 허락되지 않았지만, 논다거나 노는 시간이 금해져 있던 것은 아니고 오락을 즐길 틈은 매일 충분히 있었다.

다만 놀 상대가 없고 몸을 움직인다는 동물적 필요성은 산책으로 배웠으므로 대개 나 혼자의 오락이라면 책뿐이라고는 할 수 없지만, 대체로 조용한 성질의 것이었다. 학문적인 것 이외에 그 오락이 자극이 되어 무슨 별난 흥미가 일어나는 일에는 두뇌적 활동 역시 돌아가지 않았다. 그러했기 때문에 나는 손끝으로 하는 일은 오랫동안 서툴렀고 오늘날까지 다소 정도의 차이는 있지만 능하지 못하다. 손뿐만 아니라 나의 머리도, 대다수 사람의 삶의 주된 관심거리며 따라서 그들이 가진 지적 능력의 중요한 돌파구라 할 수 있는 자질구레하고 실제적인 일을 대할 때 혹은 대하여야 할 때, 만족스럽게 움직여 주질 않았다. 일상의 문제에서도 나의 산만 · 부주의 · 나태 등은 일년 내내 꾸중거리였다.

나의 아버지는 이러한 일들에 있어서는 나와는 정반대였다. 아버지의 감각이나 지능의 힘은 언제나 빈틈이 없었다. 모든 일에 결단과 정력이 넘치고 그것이 일상의 모든 행동에도 미쳤다. 이 일이 아버지의 재능과 함께 아버지가 개인적으로 접촉하는 사람에게 주는 인상에도 가장 큰 영향을 미치고 있었다.

그러나 정력적인 부모의 자식은 가끔 비정력적으로 자란다. 부모에게 의지하거나 부모 또한 자식의 몫까지 정력을 쏟기 때문이다. 아버지가 나에게 가르친 교육은 그 자체가 나에게 행동하는 훈련보다는 지적 훈련에 훨씬 적합하였다. 아버지가 나의 결점을 몰랐던 것은 아니다. 소년기에나 청년기에도 나는 이 일에 대한 아버지의 엄한 경고 때문에 꼼짝을 못하고 있었다.

그와 같은 단점에 아버지가 무감각하거나 관대했던 것은 결코 아니다. 그러나 아버지는 나를 품성을 타락케 하는 학교생활의 어떤 영향에서 지킬 뿐이었지, 그 실제적인 인간형성의 효과에 충분히 대체될 만한 것을 주려고 노력하지는 않았다.

아마 아버지 자신이 아무런 곤란 없이 또 특별한 훈련 없이 몸에 익힌 모든 미점을 나라고 해서 그에 못지 않게 쉽게 터득하지 못할 리가 없다고 그는 상상했던 것 같다. 이 점에는 아버지도 나의 교육의 다른 많은 방면에 쏟은 만큼의 고려나 주의를 기울이지 않았던 것이라고 생각된다. 그리고 이 점에서는 나에 대한 교육의 몇몇 다른 점에 대해서도 말할 수 있는 일이지만, 원인을 주지 않고 결과만을 기대한 것처럼 생각된다.

제 2 장 1813~1821년

소년기에 받은 도덕적 영향 · 아버지의 성격과 사상

누구의 경우에나 마찬가지로 내가 받은 교육 가운데서 도덕적 영향은 다른 어떤 교육보다도 훨씬 중요했지만, 동시에 가장 복잡하여 다소나마 완전에 가깝게 그것을 지적하는 일은 극히 어렵다. 따라서 이 점에서 내 젊은 시절의 성격이 형성되었을지도 모르는 낱낱의 사정을 상세히 말하기보다는, 내가 받은 교육을 약간이라도 진실에 가깝게 이야기하는 데 빼놓을 수 없는 몇 가지 중요한 점에 한해 이야기하기로 한다.

나는 애초부터 일반적인 뜻에서의 종교적 신앙은 없이 자랐다. 아버지는 스코틀랜드 장로파의 신조를 교육받았지만, 자신의 학문과 사색에 의하여 천계(天啓)의 신앙은 물론, 이른바 자연 종교의 기초를 일찍부터 배척하였다. 아버지의 이 문제에 대한 생각의 전환점이 된 것은, 바틀러의 《종교의 유추론(類推論)》[1]이라는 이야기

1) 조제프 바틀러(1692~1752)의 저서로 1736년 간행되었다. 당시 성행하던 이신론(理神論)〔자연 종교〕을 공격하고 그리스도교를 옹호하였다.

를 들은 적이 있다. 아버지는 이 책에 항상 경의를 표명하였는데, 그 책 때문에 아버지는 꽤 오랫동안 기독교가 신으로부터 권위가 주어졌다고 마냥 믿고 있었다고 한다. 왜냐하면 구약·신약의 성서가 완전히 현명하고 선량한 신에서 유래하고, 혹은 그러한 신의 언행(言行)을 기록하고 있다고 믿는 일[2]이 얼마나 곤란하든 간에, 그와 같은 성격의 존재가 이 우주의 창조주였을 수 있다고 믿는 일에는 그만한, 아니면 그보다 더 큰 곤란이 방해하고 있다는 게 그 글에서 증명되었기 때문이라고 했다. 아버지는 바틀러의 의론이 당면 목표로 삼는 상대를 결정적으로 공격한 것이라 생각했다. 만능인 동시에 완전히 올바르고 자비로운 존재가 이 세상의 창조주이자 지배자라고 생각하면서도 기독교를 비난한다면, 그 비난은 고스란히 그들 자신 위에 가해져도 무방하다.

이렇게 생각한 아버지는 이신론(理神論)에 안식처를 찾지 못한 채 여전히 고심하던 끝에, 만물의 기원에 관해서는 끝까지 아무것도 알 길이 없다는 확신을 얻었다. 아버지의 의견을 이외에는 달리 나타낼 수 없으며, 독단적인 무신론 따위는 그에게는 어리석은 것이었다. 그것은 세상 사람들이 무신론자로 알고 있는 사람들의 대부분이 항상 인정해 온 바이다. 아버지가 이른바 종교적 신앙을 전적으로 배척한 것은 제일의적으로 논리와 확증의 문제가 아니었다. 그 근거는 지적인 것보다도 오히려 도덕적인 것에 있었기 때문이다.

이처럼 악에 찬 세계가 무한한 힘과 완전한 선(善), 그리고 올바른 창조주의 손에 의해 이루어진 것이라고 아버지께서는 믿지를 않았다. 이와 같은 명백한 모순에 스스로 눈가림을 하기에는 아버지

2) 천계를 믿는 일.

의 지성이 너무나 날카로웠다. 사바교도나 마니교도가 믿은 선의 원리와 악의 원리가 서로 대항하여 우주의 지배권을 다투고 있다는 설이라면, 그는 이러한 비난을 하지 않았을 것이다. 사실 나는 그의 입에서, 아무도 현대에 이설을 부활시키는 사람이 없다는 게 이상하다고 말하는 것을 들은 적이 있다. 물론 아버지는 그 설을 단순한 하나의 가설로 생각하였을 것이다. 그러나 그것이 인간을 타락시키는 사악한 힘을 갖춘 것이라고는 보지 않았다고 생각한다.

어쨌든 보통 말하는 의미에서의 종교에 대한 아버지의 혐오는 루크레티우스[3]와 같았다. 종교를 단순한 정신적 미신으로 보지 않고 커다란 도덕적 악으로 보았다. 아버지 말로는 종교란 도덕의 최대의 적이라는 것이다. 그것은, 첫째 거짓의 지고선(至高善)을 조작해서——신조에 대한 신앙이라든가 헌신적 감정이나 의식과 같은 것은 인류의 복지와는 관계가 없는 것뿐이다——그것들을 진정한 미덕의 대용물로 받아들이게 하기 때문이다. 무엇보다도 괘씸한 것은 도덕의 기준을 근본적으로 저하시키는, 즉 어떤 존재의 의지대로 움직이는 것이 선이라고 하기 때문이다. 그러고는 그 존재에 대해 별의별 아첨의 말을 늘어놓는데, 사실은 그 존재라는 것이 아주 증오에 차 있다는 것이다. 아버지의 입으로 몇십 번 들었는지 알 수 없지만, 모든 시대 모든 국민은 그들 나름대로의 신을 사악한 신이라고 생각해 왔으며, 그것도 때때로 그 정도가 심해지는, 말하자면 인류가 계속 신에게 사악의 증거를 제시하여 드디어는 인간이 생각할 수 있는 완벽한 사악의 개념에 도달하고 있는데도 역시 그것을 신이라고 부르며 그 앞에 무릎 꿇고 엎드려 있다는 것이

3) 로마의 서사시인. 그의 작품《만물(萬物)의 본질(本質)에 관하여》는 한낱 유물론을 설파한 것으로 신이 우주를 창조하고 지배한다는 이론은 미신이라고 단정하고 있다.

었다. 이와 같은 사악의 극치가 보통 기독교의 신조라 해서 인류에게 알려져 있는 것 가운데 구현되어 있다고 보았다. 지옥과 같은 것을 만들려는 존재를 생각해 보라――인류를 창조하면서, 결국에는 그 인류의 대다수를 무서운 영원의 형벌 속에 몰아넣을 것을 분명히 예고하고, 또 그러한 의도를 가지고 창조하는 존재를――고, 아버지는 입버릇처럼 말씀하셨다.

이러한 무서운 것이 예배의 대상으로 생각하는 길이 곧 기독교일 수는 없다고 생각될 시기, 다소나마 도덕적 선악의 의식을 가진 사람이면 아버지처럼 괘씸하게 생각할 시기가 미지 않아 다가오리라고 나는 생각한다. 그러한 신조에 당연히 포함되리라고 생각되는 도덕의식을 저하시키는 결과까지를 일반 기독교 신도가 그 신조에서 예상되는 정도로 태연히 받아들이고 있지 않다는 것쯤은 아버지도 남들만큼 잘 알고 있었다.

말의 모순을 포함하는 이론을 태연하게 용인할 수 있는 그 애매한 사고방식, 공포나 희망이나 애정에 이성을 종속시키는 태도가 사람들에게 이 이론의 논리적 귀결을 인식시키고 있지 않을 뿐이다. 그리고 스스로 진실이라고 인정하는 것을 기준으로 하여 감정적으로는 못마땅한 결론을 자아내는 인간은 극히 드물기 때문에, 거기에서 대중은 만능한 지옥의 창조주를 하등의 의문 없이 믿으면서 한편으로는 그 창조주를 그들이 생각할 수 있는 한의 완전한 선의 개념과 동일시해 온 것이다. 그들이 상상한 창조주라면 그것은 당연히 악마일 수밖에 없는데, 그들의 예배는 절대로 악마를 예배하는 것이 아니라 그들 자신이 이상으로 하는 선(善)을 향해서였다.

곤란한 것은 그와 같은 신앙은 이상을 비참하리만큼 낮출 수밖에 없고, 이상을 높이려는 경향의 모든 사고방식에 대해 가장 완강한 저항을 나타내고, 정신과 도덕의 명석한 개념이나 높은 도덕기준으로 이끌어 가려는 모든 사고방식에서 발뺌을 하는 것이다. 왜냐하면 그들에게 있어서 그와 같은 기준은, 신이 정한 것과 맞서는, 그들이 습관적으로 기독교 신조로 믿는 것들과 맞선다고 (분명히 알지는 못하더라도) 느끼기 때문이다. 이래서 도덕은 언제까지나 무엇 하나 일관된 원리, 일관된 감정으로까지 발전하지 못하고 단순한 맹목적 계승의 테두리에서 벗어나지 못하는 것이다.

종교에 관한 아버지의 확신이나 감정과 일치되지 않는 견해를 내가 다른 데서 얻게 되는 것을 아버지의 의무감이 허용하지 않아서였겠지만, 아버지는 처음부터 나에게 어찌하여 세상이 생겼는가는 아무것도 알려 주지 않았던 문제라서 '나를 만든 것은 누군가' 하는 물음에는 대답할 수가 없다, 그것은 답변할 근거가 되는 경험이나 지식이 우리에게 없기 때문이다, 굳이 어떤 답을 바란다면, '그 신을 만든 것은 누구인가' 라는 질문이 뒤따라 나오게 되어, 한 발 더 근본에 가까워지는 어려운 문제가 될 뿐이다라는 점을 내 머리 속에 깊이 못박아 두었다. 그와 동시에 아버지는 나에게 이 어려운 문제에 여태까지 인류가 어떻게 생각하여 왔는가를 알리려고 애썼다. 얼마나 어릴 적부터 그가 나에게 교회사를 읽혔는지는 앞에서도 말하였다. 종교 개혁은 사상의 자유로운 입장에서, 성직자의 압제에 대한 위대하고 결정적인 싸움을 벌인 것이라는 데 강한 관심을 가지게끔 가르쳐 주었다.

이리하여 나는 이 나라에서 아주 드문, 종교를 버린 것이 아니라 처음부터 가지지 아니한 사람의 한 실례가 되었다. 종교에 관한 한 나는 소극적인 입장에서 자랐다. 근대의 종교도 고대의 종교와 다름없이 나와는 전혀 관계가 없는 것으로 생각되었다. 내가 믿지 않는 것을 믿고 있는 영국인이 있다고 해서, 말하자면 헤로도토스를 읽은 인물들 가운데 내가 믿지 않는 것을 믿고 있었던 것과 같이 별로 이상하게 생각되지도 않았다. 역사를 읽은 덕분에 인류간에는 온갖 의견이 있는 것이 예사로운 것이라고 알고 있었기 때문에, 이 경우에도 그 연장에 지나지 않는다는 생각이었다.

하지만 나의 초기의 교육 가운데서 이 한 가지만은 우연하게도 주목할 만한 한 가지 나쁜 결과를 초래하였다. 아버지는 나에게 세상과 반대의 의견을 가지게끔 하자면, 그 의견을 세상에 공언하지 않는 것이 현명하다고 가르쳐 둘 필요가 있다고 생각하였다. 그렇게 어린 시절에 자기의 생각을 가슴 속에 덮어 두도록 가르쳐 준 것이 얼마간의 도덕적 불이익을 가져왔다. 원래 남과의 교섭이 적은 나였고, 특히 나에게 종교 이야기를 해줄 만한 사람과의 교섭이라고는 거의 없었기 때문에, 공언할까말까 하는 난처한 입장에 서 본 일은 없었다. 나는 소년 시절에 두 번 그런 입장에 서게 된 일을 기억하는데, 두 번 다 나는 자기의 불신을 공언하여 그것을 변호하였다. 상대는 모두 나보다 꽤 나이 많은 소년들이었는데, 그 한 명은 뚜렷이 놀라면서 그 뒤로는 두 번 다시 그와 나 사이에서 이 문제가 일어나지 않았다. 다른 한 명은 놀라기도 하고 약간은 기가 꺾이기도 하면서 열심히 내 생각을 고치려고 애썼지만 그 효과는 거두지 못하고 말았다.

현재와 내 어릴 적과의 가장 큰 차이 중 하나는 언론의 자유가 크게 진보한 것인데, 그 때문에 이 문제의 도덕적 의의는 많이 달라졌다. 지금 같으면 나의 아버지와 같은 지성과 공공 정신이 있는 사람이 그만한 치열한 도덕적 확신을 가지고 종교 또는 기타 사상상의 중요 문제 등에 관해서 세상과는 판이한 의견을 품고 있을 경우, 그 의견을 세상을 향해 공포하지 않고 또 남에게도 공포하지 않도록 가르치는 일은 없으리라고 생각한다. 하기야 그러한 문제에 대한 자설을 정직하게 말하게 되면 생활의 밑천을 잃게 될 염려가 있다거나, 직장을 쫓겨날 우려가 있는 경우라면 모르지만, 그러한 일들은 나날이 없어져 가고 있다. 특히 종교에 관해서는 충분한 지식과 자격이 있는 사람이 심사숙고한 끝에, 세상 일반의 견해라는 것은 단순히 그릇되어 있을 뿐만 아니라 오히려 유해한 것이라고 자신이 확신한다면, 그 이의를 널리 세상에 알리는 것이 오늘날 우리의 의무라고 나는 생각한다. 적어도 사회적 지위와 명성 같은 점으로 보아 의견의 영향이 큰 사람일수록 더욱 그러하다. 그렇게 알려짐으로써 세상은 비로소 부당하게 불신당하는 무엇이 곧 생각하는 방법이라든가 이해하는 방법이 모자라는 것과 관계가 있는 것처럼 생각하는 비속한 편견을 영원히 일소하게 될 것이다.

만약에 세상 사람들이 가장 자랑스럽게 생각하고 있는 사람들──세속적인 평가긴 하지만 지덕의 면에서 가장 뛰어났다고 이름난 사람들──대부분이 종교상의 완전한 회의파라는 사실을 안다면 무척 놀랄 것이다. 그러한 많은 사람들이 공언하지 않고 있는 것은 무슨 일신상의 이해를 따져서가 아니라 현재의 신앙, 나아가서는 현재의 방식{이라고 그들은 생각하는 것이지만}을 악화할 우려가 있는 의견을 공언하는 것으로 말미암아 그것이 세상에 해로움을 끼치지 않을까 하고, 양심적으로 {내 표현대로 하자면 오늘날 이처럼 그릇된 생각은 없지만} 걱정하기 때문이다.

이른바 믿지 않는 사람의 경우에도 신자의 경우와 같이 여러 종별이 있고, 거의 모든 종류의 도덕상의 형(型)이 포함되어 있다. 정말 알 기회를 가진 사람이면 누구나가 주저없이 단언할 테지만, 그 가운데 가장 좋은 형은 종교의 이름을 독점적으로 자기의 이름처럼 내세우는 패보다 그 말의 최고의 뜻에 있어서 한층 더 본질적으로 종교적이다. 관용한 시대 정신 덕분에, 달리 말할 것 같으면 눈앞에 있는 것도 단지 자기들의 기대와는 다르다는 이유만으로 숨겨 버리는 완고한 편견의 힘이 약해졌기 때문에, 이신론자(理神論者)도 올바른 뜻에서 종교적일지도 모른다는 생각이 매우 일반적으로 용인되었다.

그러나 만약 종교라는 것이 단지 교의가 아니라 인격의 고결함을 의미하는 것이라면, 이신론을 따를 수 없는 신념을 가진 사람들 대다수에 대해서도 같은 주장이 가능할 것이다. 그들은 우주가 어떤 구도를 가지고 만들어진 작품이라면 그 증거가 불충분하다고 생각하거나, 또 우주에는 완전한 선악과 절대의 권력을 다 같이 가진 창조주 내지 지배자가 있을 수 있다는 말을 분명히 부정하거나 간에, 어쨌든 모든 종교의 제일의적 가치를 이루는 것, 즉 완전한 존재라는 이상상(理想像)만은 가지고 있고 그것을 자기들의 양심의 지표로서 습관적으로 의지하고 있다. 뿐만 아니라 이상선(理想善)은 현세와 같이 고뇌에 찬, 그리고 부정으로 일그러진 창조주로부터 절대의 선(善)을 찾아내지 않으면 안 된다고 생각하는 사람들의 객관적인 신에 비해 상식적으로도 훨씬 완전에 가까운 것이다.

종교와는 전혀 동떨어진 아버지의 도덕적 확신은 그리스 철학자들의 의견에 매우 가까운 것이며, 그것이 아버지가 말하는 모든 것의 특징이 되는 단호한 결단성으로 이야기되었다. 내가 아버지와 크세노폰의 《소크라테스의 추상록》을 읽었던 어릴 적만 해도 나는 그 책과 아버지의 주석을 통해 소크라테스의 인격에 대한 깊은 존경이 심어졌다. 소크라테스는 나의 머리 속에 이상선의 전형으로 남았고, 또 그 무렵 아버지가 나의 '헤라클레스의 선택'[4]의 교육에

4) 헤라클레스는 그리스 신화에서 힘과 용기를 상징하는 신이다. 그의 소년시절 생(生)의 선택에 대해서 고민하고 있을 때, 지혜의 여신 아테네와 미(美)와 연애의 신 아프로디테가 나타나 전자는 미덕으로써 고역과

힘을 기울였던 것을 기억한다. 그 얼마 후에 플라톤이 쓴 책에 나타난 높은 도덕 기준도 비상한 힘으로 나에게 영향을 주었다.

아버지가 설명해 준 도덕의 가르침은 어떠한 경우일지라도 주로 Socratici viri(소크라테스 학생)의 가르침으로서, 정의 · 절제 {이것을 아버지는 굉장히 넓은 범위에 걸쳐 응용하였다} · 진실 · 인내 · 고통, 특히 노동을 스스로 받아들이는 정신, 공공의 이익을 생각하는 마음, 사람은 그 진가에 따라, 사물은 그 내포된 유용성에 따라 평가할 것, 방종과 안락으로 나태에 빠지는 생활과는 반대의 뜻으로서 노력하는 생활 등이었다. 이와 같은 또는 그 이상의 도덕을 아버지는 그때그때의 필요에 응하여 혹은 엄숙한 권고나 엄한 질책, 경멸의 뜻을 포함한 짧은 말로 이야기하는 것이었다.

그러나 직접적인 도덕의 가르침도 큰 역할을 하지만, 간접적인 것이 더 큰 역할을 하는 법이다. 아버지가 나의 성격에 미친 영향은, 가르치려는 직접적 목적으로서의 언동만에 의한 것이 아니라, 그보다는 아버지가 어떠한 인격자였는가에 의한 것이다.

인생관에 있어서 아버지는 스토아 학파, 에피쿠로스 학파 그리고 근대적인 의미가 아니라 고대 의미로서의 견유학파(犬儒學派)[5]의 성격을 각기 계승하고 있었다. 타고난 소질로는 스토아 학파의 요소가 우세하였다. 도덕의 기준은 그것이 심리적이고 선악의 유일한 기준으로써 행위가 쾌락을 낳는가, 아니면 고통을 낳는가 하는 점을 다루고 있었다는 점에서 에피쿠로스 학파에 속해 있었다. 그

영광의 생애를, 후자는 쾌락으로써 안일과 향락의 생애를 제공하려 할 때, 헤라클레스는 단연코 전자를 택하였다고 전해지고 있다.

5) 한 마디로 말해 스토아파(派)는 정신적 쾌락주의를 일컫는다. 고대의 의미에서 견유학파는 무욕주의(無慾主義)지만 근대적 의미로는 익살과 비꼼을 일삼는 사람을 가리킨다.

러나 아버지는 (여기에 견유학파적 요소가 보이는데), 쾌락이라는 것을 거의 믿지 않았다. 적어도 내가 이 점에 대해서 자신을 가지고 말할 수 있는 아버지의 만년에는 더욱 그러했다. 아버지가 쾌락에 무감각했다는 것이 아니라, 다만 쾌락을 얻기 위하여 적어도 이 사회의 현상에서 치러야 할 만한 대가에 마땅한 쾌락은 거의 없다고 생각한 것이다. 인생에서 실패의 대부분은 쾌락을 과대평가하는 데서 일어난다고 아버지는 생각했다. 따라서 그리스의 철학자들이 의도한 넓은 의미로서의 절제가──무슨 일에 빠지더라도 적당한 데서 그만둔다는 것이──아버지에게나 그 자식들에게 있어서 거의 교육의 중심점이 되었다.

아버지가 이 절제의 덕을 곧잘 내세운 것은 나의 어릴 적의 기억 속에서 큰 위치를 차지하고 있다. 호기심을 갖지 않은 젊고 싱싱한 시절이 지나간 후의 인생은 그 인생이 약간은 좋다 하더라도 결국 보잘것없는 것이라고 아버지는 생각하였다. 이러한 것을 아버지는 좀처럼 화제에 올리지 않았고, 특히 젊은 사람들 앞에서는 이야기하지 않았다. 그렇지만 그 이야기를 할 때는 애매하지 않은 확실한 말투로 하는 것이었다. 만약에 인생을, 좋은 정치와 좋은 교육의 힘으로써 그 가능성대로 할 수 있다면 비로소 그 쾌락이 손에 들어올 수가 있을 것이라고 아버지는 언젠가 말했다. 그러나 그러한 가능성을 말할 때에도 그는 결코 열의 같은 것은 보이지 않았다. 아버지는 시종 지적인 즐거움을 다른 어떤 즐거움보다 위에 두었다. 그것은 뒤에 얻어지는 이익을 문제삼지 않고 단지 쾌감으로서의 가치만으로 봐서도 그러했다.

자애의 쾌락도 아버지는 높이 평가했다. 행복한 노인이라는 것은, 젊은 사람의 쾌락을 보면서 거기에서 다시 사는 보람을 느낄 수 있는 사람이라고 늘 말하고 있었다. 모든 종류의 정열에 대해서도, 정열을 찬미한 예로부터의 모든 이야기나 문장을 아버지는 더할 수 없는 경멸의 말로 서슴지 않고 비난하였다. 그러한 것을 일종의 미친 짓이라고 생각한 것이다.

'열렬한'이라는 말은 아버지의 경우, 경멸적인 비난의 뜻을 포함한 상용어였다. 감정이 두서없이 강조되는 것을 아버지는 고대의 도덕기준에 비해 현대의 그것이 도착되어 있는 증거라고 생각하였다. 그의 생각으로 감정 자체는 칭찬하거나 비난해야 할 정당한 대상은 아니었다. 정(正)·사(邪)·선(善)·악(惡)은 행위에만——무엇을 했다, 안 했다는 것에만——따르는 성질이다. 거기에 비해 감정은 때로는 좋은 행위를, 때로는 나쁜 행위를 낳고 많은 경우 반드시 그 어느 쪽을 낳는 것이다. 양심이라는 것 역시 옳은 행위를 하고 싶은 욕구에 지나지 않지만, 사람을 왕왕 그릇된 행위로 몰아가지 않는가.

그러한 생각 위에 서서 칭찬하거나 비난하는 일의 목적은 그릇된 행위를 억제하고 옳은 행위를 장려하는 것이어야 한다는 설을 끊임없이 실행하고 있었으므로, 아버지는 자기의 칭찬이나 비난이 절대로 행위자의 동기에 좌우되는 일이 없도록 노력하였다. 비록 동기는 의무의 감정에서였다 하더라도 행위가 나쁜 행위로 간주되는 경우에는, 아버지는 행위자가 의식적으로 나쁜 일을 한 경우에 못지 않게 냉철하게 비난하였다. 예컨대 이단 심문관(異端審問官)이 이단자를 분살(焚殺)하는 것은 그들로서는 양심의 의무와 신념에서 했다는 변명에 아버지는 절대로 귀를 기울이지 않았다.

그러나 의도가 성실하다고 해서 그 행위에 대한 비난을 누그러뜨리는 점은 없었지만, 상대편의 인품을 평가할 때에는 이 점을 충분히 고려했다. 양심적이라는 것, 의도가 옳았다는 것을 아버지 이상으로 높이 산 사람은 없으며 또 그러한 점이 확인되지 않은 인간을 아버지만큼 존중할 줄 모르는 사람도 없었다. 양심적이 아닌 점 이외의 점에 대해서도 만약 그 점이 그 사람을 그릇된 행위로 몰아넣을 우려가 있다고 생각되면, 그것 역시 가차없이 미워하였다. 예를 들어 무엇이든 옳지 않은 주의를 광신하는 자를 자기 욕심에서 같은 주의를 주장하는 자에 못지 않게 미워하였다. 왜냐하면 전자가 사실상 한층 더 큰 해를 끼칠 우려가 있다고 생각했기 때문이다. 그래서 많은 지적인 잘못 또는 그러하다고 아버지가 생각한 것에 대한 그의 혐오는 어떻게 보면 다분히 감정적 의분을 띠었다. 그것은 바로 아버지의 의견 속에는 감정이 꽤 투입되어 있었다는 말이며, 의견과 감정 양쪽을 다분히 지니고 있는 사람이 그렇지 않다면 오히려 이해하기 곤란할 정도였다. 의견 따위는 아무래도 좋다고 생각하는 사람이라면 모르겠지만, 그렇지 않은 한 이러한 태도를 편협성과 동일시할 수는 없을 것이다.

누구라 할지라도 스스로 굉장히 중요하다고 생각하는 의견을 소유하고 자기와 반대 의견을 매우 유해하다고 생각하는, 그러면서 사회 전체의 이익을 깊이 고려하는 사람이라면 자기가 옳다고 생각하는 것을 나쁘다고 하고 자기가 나쁘다고 자인하는 것을 옳다고 하는 인간들을, 집단이든 추상적이든 필연적으로 미워하는 것은 당연한 일이다. 또 미워했다고 해서 상대의 장점에 무감각하다거나, 혹은 개인을 평가할 때 그 성격의 전체가 아니라 일부분을 대충 억측하는 편견이라고 생각할 필요가 없다는 것은, 일반적으로나 나의 아버지의 경우에나 말할 것도 없는 일이다. 일에 열심인 사람이 반드시 착오가 없다고는 말할 수 없는 것처럼, 때로는 미워할 수가 없는 의견의 소유자를 미워할 수도 있을 것이다. 그러나 그러한 사람이 그 상대자에게 어떤 잘못을 저지른다거나 다른 제3자가 해를 끼치는 것을 보고도 모르는 척하는 일이 없는 한, 그 사람을 편협하다고 말할 수는 없다. 그리고 모든 의견에 평등한 자유가 인정되는 것이 인류에게 중요하다는 것을 양심적으로 인정하는 마음이 우러나오는 인내의 태도야말로 추상(推賞)에 값어치가 있는 유일한 관용이며, 또 무척 높은 도덕관념을 가진 인간에게 가능한 단 하나의 관용이다.

이미 말한 바와 같은 견해와 성격을 가진 인간이 주로 그 사람에 의하여 형성된 정신을 가진 사람 위에 강한 도덕적 인상을 남겼으리라는 것, 또한 그 사람의 도덕의 가르침이 불안정하고 방종한 방향으로 흐를 경향이 없었다는 것은 누구나 인정할 것이다. 그러한 사람과 그 아이들의 도덕적 관계에 가장 부족한 것은 상냥이라는 요소였다. 나는 이 결점이 아버지 자신의 성질에서 나왔으리라고는 생각지 않는다. 나는 아버지를 보통때 밖으로 나타난 것보다 훨씬 많은 애정을 가진 사람, 또 더욱더 애정을 발전시킬 수 있는 잠재적 소질을 가졌던 사람이라고 믿는다. 애정을 나타내는 것을 부끄럽게 여기고, 겉으로 나타내는 일이 없기 때문에 애정 그 자체를 죽이는 결과가 되어 버리는 점에서 아버지는 많은 영국인들과 비슷하였다.

만약에 우리들이 한 걸음 나아가서, 아버지가 단 한 사람의 교사라는 쓰라린 입장에 있었다는 것을 생각하고 더욱이 체질적으로 신경질적이었다는 것을 생각하면, 아이들을 위하여 그만큼 힘을 쏟고 또 쏟으려고 노력한 아버지도 없었다. 더구나 아이들이 자기에게 애정을 쏟아 주었다면 얼마나 기뻐하였을까. 자기를 두려워하는 마음에서 애정이 그 뿌리부터 고갈되어 있으리라고 늘 생각하고 계셨을 아버지에게 나는 마음으로부터 동정하지 않을 수가 없다. 이러한 일은 아버지 만년 때의 어렸던 동생들에게는 맞지 않았다. 그들은 아버지에게 귀여운 사랑을 표시하였고, 나 자신은 사랑이라기보다는 충성을 바치고 있었다.

나 자신이 받은 교육에 대해서는, 나는 아버지의 엄격한 가르침으로 인하여 손해가 많았는지 이득이 많았는지 잘 모르겠다. 그러나 그 엄격함은 나로부터 행복했던 어린 시절을 앗아간 것은 아니었다. 아이에게도 재미없는 딱딱한 학문을 정력적으로, 그리고 보다 어려운 지구력으로써 배우게끔 하자면 권고나 부드러운 말만으로는 될 수 없다고 나는 생각한다. 아이에게는 상당히 많은 일을 시켜야 하고 배우도록 해야만 한다. 그 경우에 엄한 가르침과 게으르면 벌을 받는다는 것을 알려 두는 일은 불가결한 방편이다. 오늘날의 교육방법처럼 어린아이들이 배워야 할 것을 가급적 많이 상냥하게, 그리고 재미있게 가르쳐 주려는 것은 물론 훌륭한 노력임에는 틀림없다. 그러나 이 원칙이 지나쳐서, 상냥하고 재미있게 가르쳐 주는 것 이외에는 아무것도 외울 것을 요구하지 않게 된다면 교육의 주된 목적 중 하나가 희생되고 만다. 나라고 해서 옛날의 잔인한 압제적인 교육법이 지양된 것을 기뻐하지 않을 리가 없겠지만, 옛날의 방법도 공부하는 습관을 우격다짐으로라도 심는 데는 성공하였다.

그것에 비하면 새로운 교육법은, 싫은 일은 아무것도 못하는 인간만을 기르고 있는 것처럼 나에게는 생각된다. 나는 교육의 한 요소로서 무섭게 가르친다는 것도 좋다고 생각한다. 다만 그것이 중요한 요소여서는 곤란하다고 믿는다. 그것이 무조건 습관화되어 후년에 가서 거리낌없이 무엇이든 털어놓을 수 있는 의논 상대가 되어야 할 사람들에 대한 아이들의 사랑이나 신뢰의 마음을 꺾고, 나아가서는 경우에 따라 정직하게 자발적으로 아무것이나 상대에게 말하는 어린이의 성질마저 그 뿌리를 자르게 된다면, 교육이나 기타 여러 면에서 얼마만큼의 도덕적 · 지적 이익이 오른다고 하더라도 그 이익의 절반은 에누리해야 하는 폐단이 아닐 수 없다.

이 나의 소년기에 아버지의 집을 자주 찾아오는 사람은 드물었다. 그 대부분은 세상에 그리 이름이 없는 사람이었지만, 인간으로서는 훌륭했던 데다가 적어도 정치상의 의견에서는 아버지와 거의 뜻이 맞기 때문에 (지금과는 달라서 그러한 사람이 그 당시에는 드물었다) 아버지도 교제할 마음이 내킨 것이다. 나의 아버지와 그들과의 대화를 듣고 있으면 무척이나 재미있고 유익한 말이라고 생각했었다. 나는 언제나 아버지의 서재에 같이 있었던 덕택에 아버지의 최대의 친구인 데이비드 리카도하고도 알게 되었다. 이분은 고운 생김새와 상냥한 태도 때문에 젊은 사람들 가운데 인기가 있었으며, 내가 경제학을 배우게 되고부터는 나를 자기의 집으로 초대하여 학문에 대한 이야기를 나누게끔 주선해 주었다.

내가 꽤 자주 찾아간 또 한 사람은 (1817년인가 1818년쯤의 일) 흄〔조셉 흄 1777~1855〕이며, 이분은 아버지의 고향과 가까운 스코틀랜드 고장에서 출생하였고, 중학 시절인가 대학 시절에 아버지의 조금 나이 아래 친구였던 모양으로, 인도에서 돌아오자 젊은 시절의 옛 정분을 되찾게 되었다. 그는 다른 많은 사람들처럼 아버지의 지성이나 정력적인 성격의 감화를 크게 받아, 반은 그 감화로써 의회에 나가 영국의 역사에 명예로운 활동을 하게 된 사람이다. 그와 아버지의 덕택으로 벤담을 더 자주 만나 뵙게 되었다. 아버지가 처음 잉글랜드에 가고 나서 언제부터 두 분이 알게 되었는지 모르겠으나 어쨌든 아버지는 윤리·정치·법률에 관한 벤담의 대체적 의견을 충분히 이해하고 또한 그 대강(大綱)을 채택한 약간 저명한 영국인이었다. 이 일은 당연히 두 사람 사이의 공감의 근거가 되어, 벤담이 그의 후년(後年)과는 달리 극히 드문 손님만을 접대했던 무렵에 서로 친한 사이가 되었다. 이 무렵 벤담은 고드스톤에서 수마일 떨어진 서리 힐스의 경치 좋은 곳에 있었던 배로우 별장에서 해마다 몇 개월씩 지내고 있었는데, 거기에서 나는 여름마다 아버지를 따라 오래 머물곤 했다. 1813년에 벤담과 아버지와 나는 유람 여행을 떠나 옥스퍼드(Oxford), 배스(Bath), 브리스틀(Bristol), 엑서터(Exeter), 플리머스(Plymouth), 포츠머드(Portsmouth) 등을 돌아다녔다. 이 여행에서 나는 나에게 유익한 것도 많이 보았고 또 처음 맛보는 자연 관광에 대한 취미도 기르게 되었다.

그 해 겨울에 우리집은 웨스트민스터의 퀸스퀘어에 있던 벤담 가(家) 근처로 이사하였다. 아버지가 벤담으로부터 빌린 집이었다. 1814년에서 1817년까지 벤담은 매년 한 해의 반을 서머셋셔에 있는 (정확히 말하면 서머셋셔에 둘러싸인 데번셔의 한 곳) 포드 사원에서 지냈고, 그 기간에는 나도 거기서 사는 특권을 얻었다. 여기에 머무르게 된 것은 나의 교육상 중요한 의미를 가졌다고 생각한다. 인간이 큰 기상을 기르는 데에는 그 사는 집이 크고 자유로운 환경일 때 무엇보다도 큰 영향을 끼친다. 이 굉장한 낡은 사원의 중세기식 건축, 귀족의 저택과 같은 으리으리한 현관, 널찍하고 천장이 높은 수많은 방들은 영국의 중류계급 생활의 초라하고 답답한 외관과는 말도 안 될 정도로 달라, 보기만 해도 여유 있고 자유로운 생활을 하는 인상을 주었다. 건물 주변에는 맑은 공기 속에 수목이 울창하고 폭포 소리가 들리는 자연 환경으로 인해 나에게 일종의 시적 감화를 안겨 주는 것이었다.

나의 교육상 또 하나의 행운은 일년간 프랑스에 머물렀던 일인데, 이 또한 벤담의 동생인 사뮤엘 벤담 장군의 덕택이었다. 내가 사뮤엘 벤담 경의 집안 사람들을 만난 것은, 앞에서 말한 여행 도중에 고스포트 근처에 있었던 그의 집에서 (그는 그 당시 포츠머드 해군 공창의 장관이었다), 그리고 평화 회복 후 얼마 안 되어 그

집안이 대륙으로 건너가 살기 위하여 떠나기 전에 포드 사원에서 며칠 머무르고 있을 때였다. 1890년에 이 사람들은 나에게 남프랑스로 찾아와서 여섯 달 가량 같이 있자고 초대하여 주었는데, 그것이 결국 그네들의 친절로 약 일년 동안 있게 된 것이다.

사뮤엘 벤담 경은 그의 유명한 형과는 성격이 많이 다르지만, 아주 훌륭한 학식과 일반적인 능력을 겸비한 사람으로서 기계 기술에서는 뛰어난 천재였다. 그의 부인은 유명한 화학자인 포디스 박사의 따님으로 강한 의지와 뚜렷한 개성의 소유자며, 학식도 많고 에지워스 식의 실제적 양식도 다분히 갖추고 있었다〔에지워스는 유명한 여류작가다〕. 이 집안 일은 주로 부인이 맡고 있었는데, 사실상 그만한 자격과 실력을 충분히 갖춘 부인이었다. 식구는 아들 하나〔저명한 식물학자임〕와 딸이 셋인데, 막내딸은 나보다 두 살 가량 위였다.

나는 여기서 여러모로 배운 것도 많았고 거의 한집안 식구처럼 대우를 받으면서 신세를 많이 지게 되었다. 1820년 5월, 맨 처음 이 집안에 신세졌을 때 이들은 몽토방과 툴루즈 사이에 있는 가론 강의 평원을 굽어 볼 수 있는 언덕 위의 퐁피냥 성〔지금도 웰테르의 적이었던 사람의 자손이 주인이다〕에 살고 있었다. 나는 그들을 따라 피레네 산맥 쪽으로 유람 여행을 떠나, 얼마 동안 바네르 드 비고르에 머물고 다시 포, 배욘, 바네르 드 뤼숑에 들렀으며, 피크 뒤 미디드 비고르 봉을 등산하기도 했다.

최고봉의 산악 풍경을 처음 대한 일은 더 없이 깊은 인상을 나에게 주어, 생애를 통하여 나의 취미를 다채롭게 하였다. 10월에는 카스트르와 생 퐁의 아름다운 산길을 걸어서 툴루즈로부터 몽펠리에까지 나갔다. 사뮤엘 경은 그 몽펠리에 부근에 레스텡클리에르의 땅을 산 지가 얼마 되지 않았다. 이 프랑스에 체재할 동안에 나는 프랑스 말에 익숙하게 되었고, 프랑스의 웬만한 문학 작품도 읽게 되었다. 그리고 여러 가지 운동도 하였는데, 무엇 하나 늘지는 않았다.

몽펠리에에서는 이과대학의 동계 강좌에 나가 앙글라다 교수의 화학 강의, 프로방살 교수의 동물학 강의, 그리고 18세기 형이상학을 유감없이 대표하는 제르곤 교수의 과학 철학이라는 제목의 논리학 강의 등을 청강하였다. 나는 또 몽펠리에 고등학교 교수인 랑테리크 선생의 개인지도를 받아 고등수학 과정도 이수하였다.

그러나 나의 교육기간 중의 이 중요한 시기가 나에게 준 많은 이익 가운데서 가장 두드러진 것은, 꼭 일년 동안 대륙 생활의 자유롭고 상쾌한 공기를 마실 수 있었다는 사실일는지도 모른다. 이 이익은 그 당시에는 적절히 평가하거나 의식할 수 없었지만, 후일엔 그것이 결정적인 큰 이익이었다고 생각하게 되었다. 영국에서는 생활 같은 생활이라고는 거의 경험하지 못했고, 또 내가 사귄 몇몇 사람들은 대개 사리사욕을 떠난 넓은 시야와 공공을 위한 목적을 품고 있는 사람들이었으므로 영국에서 이른바 사교계라는 사회의 도덕적 정도가 얼마나 낮은 것인가를 나는 모르고 있었다. 인간의 행동은 물론 언제나 저속한 일만을 대상으로 하는 것이라고 입 밖으로 내어 말하지는 않지만, 모든 경우 암묵 속에 인정하는 것이 영국인의 습관이었다. 또한 고상한 감정이 그들에게 전혀 없다는 것은, 그러한 감정이 조금이라도 밖으로 나타나면 비웃는다든가 높은 행동원리도 그 때의 장식이나 형식의 일부로 가장할 필요가 미리 정해져 있는 경우를 제외하고는 아무도 (소수의 엄격한 사람은 예외지만) 입 밖으로 내지 않는 것으로 짐작이 가지만, 그러한 사정도 당시의 나는 전혀 몰랐었다. 따라서 이러한 생활 태도와 프랑스인과 같은 국민의 태도가 어떻게 틀리는가에 대해서도 당시에는 알 수도, 평가할 수도 없었다.

프랑스인도 물론 결점은 있었지만 적어도 그 질은 달랐다. 그들 사이에서는 적어도 비교육적으로는 고상하다고 할 수 있는 정서가 책 속에서나 개인 생활에서나 인간 교섭의 통화가 되었다. 그것을 입에 담음으로써 증발해 버리는 일도 있기는 하지만, 그래도 늘 국민 일반 사이에 여전히 살아 있고, 또 공감으로 인하여 인식도 이해되고 있는 것이다. 한편으로, 그러한 정서를 일상적으로 경험하는 데에서 이지적인 일반 교양도 우러나오며 또 그것이 대륙의 몇몇 나라에서는 교육을 받지 않은 계급에까지 미치고 있는데, 그 사실조차 당시의 나에게는 충분히 이해되지 않았다. 영국이라면 이른바 교육받은 사람들 사이에서마저 극도로 예민한 양심을 가지고 있고 정사(正邪)의 문제에 늘 신경을 쓰고 있는 사람들을 빼면 도저히 이렇게는 할 수 없었다.

보통 영국인들은 때때로 특수한 예외는 있다고 하겠지만, 자기의 이익에 관계되지 않은 일에는 관심이 없고, 또 마음으로부터 흥미를 느끼는 것에 대해서도 서로 이야기를 나누지 않고 스스로 생각해 보려고도 하지 않기 때문에, 그들의 감정도 지적 능력도 발달하지 않고 있거나 발달한다 하더라도 어떤 극한된 방향으로만 발달한다. 때문에 그들은 정신적 존재로서 생각하면 텅 비어 있다고 말할 수 있다.

그러한 사정도 나는 깜깜히 모르고 있었다. 이러한 온갖 일을 내가 인식한 것은 훨씬 나중의 일인데, 그 당시만 해도 뚜렷이 납득이 간 것은 아니나 어렴풋이 느낄 수 있었던 것은, 프랑스인의 인간끼리 접촉하는 개방적인 사교성이나 애교였다. 마치 인간이 자기 외의 모든 인간을(예외는 극히 드물지만) 적이 아니면 귀찮은 놈으로 보는 영국의 경우에 비하여 개인의 성격에 있어서나 국민성에 있어서도 장점과 동시에 단점까지도 일상 교섭 가운데서 표면화되기 쉽고 또 거리낌없이 튀어나오기도 한다. 그렇지만 국민의 일반적 경향은 그러기를 막는 어떤 적극적 이유가 없는 한 모든 사람이 모든 사람에게 우호적 감정을 나타내기도 하고 또 기대도 한다. 영국이라면 상류 혹은 중류의 윗 계급에 속하는, 최고의 교육을 받은 사람들만이 다소 여기에 가깝다고 말할 수 있다.

갈 때도 그랬지만 올 때에도 파리를 통과할 때 나는 저명한 경제학자인 새이의 집에서 잠시 시간을 보냈다. 아버지의 친구로서 늘 편지 왕래가 있었던 사람인데, 평화 시대가 된 지 1, 2년 후 영국으로 왔을 때 아버지와 친해진 것이다. 이분은 프랑스 혁명 후기의 사람으로 가장 훌륭한 공화주의자의 본보기며 보나파르트의 초청마저 뿌리친 분인데, 정말 고결하고 용감한 그리고 진보적 지식을 갖춘 사람이었다. 공사(公私)간의 따뜻한 애정으로 복받은 행복하고 조용한 연구생활을 보내고 있었던 그는 자유당 영수들의 대부분과 친교가 있었고 나도 그의 집에 머무는 동안 주목할 만한 몇 사람들과 만났다. 그 중에서도 생각할수록 즐거운 일은 생시몽을 만난 일이다. 당시 그는 일류 철학도 종교도 창시하고 있지 않았고, 단지 머리가 좋은 괴상한 사람으로 알려져 있었다.

여기서의 여러 교제에서 내가 얻은 첫째의 선물은, 대륙의 자유주의에의 강한 영속적 관심인데, 여기에 대해서는 그 때 이후 줄곧 영국의 정치에 대해서와 마찬가지로 정보 수집을 게을리하지 않고 있다. 이것은 그 당시의 영국인으로서는 극히 드문 일이며, 이것이 나의 성장에 매우 유익한 영향을 주었다. 왜냐하면 이 덕택에 나는 영국에서는 어느 시대에서나 극히 일반적인 과오, 그만큼 편견을 초월하고 있었던 나의 아버지마저 면할 수 없었던 세계적인 문제를 단순히 영국만의 척도로 재는 과오에 빠지지 않을 수 있었기 때문이다. 나는 캉에서 아버지의 옛 친구분과 함께 몇 주일 있은 후 1821년 7월에 영국으로 돌아왔다. 나의 교육은 다시 보통때의 과정으로 되돌아간 것이다.

제 3 장 1821~1823년

교육의 마지막 단계와 독학의 첫 단계

프랑스에서 돌아온 뒤 1,2년 동안 나는 이전의 공부를 계속하였고 또 몇 가지 새로운 공부를 시작하였다. 내가 돌아왔을 때 아버지는 마침 《경제학 요강》을 탈고했고, 그는 나에게 그 원고로 일종의 연습을 시켰다. 그 일은 벤담이 그의 책에서마다 언제나 시도한 것으로, 말하자면 〈난외적요(欄外摘要)〉라고 불렀다. 그것은 한 절마다 짧은 요점을 뽑아서 저자가 사상의 배열 순서 등 설명의 전체적 모양을 판단하거나 고치는 일을 쉽게 하도록 하는 방법이다. 이 일을 마치고 난 후 얼마 되지 않아서 나는 아버지로부터 콩디야크의 《감각론》과 그의 《연구법》의 논리학 편과 형이상학 편을 받았다.

이 처음 것에는 모범의 의미와 아울러 (콩디야크의 심리학 체계와 아버지의 그것과의 사이의 표면적인 유사점에도 불구하고) 경고로서의 의미도 있었다는 것은 의심할 여지가 없다. 이 해 겨울이었는지 이듬해의 겨울이었는지 모르지만, 나는 처음으로 프랑스 혁명사를 읽었다. 나는 그 당시 유럽의 어디를 가도 보잘것없고 절망적

힘만 남은 것처럼 보였던 민주주의의 원리가 30년 전의 프랑스에서 모든 것을 밀어내고 전국민의 신조가 되었다는 사실을 알자 강한 충격과 놀라움을 느꼈다. 나는 여태까지 저 유명한 대혁명에 대해서 매우 막연한 관념만을 가지고 있을 뿐이었다. 내가 알고 있었던 것은 다만, 프랑스인은 루이 14세와 15세의 절대 군주제를 넘어뜨렸다, 그리고 왕과 왕비를 살해하고 많은 사람을 단두대에 올렸는데, 그 한 사람이 라부아지에[1]였다, 그리고 결국은 보나파르트의 독재 체제 아래 붕괴되고 말았다는 것뿐이었다.

이 때부터 당연한 일이지만 프랑스 혁명은 내 감정을 완전히 송두리째 빼앗아 갔다. 그것은 나의 젊은 대망의 전부와 굳게 결합하여 나에게 민주주의의 투사가 되리라는 야망을 품게 하였다. 이 사건이 이렇게 최근에 일어난 일이라면 어렵지 않게 다시 한 번 일어날 것으로 여겨졌다. 그리고 내가 마음속으로 그릴 수 있는 최고의 영광은 성공한다 못 한다는 것은 제쳐 놓고 영국의 국민의회에 지롱드 당원의 한 사람으로서 나타나는 것이었다.

1821년에서 1822년에 걸친 겨울 동안, 내가 프랑스로 건너갔을 때에는 아버지와 갓 사귄 존 오스틴(John Austin)[2]이 친절하게도 나에게 자기 밑에서 로마법을 배울 것을 허락해 주었다. 아버지는 영국법이라는 혼돈된 조악품(粗惡品)을 싫어했음에도 불구하고 대체적으로 다른 여하한 직업보다도 나에게 무난하다고 생각되는 직업으로서 법률을 택하게 할 작정인 것 같았다. 오스틴은 벤담의 가장 훌륭한 사상을 자기 것으로 한 데다가 다른 방면에서 또는 자기 자

1) 라부아지에(Lavoisier, 1743~1793). 저명한 화학자로서 근대 화학의 비조(鼻祖)라고 불린다. 로베스피에르에 의해 단두대의 이슬로 사라졌다.
2) 존 오스틴(1791~1859). 저명한 법률학자. 1826~1832년에 걸쳐 런던 대학 법률학 교수를 지냈다.

신의 사고(思考)에서 많은 것을 터득하고 있었기 때문에 그의 밑에서 읽은 책은 법률 연구의 귀중한 입문이었을 뿐 아니라 일반 교양으로서도 중요한 일부가 되었다. 오스틴과 같이 나는 하이네키우스(Heineccius)의 《로마법 원론》과 《로마 고대문화》, 《유스티니아누스 법전 해석》의 일부, 그리고 블랙스톤(Blackstone)의 대부분을 읽었다. 이와 같은 공부를 시작할 때 함께 읽어 둘 필요가 있다고 해서 아버지가 나에게 준 책은, 벤담의 주요한 사상을 전세계의 독자를 위하여 뒤몽(Dumont)이 주석(註釋)을 가한 《입법론》이었다. 이 책을 읽은 것은 나의 생애에 한 시기를 구분하면서 정신 사상의 하나의 전환점이 되었다.

내가 그 때까지 받은 교육도 어떤 의미에서는 이미 벤담의 사고방식을 배운 것이라고 말할 수 있다. '최대 다수의 최대 행복'이라는 벤담의 기준을 나는 벌써 늘 응용하고 있었다. 또 아버지가 플라톤을 본따서 쓴 정치에 대한 미간(未刊)의 대화 속에서 다루어졌던 이 기준에 관한 추상적 논평마저 나는 이미 알고 있었다.

그럼에도 불구하고 벤담의 최초의 몇 페이지에서 이 사고방식은 불현듯 신기함을 가지고 나에게 덮쳤다. 이토록 나에게 감명을 준 것은 '자연의 법칙', '올바른 도리', '도덕적 감각', '생득(生得)의 정의감' 등의 관용구에서 귀납되는 도덕이나 입법에 관한 세속론의 방식을 벤담이 비판하여 그것들이 독단적으로 모습을 바꾸었다고 단언하고, 자기들의 생각을 가장한 표현으로 사람들에게 강요하는 것에 지나지 않으며, 그러한 표현으로서 그렇게 볼 수도 있다는 사고방식 이외의 아무런 설명도 하지 못한다고 공박하고 있는 입장이었다. 벤담의 원리가 그러한 사고방식의 목을 잘랐다는 것을 나는 이 때 처음 깨달았다. 이로써 여태까지 도덕을 설명한 사람들은 깨끗이 일소되었고, 이제 비로소 사상의 신시대가 시작한 것이라는 생각이 세차게 일어났다. 이 생각은 벤담이 행동에서 빚어지는 여러 가지 결과를 분석하여 최대 행복 원리를 행동의 도덕 수준에 적용하는 데 과학적인 모습을 부여하는 방법에 의해 더욱 강화되었다. 그러나 당시의 나를 가장 감격케 한 것은 죄의 분류로서, 여기에 대해서는 그 바탕이 된 벤담 자신의 저서보다도 뒤몽이 편집한 것에서 월등히 분명하고 간결하게 또 인상적으로 적혀 있었다.

지금까지의 나의 교육 가운데 굉장히 많은 부분을 차지하고 있던 플라톤의 논리학과 변증법의 덕택으로 나는 정확한 분류가 무엇보다도 좋았다. 그 취미를 강화하고 더욱 계몽해 준 것은 프랑스 체재 중에 단순한 재미로 시작했던 것, 이른바 자연적 방법의 원리에 따라 열심히 배운 식물학 공부였다. 그렇기 때문에 이런 과학적인 분류가 인간의 비행이라는 크고 복잡한 문제에 적용되고 또 그것이 쾌적한 결과와 고통스러운 결과라는 윤리적 원리를 지표로 하여 벤담이 이 종류의 문제에 채택한 세심한 방법으로 꾸며진 사실을 발견했을 때, 나는 어쩐지 높은 곳으로 끌려가 거기서 정신의 넓은 영토 저 끝까지 헤아릴 수 없이 무수한 작은 지적 결과들이 뻗쳐 있는 것을 보는 것 같았다. 책을 읽어 감에 따라 이 지적 명석함에 덧붙여 인간 사회의 실제적 개혁이라는 실로 가슴 벅찬 희망까지 일기 시작했다.

나는 아버지가 법학에 관해서 발표한 그 훌륭한 개설을 주의깊게 읽고 있었으므로, 법률 일반의 해석에 대한 벤담의 대체적인 사고방식은 생소한 것이 아니었다. 그러나 그것을 읽은 데에서는 얻은 것이 그다지 없고 거의 흥미를 느끼지 못한 것은, 물론 그것이 극히 일반적·추상적으로 논해 있었기 때문이었다. 또 그 책이 법률의 실질보다 형식, 법의 윤리보다는 논리를 대상으로 하고 있었기 때문이었다. 그런데 벤담이 취급한 것은 '입법'이었다. 법률학은 그 형식적인 면뿐이었다. 한 페이지마다 그는 인간의 사상이나 제도는 어떠하여야 하며 어떻게 하면 그것을 제 상태로 바로잡을 수 있는가, 그리고 그 이상으로부터 현상은 얼마나 멀리 동떨어져 있는가 등에 대하여 더욱더 명석하고 넓은 사고방식을 펴 가는 듯이 보였다. 뒤몽의 《입법론》의 마지막 권을 읽고 났을 때, 나는 다른 사람이 되어 있었다. '공리성의 원리'를 벤담이 이해한 그대로 이해하고, 이 세 권을 통해 그가 응용해 갔듯이 그것을 응용해 가면, 흩어져 있는 단편적인 나의 지식이나 신념의 각 부분을 하나로 묶는 안성맞춤의 정석(定石)이 될 수 있었다.

그것은 나의 사고방식에 통일을 주었으며 나도 이제는 의견이라는 것을 가질 수가 있었다. 신조·학설·철학 그리고 가장 훌륭한 뜻 중 하나인 종교를 가지게 되었다. 그것을 세상에 널리 알리는 것을 내 일생에 뚜렷이 나타난 주요한 목적으로 삼을 수 있게 되었다. 그리고 그 학설을 통하여 인류의 상태를 개혁하겠다는 멋진 구상이 내 앞에 놓여져 있었다. 《입법론》을 다 읽었을 때 이 논문 속에서 추상(推賞)되어 있는 것 같은 사상이나 법률의 힘으로써 실현되어 가는 이상적 인생의 모습이 힘차게 똑똑히 나의 머리 속에 그려져 있었다. 실현할 수 있는 개혁의 예상이 드러나지는 않았으나 언젠가는 인류가 보아 극히 당연해질 것이고, 따라서 지난날 그 이상적 인생을 기괴한 공상쯤으로 생각한 사람들은 창피를 당할 게 분명한 많은 일들이 훌륭한 정신적 능력이라는 인상을 주었다. 이제 보다 높은 벤담의 학설을 통해 내 마음에 미친 감화는 더욱 강화되는 듯하였다.

그러나 그 이상적 인생의 모습은 걷잡을 수 없는 희구가 그려낸 환각이라 하여 비난받고 배척되고 있었다. 하지만 그만큼 그가 보여 준 사회 개혁의 전망은, 나의 앞길에 빛을 주는 동시에 나의 야심에 뚜렷한 것을 모양지을 수 있을 정도의 규모와 화려함을 가진 것이었다.

이후에 나는 기회가 있을 때마다 그 때까지 세상에 나온 그의 것이나 뒤몽이 편집한 것이나 간에 벤담의 다른 저작 중 가장 중요한 것을 읽었다. 그것은 주로 내가 혼자서 읽어 나갔다. 한편 아버지의 지도 아래 나의 공부는 분석적 심리학의 보다 고급 부문으로 들어갔다. 이 무렵 로크의 《오성론》을 읽고 그 기록을 만들었다. 그리고 각 장마다 완성한 적요를 뽑아 거기에 생각난 것을 보태어 썼다. 이것을 아버지가 읽거나 누군가에게 읽혀서 듣거나 하든지, 아버지와 둘이서 빠짐없이 의논했다. 엘베시우스의 《정신론》도 같은 방법으로 했는데, 이것은 내가 골라 읽은 것이었다. 이렇게 적요를 만들어서 아버지의 검열을 받는 것은 나에겐 굉장한 도움이 되었다. 그것을 진리로 받아들이는 경우든 단순히 남의 의견으로 간주하는 경우든, 심리학의 여러 가지 학설을 정확히 이해하고 표현하도록 강요하였기 때문이다.

엘베시우스 다음에 아버지는 나에게 그 자신이 심리학의 참다운 명예라고 생각한 하틀리의 《인간론》을 읽도록 하였다. 이 책은 앞서의 《입법론》처럼 나의 생활에 새로운 빛을 주지는 않았으나, 그것이 직접 다루고 있는 문제에 있어서는 매우 비슷한 감명을 받았다. 하틀리의 설명은 여러 점에서 불완전하지만 관념 연합의 법칙에서 비교적 복잡한 심리현상을 말하고 있는 대목에서는 영락없이 이것이야말로 진정한 분석이라고 나로 하여금 탄복케 하였다. 이와 대조적으로 콩디야크의 단지 말끝만의 개관론이나 로크의 유익하기는 하나 심리적 설명을 구하여 암중 모색하는 태도 등의 불충분함을 느끼게 되었다. 때마침 이 무렵 아버지는 그의 《정신 분석》

을 쓰기 시작했는데, 이것은 하틀리의 심리현상의 설명 방식을 알뜰하고 깊이있는 분석을 통해 자세히 설명한 것이었다.

아버지가 이 저서에 필요한 정신적 집중을 마음껏 발휘할 수 있는 시간은 1년에 한 달, 또는 6주일에 걸친 휴가 기간 동안뿐이었다. 이 작업에 착수한 것은 1822년 여름 그가 도킹(Dorking)에서 처음 보낸 휴가 때였으며 그 해부터 작고할 때까지 2년간의 예외는 있었지만 공무 사정이 허락하는 한, 해마다 6개월씩을 이 근처에서 살기로 하고 있었다. 그는 이 《정신의 분석》이 출판되어 나온 1829년까지 해마다 여름 휴가를 이 저작에 충당하였고, 직업이 진행됨에 따라 그 원고의 한 묶음씩을 내가 읽도록 허락해 주었다. 나는 심리학에 관한 그 밖의 영국의 주요 저서들을 마음내키는 대로 읽어 나갔다.

그 중에서도 나는 특히 버클리(Berkley), 흄(Hume)의 《오성론》, 리이드(Reid), 듀갈드 스튜어트(Dugald Stewart), 그리고 브라운(Brown)의 《인과론》 등에 곧잘 쏠리곤 했다. 브라운의 《강연집》을 읽은 것은 실은 2, 3년 뒤의 일이었으나, 아버지도 그 때까지 이것을 읽지 않았었다.

이 해에 읽은 책 중 나의 성장에 크게 이바지한 것으로 《자연종교가 인류의 현세적 행복에 미치는 영향 분석(*Analysis of the Influence of Natural Religion on the Temporal Happiness of Mankind*)》이라는 제목의 서적이었음을 말해 두지 않을 수 없다 {이 서적은 벤담의 여러 원고 가운데 몇 가지를 기초로 하여 쓴 것이며, 필립 보챔(Philip Beauchamp)이란 가명으로 출판된 것이다}. 이것은 무슨 특정한 천계(天啓)의 특수성을 다룬 것이 아니라, 가장 일반적 의미의 종교적 신앙, 더구나 그 진리 여부보다는 그 유능성을 검토한 것이었다. 이러한 검토는 오늘날 종교에 관한 여러 논의 가운데 가장 중요한 것이다. 마음속에 어떠한 종교적 교의(敎義)를 신봉하는 기풍이 극히 희박함에도 불구하고 도덕적·사회적 목적을 위해 신앙이 필요하다는 논의만은 우세한 데다가 천계를 배격하는 많은 사람들도 낙관적인 이신론(理神論)의 그늘에 몸을 피하고 있는 것이 오늘날의 실정이기 때문이다. 이신론은 자연의 질서니 막연히 머리 속에서 그리는 신의 섭리니 하는 것을 숭상하는 것이지만, 이것을 동일한 정도로 추구해 가 보면 기독교의 어느 종파에 못지 않게 동일한 모순을 내포한 동시에 도덕적 감정에도 배반되는 것이다. 그럼에도 불구하고 적어도 철학적 경향을 자부하는 문장에 관한 한, 이신론의 유용성을 부정하는 따위의 글을 쓴 회의론자는 전혀 없었다. 필립 보챔이란 가명으로 출판된 이 서적은 특히 이런 점에 목적을 두고 쓴 것이었다.

이 책은 처음에는 원고 형식으로 우리 아버지에게 제출되었고 이윽고 나에게도 넘어왔다. 나는《경제학 요강》때와 마찬가지로 난외에다 그 내용을 발췌했다. 이 책은《입체론》에 이어 그 철저한 분석에 있어서 나에게 큰 영향을 끼친 것 중 하나였다. 최근 몇 년 만에 나는 이것을 다시 읽어 보았는데, 그 속에는 벤담 류의 사고방식의 장점과 단점이 아울러 내포돼 있었다. 그러나 근거가 박약한 주장보다는 건전한 주장이 훨씬 많았고, 또 그 주제를 한결 철저히 철학적으로 다루어 결론을 이끌어 내려는 경우에는 훌륭한 자료도 포함하고 있는 게 사실이다.

앞에서 나는 내 젊은 시절의 정신적 발전에 조금은 중요한 영향을 끼친 서적은 모조리 열거한 것으로 생각된다. 이 무렵부터 나의 지적 훈련은 독서보다 집필하는 데서 더 많이 거두어졌다. 1822년 여름, 나는 내딴으론 처음으로 논문 비슷한 문장을 썼다. 내용은 잘 기억되지 않지만, 아마 내 눈에 귀족적 편견으로 비친 부자는 빈자보다 도덕적으로 뛰어나 있다, 또는 뛰어날 가능성이 많다는 내용을 공격하는 문장이었으리라. 나의 필치는 시종 논문체로서 이와 같은 주제에 응당 있을 법한, 또는 젊은 필자로서는 있게 마련인 미사여구(美辭麗句)는 전혀 찾아볼 수 없었다. 나는 이런 점에 극히 서툴렀고 그 후에도 역시 마찬가지였다. 아무런 수식이 없는 이론만이 내가 감당할 수 있는 것이었고 또 내가 자진해서 시도한 것이었다. 그러면서도 조금이라도 이성에 기초를 두고서 감정에 호소한 글이면 그것이 시의 형식이든 웅변의 형식이든 그 어떤 형식의 글이라도 그 효과와 힘에 대해 수동적으로 매우 민감한 편이었다.

이 논문이 완성될 때까지 모르고 있던 아버지는 크게 만족하셨고 들은 바에 의하면 의기양양해하셨다고 한다. 그런데 아버지께서는 논리적인 방면뿐만 아니라 다른 정신적 능력도 계발시키려는 의도에서였는지 그 후 연설문 같은 것을 지어 보라고 권했다. 아버지의 이 제안에 따라 마침 그리스의 역사와 사상, 아테네 웅변가들의 작품에 친근하게 접하고 있던 나는 이것들을 이용하여 두 가지의 연설문을 기초했다. 스파르타군이 아티카에 침입해 들어갔을 때 이것을 요격하지 않았기 때문에 페리클레스에게 비난이 집중한다는 가정 아래, 하나는 그를 탄핵하는 것이고, 또 다른 하나는 그를 옹호한다는 내용의 연설문이었다. 이것 다음에도 나는 때때로 내 능력으론 감당하기 어려운 주제를 포함하여 여러 가지 논문을 썼는데, 이러한 연습 자체나 혹은 이에 대해 아버지와 벌인 논쟁은 나에게 유익한 바가 자못 컸다.

이즈음부터 또 접촉을 가지기 시작한 교양인들과 여러 가지 문제에 대해 토론을 시작했고 또 이와 같은 접촉의 기회가 점점 많아져 간 것도 당연한 일이었다. 아버지의 친구로서 나에게 가장 많은 도움을 주고 또 가장 잘 사귀어 온 분으로는 그로트(Grote)씨와 존 오스틴 두 사람이었다. 그로트가 리카도의 소개로 아버지와 알게 된 것은 1819년{당시 그는 25세 정도였다}이라 생각되는데, 그는 그 뒤 아버지와 만나 서로 담론하기를 간절히 원했다. 그는 이미 높은 교양을 쌓은 분이었지만 인간의 사물관과 같은 큰 문제에 대해서는 아버지에 비해 한낱 초학자에 지나지 않았다. 그러나 그는 순식간에 아버지의 사상의 핵심을 파악하여 정치 사상면에 서 일찍이 1820년경 《에든버러 리뷰(*Edinburgh Review*)》지에 발표된 제임스 매킨토시 경(卿)의 유명한 논문을 반박하여 '급격한 개혁'을 지지하는 팜플렛을 씀으로써 이름을 떨쳤다. 그로트의 부친은 은행가로서 철저한 보수파였으며, 그의 모친은 열렬한 복음파 신자였으므로 그의 자유주의적 견해는 조금도 가정으로부터 영향받지 않았다. 그럼에도 불구하고 막대한 유산으로 부호가 될 꿈을 가진 다른 사람들과 달리 그는 한편으론 적극적으로 은행업에 종사하는 반면 많은 시간을 철학 연구에 바쳤다. 더구나 아버지와 친교를 맺었다는 사실은 그의 정신적 발달에 있어서 다음 단계의 성격을 규정하는 데 큰 영향을 끼쳤다.

나는 이분을 자주 만났다. 그와 더불어 정치·도덕·철학 등 여러 문제에 대해 서로 나눈 담론은 나의 지적 계발에 귀중한 결과를 가져다 준 것은 물론, 그의 생애와 저작을 통해 그 후 세상에 널리 알려지게 된 바 지적·도덕적으로 극히 탁월했던 그의 인격에 공감함으로써 나는 모든 즐거움과 이익을 얻을 수 있었다.

오스틴은 그로트보다 4, 5세 연상으로 서포크(Suffolk)에서 제분업을 하다가 은퇴한 분의 장남이었다. 이 아버지 되는 분은 전쟁중에 청부업으로 많은 재산을 모은 분이었는데, 그 자제들이 모두 보통 이상의 능력을 가졌고 또 똑똑한 신사들이었던 점으로 미루어 볼 때 많은 장점을 가진 훌륭한 인품의 소유자였으리라 생각된다. 지금 우리가 이야기하고 있는 그의 장남은 법률학에 관한 저명한 저작으로도 이름난 사람인 데다가 한때 군에 복무한 일이 있는데, 윌리엄 벤팅크(William Bentinck) 경 휘하에 있었다. 평화 회복 후 그는 장교의 주(株)를 팔아 법률을 공부하고 잠시 변호사업을 하던 중 아버지와 만났다. 그는 그로트와는 달리 어느 모로 보아도 아버지의 제자는 아니었으나, 독서와 사색을 통해 상당히 많은 점에서 아버지와 의견을 같이했다. 그러나 그 자신이 뚜렷한 개성을 지니고 있었음은 두말할 나위도 없다. 그는 비상한 두뇌의 소유자로서 대화를 나누는 가운데서도 그런 점은 두드러지게 나타나곤 했다. 토론에 열중할 때면 그는 곧잘 일반 문제에 관한 그의 의견을 힘차게, 풍부하게 발표했다. 또 그는 의지가 강할 뿐더러 침착하고 여유가 있어 보였다. 게다가 한편으로 그의 기질 때문에, 또 한편으론 그의 감정과 사상의 일반적 경향 때문에 어딘지 모르게 예리한 데가 있었다. 머리가 영리하고 강한 양심을 가진 사람이면 누구나 사회와 인간의 지력의 현 상태에 대해 다소간의 불만을 품게 마련이었지만, 그의 경우에는 이런 불만이 그의 성격에 침울한 색조를 띠게 했다. 이런 일은 수동적인 도덕적 감수성이 능동적인 정력보다 더 발달한 사람들에게는 매우 당연한 일이었다.

그의 경우 의지의 견고함이 사뭇 뚜렷하게 나타나 있었지만, 그것은 주로 의견상의 태도에만 쏠려 있었다. 인간 개혁에 대한 비상한 열의와 강한 의무감, 또 그가 남긴 여러 저서 중에 잘 증명돼 있는 폭넓은 능력 및 학식을 지니고 있으면서도 그는 크나큰 지적 업적이라고는 완성한 것이 없었다. 그는 무엇을 해야 할 것인가에 대한 기준을 지나치게 높은 곳에 두었고 자기의 행적에 대한 결점을 과대평가하여 웬만한 경우와 목적에 대해서도 충분히 고심하였음에도 불구하고 만족할 줄을 몰랐다. 때문에 그 논술에 너무 주력하여 까다롭게 하여도 보편적인 의미에서는 아무런 소용이 없었을 뿐만 아니라, 연구와 사색에 시간과 정력을 지나치게 많이 주입하였으므로 당연히 일이 끝나야 할 무렵에는 처음 계획의 거의 반도 완성하지 못하고 무리한 나머지 앓아 눕기 일쑤였다. 이와 같은 정신적 결함(이 점은 내가 알게 된 교양과 능력을 가진 사람 중에 비단 그분 혼자라곤 할 수 없지만)에 더하여 치명적이지는 않더라도 그의 능력을 한때나마 빼앗아 가는 병으로 곧잘 눕게 될 만큼 허약했기 때문에, 평생 동안 완성되리라 기대되던 업적을 거의 남기지 못하고 말았다. 그러나 그가 남긴 얼마 안 되는 저서는 안식 있는 인사들로부터 최고의 평가를 받고 있으며, 콜리지(Coleridge)처럼 그도 그의 회화를 통해 수많은 사람들을 교화하였을 뿐만 아니라 인격 향상에 공헌한 바가 자못 크다고 보상적인 자기 변명을 늘어놓을 수도 있을 것이다.

나에 대한 그의 영향은 말할 수 없이 유익한 것이었다. 그것은 가장 높은 뜻으로 보아 도덕적인 것이었다. 그는 나에게 성실하고 자상한 관심을 보여 주었는데, 그 열성의 정도는 그의 연령, 지위 그리고 엄격하리만큼 강한 성격의 소유자가 일반 젊은이들에게 흔히 보여 주는 그것과는 판이한 것이었다. 그의 대화에나 태도에는 고매한 품격이 서려 있었고, 당시 내가 사귄 다른 사람에게도 전혀 없는 바는 아니었지만, 그분만큼 대단한 경우는 아니었다. 그는 내가 자주 방문한 다른 모든 지식인과는 다른 정신적 타입의 인간형이었고, 또 특정한 사고방식이나 특정한 사회 환경 속에서 자란 젊은이들에게는 거의 어김없이 발견되는 편견이나 편협과는 아예 반대 입장을 취하고 있어 나에게는 더욱더 고마운 존재였다.

이 무렵부터 1, 2년간에 걸쳐 여러 번 그의 동생 찰스 오스틴을 만나게 되었는데, 그도 역시 나에게 많은 영향을 주었지만 그것은 그의 형과는 조금 틀린 것이었다. 그는 나보다 약간 연상으로 당시 대학을 갓 졸업했을 뿐이었으나, 머리가 영리하고 웅변과 회화에 능숙한 젊은이로 대학에서 그 이름을 떨쳤다. 당시 케임브리지 대학 동기생들에게 그가 미친 영향은 하나의 역사적 사건으로 간주해도 좋을 만한 가치가 있다. 그 이유는 이 무렵부터 1830년 전후에 이르러 비교적 적극성을 지닌 상류층 일반 청년들에게서는 일반적 자유주의에의 경향과 함께 특수적으로 벤담주의적 내지 경제학적 형식의 자유주의에 대한 경향을 볼 수 있었는데, 그리한 원천의 일부는 그로부터 찾을 수 있기 때문이다.

당시 명성이 가장 높았던 '학생 토론회'는 정치상 · 철학상으로 가장 극단적인 의견을 가진 케임브리지의 엘리트들로 구성된 청중들 앞에서 매주 토론의 대결로 전개되는 논쟁의 광장이었다. 그리고 후일 약간 이름을 떨친 많은 인사들 {매콜리(Macaulely) 경이 가장 유명하지만} 이 토론에서 웅변가의 첫 영광을 얻었지만, 그와 같은 두뇌의 투사들 중에서 참으로 큰 힘을 발휘한 것은 찰스 오스틴 그분이었다. 그는 대학을 나온 뒤에도 여전히 그 담론과 인간적 우수성으로 말미암아 대학에서 사귄 같은 청년층 사이에서 지도자로서 활약하였고, 나도 다른 사람들과 함께 그의 휘하에 끼게 되었다.

그의 소개로 나는 매콜리, 하이드(Hyde), 찰스 빌리에(Charles Villiers), 스트러트(Strutt) {지금의 벨퍼 경}, 로밀리(Romilly) {지금의 로밀리 경} 〔고등법원 기록부장. 기록부장에는 고등법원 판사가 임명된다〕, 그리고 이 밖에 문학계나 정치계에서 두각을 나타낸 여러 인사들과 알게 되었고, 이들과의 교제를 통해 어느 정도 나에게는 생소한 대목에 관해 그들의 토론을 듣곤 했다.

찰스 오스틴이 나에게 끼친 영향은 상기(詳記)한 여러 인사들의 그것과는 비교할 바가 아니었다. 즉 그것은 한 소년에 대한 어른의 영향이 아니라 연장자들의 동료간의 영향과 같은 것이었다. 내가 자신을 교사의 감독 아래 있는 학생이 아니고 대등한 인간의 한 사람이라고 생각하게 된 것도 그의 덕분이었다. 내가 대등한 지표 위에서 맞부딪친 최초의 지식인이 바로 그분이었다. 물론 동일한 지표 위에 서게 된다면 내가 훨씬 뒤진 존재였겠지만 말이다. 그는 접촉하는 뭇 사람들에게 비록 그와 정반대의 의견을 가진 사람들일지라도 깊은 감명을 끼치고야 마는 사람이었다. 그는 무한한 힘과 여러 재능을 가진 사람이라는 인상을 주었지만, 이런 힘과 재능이 그에게서 보이는 바와 같은 의지와 힘과 합친다면 세계라도 충분히 지배할 것 같았다. 그를 아는 사람들이라면 누구나 할 것 없이, 혹은 호의를 갖든 안 갖든 간에 이 사나이야말로 공공 생활에 있어서 눈부신 역할을 해낼 수 있으리라고 생각하게 마련이었다. 사람이 변설만으로 이처럼 크고 직접적인 효과를 나타낸다는 것은 반드시 사전에 다소의 준비가 없이는 있을 수 없는 일이지만, 그는 충분한 준비를 사전에 하고 있었다. 그는 남의 헛점을 찌르는 일과 때로는 상대방을 깜짝 놀라게 하는 것을 좋아했고, 효과를 얻기 위해서는 결연한 태도가 최대의 요소임을 알고 있었기 때문에 자기 주장을 내세울 때는 가능한 한 그의 결심을 그 속에 쏟아 넣었다. 그리하여 그의 주장이 대담하게 상대를 압도할 때는 몹시 기뻐하는 것이었다.

그의 형은 형제가 같이 공헌한 원리가 비좁은 뜻에서 해석되거나 잘못 적용될 때는 감연히 도전하는 데 비해, 동생은 벤담의 학설이 그 본질이 배려되는 한 가장 놀라운 형식으로 이를 표명하였고, 또 이 학설 속에 있는 요소로서 사람들의 선입관에 반대되는 경향이 있는 것이면 무엇이든 이를 과장했다. 그리고 이와 같이 기발한 자기 주장을 비상한 정력으로 쾌활하게 변호하고, 힘차고 경쾌한 태도로 밀고 나감으로써 반드시 마지막 승리를 거두게 되거나 아니면 적어도 영예를 반반으로 나누게 되는 것이었다.

보통 벤담주의자니 공리주의자니 하는 사람들의 주의나 사고방식에 관해 일반 사람들이 품고 있는 사상 속에는 찰스 오스틴이 주장한 역설적 표현에 그 원천이 있는 것으로 나는 생각한다. 하기야 젊은 귀의자들은 정도의 차는 있지만 누구나 그를 흉내냈고, 또 벤담주의의 교의나 금언 가운데서 조금이라도 상대에게 자극이 될 만한 것이 있을 때에는 그것을 새삼 강조하는 것이 한때 소수의 젊은이들 일파에서는 공통적 경향이었다는 것을 말해 두고 싶다. 이런 젊은이들 가운데 다소나마 자기 생각을 지닌 이들은 나 자신을 포함해서 모조리 이와 같은 어린애 같은 허영심에서 벗어났지만, 그렇지 못한 이들은 남과 반대되는 의견만을 일삼는 데 넌더리를 내고는, 한때 공언해 온 이단적인 의견들을 좋은 점 나쁜 점 할 것 없이 모조리 팽개쳐 버리게 되었다.

1822년에서 1823년에 걸친 겨울에 나는 기본적 원리에 대해 의견을 같이하는 젊은이들의 조그만 모임을 만들었는데, 그것은 '공리성'을 윤리 및 정치의 기준으로 삼고 내가 받아들인 철학 중에서 필연적으로 유도해 낼 수 있는 몇 개의 중요한 '계(系)'를 승인하는 것이었다. 두 주일에 한 번씩 모여서 상기한 바 합의된 전제에 따라 각자의 논문을 읽기도 하고 문제를 토의하는 등의 계획을 세웠다. 이 계획은 사실 그 자체로는 별반 거론할 가치가 없는 것이지만 다만 내가 계획한 그 모임의 명칭을 '공리주의자 협회'라는 것으로 한 것은 여기서 언급할 만한 가치가 있다고 본다. 공리주의란 명칭을 채택한 것은 이것이 시초였으며 이런 대수롭지 않은 기원에서 이 말이 우리의 국어 속에 침투해 왔다. 이 말은 내가 발명한 것이 아니고 실은 골트〔Galt, 1779~1839. 스코틀랜드의 작가〕의 소설 《교구 연대기(*Annals of the Parish*)》 속에서 찾아낸 것이다. 이 소설은 어느 스코틀랜드 목사의 자서전이라고 되어 있는데, 목사가 그 속에서 교구민에게 복음서를 버리고 공리주의자가 되어서는 안 된다고 경고하고 있다. 명칭이나 어떤 기치를 좋아하는 어린애들처럼 나는 이 말에 집착했고, 그 뒤 수년 간 파벌적 명칭[3]으로서 나 자신과 우리 일당에 속하는 여러 사람들을 부르는 명칭이 되었다. 그리고 이따금 이 말이 의미하는 여러 가지 사상을 지닌 다른 몇몇 사람들에 대해서도 사용하기에 이르렀다. 이와 같은 사람들의 의견이 일단 일반 사회의 주목을 끌게 되자, 이 말은 제3자 내지 반대자에게도 반복되어 사용되어 사용범위가 상당히 넓게 파급되었을 때는 본래 이것을 쓰기 시작한 일파들은 다른 파벌적 특징과 함께 이 명칭을 버리게 되었던 것이다.

우리 '협회'는 애초 회원이 불과 세 사람이었으며, 그 중 한 사람이 벤담의 서기였던 관계로 우리들의 회합을 그의 집에서 가지는 것을 허락해 주었다. 그 뒤로도 회원은 항상 열 명에 미달하였고 1826년에는 결국 해산하고 말았다. 이와 같은 사정으로 이 협회는 불과 3년 반 내외의 명맥을 유지했을 뿐이나, 나 자신의 이점으로는 구두상의 토론을 습득했다는 것을 제외하고라도 그 무렵 나보다 뒤져 있던 몇몇 젊은 사람들과 접촉할 수 있었다는 점이다. 그들 사이에서 나는 얼마 동안 지도자 역할을 했고 또 그들의 정신적 발달에 상당한 영향을 끼쳤다고 할 수 있다. 그리고 내가 만난 젊고

---

3) 'utilitarian'이란 어휘를 NED에서 찾아보면, 공리주의라는 뜻의 명사로 1781년 벤담이 사용한 용례(用例)가 시초다.

유식한 사람들 가운데서 그들의 의견이 이 협회와 아주 모순된 것이 아니라면 누구나 닥치는 대로 이 협회에 끌어들이려고 무진 애를 썼다. 그리고 만일 이 모임에 참가하지 않았더라도 모르는 채 넘어갔으리라 믿어지는 사람도 몇몇은 있었다.

나와 절친한 친구가 된 회원들로는──그 중 어느 누구도 그리고 어떤 의미에서도 나의 제자였던 사람은 하나도 없고, 모두가 각기 기반을 가진 독립된 사상가들이었다──유명한 경제학자의 자제들로서 도덕적으로나 지적으론 지도자적 자질을 갖춘 젊은이지만 요절했기 때문에 그 이름을 세상에 떨치지 못하고 가 버린 윌리엄 이턴 투크(William Eyton Tooke), 그리고 그의 친구로 경제학 분야에서 독창적인 사상가였고, 지금은 교육개혁을 위한 헌신적인 노력으로 그 명예스런 이름을 남긴 윌리엄 엘리스(William Ellis), 후일 파산재판소(破產裁判所)의 관선 관리인이 되었고, 거의 모든 추상적 문제에 대해 독창성과 역량을 지닌 사상가였던 조지 그레이엄(George Graham), 그리고 {1824년 또는 1825년 법률공부를 위해 처음 영국에 온 후부터지만} 앞서 말한 누구보다도 한결 세상을 요란케 한 존 아서 루벅 {John Arthur Roebuck, 그는 스코틀랜드 사람으로 캐나다에서 교육을 받았다} 등이 있었다.

1823년 5월, 그로부터 35년간 계속된 나의 직업과 사회적 신분이 아버지의 손에 의해 결정되었다. 아버지께서 동인도 회사의 그의 직속 산하에 있는 인도 통신 심사부 사무소에 일자리를 얻어 주셨기 때문이었다. 다른 통례에 따라 서기의 말석에 부임하였고 적어도 처음 한 번은 선임 순서대로 진급하게 되어 있었으나, 최초부터 나는 공문서 기안의 임무를 맡았다. 이는 당시 사무소의 고급 부서를 맡고 있던 사람들의 후계자로 양성한다는 양해가 되어 있었기 때문이다. 나의 기안은 처음 얼마 동안은 직속상관으로부터 수정을 받은 것은 물론이었지만, 곧 일에 익숙하게 되었고 또 아버지의 지도와 자신의 능력 향상에 의해 수년 내에 주요 부서의 하나인 지방과(地方課)에서 인도와의 통신을 담당할 수 있게 되었으며 실제 그 일을 잘해 나갔다. 이 일은 그 후 나의 공직이 되었으며, 뒤에 내가 심사부장에 임명된 지 2년 만에 행정기관으로서의 동인도 회사가 폐지되자 나는 퇴직하였다.

독립해서 살아갈 수 없는 사람으로서 24시간 중 일부를 자기 혼자만의 지적 탐구에 바치고도 구할 수 있는 직업으로 이 이상 좋은 것은 없다고 난 생각한다. 신문에 글을 써 주는 것도 높은 수준의 문학이나 사색에서 무엇인가 성취할 수 있는 사람에게 영구적인 수입원은 되지 못한다. 왜냐하면 양심적인 사람으로서 자기 주장 외의 어떤 것에도 따르려 하지 않는 사람의 경우에는 한층 더하지만, 이것은 수입원으로는 너무도 불확실한 것이다. 또 생계를 위한 글이란 글 자체의 긴 생명을 가질 수가 없으며, 더구나 이런 글은 필자가 최선을 다해 쓴 것이 아니기 때문이다. 장래의 사상가들을 만들 운명을 짊어진 책들은 집필에 많은 시간을 요구하며, 또 씌어진 후에도 남의 이목을 끌어 명성을 받기까지는 너무나 오랜 시간이 걸리므로 생활수단으로 이것을 의지할 수는 없다. 펜으로 생계를 꾸려야만 하는 사람은 시시한 글을 쓰거나 아니면 대중에게 영합하는 글을 쓸 수밖에 없다. 게다가 자기가 선택한 연구과제에는 먹기 위한 일에 필요한 시간에서 떼어낸 조그만 시간밖에 배당할 수 없다. 이것은 대체로 공직에서 생기는 여가보다 적으며 한편 머리는 한층 더 피곤해진다.

나 자신의 경우에 한해서 말하자면, 공직이란 일생을 통해서 그와 병행해서 해오던 다른 정신적 작업으로부터 휴식이란 것을 알았다. 그것은 충분히 지적인 일이어서 무미건조하지 않았고 또 추상적인 사색이나 조심스런 문학작품을 쓰는 사람의 정신력에 큰 부담을 주는 것도 아니었다. 생활의 양식이란 으레 흠이 있는 것이어서 이 직업의 여러 가지 흠을 내가 못 느낀 것은 아니다. 그러나 나는 특수한 직업, 특히 앞에서 말한 법률업처럼 나에게 주어진 직업이 가져다 주는 부와 명예의 기회를 놓친 것에 대해서 조금도 개의치 않는다. 그러나 의회나 공적인 생활에서 소외된 것은 간과할 수 없었고, 더구나 런던에만 박혀 있는 것에 대한 직업적인 불쾌감을 절실히 느꼈다. 동인도 회사가 허용한 휴일은 일년에 한 달을 넘지 않았고, 반면에 나는 시골생활에 흥미가 많았으므로 프랑스에서의 체류는 여행에 대한 열렬한 욕망을 가져왔다. 그러나 이러한 취미를 마음껏 누려 본 적은 없으며 그렇다고 해서 한 번도 충족시키지 못한 적도 없다. 일년 중 대부분의 일요일에는, 심지어 런던에서 거주할 때도 시골길을 오랫동안 걸으며 산책했다. 처음 몇 해 동안 한 달의 휴가 때에는 아버지의 집에서 보냈고, 그 후에는 휴가의 일부 혹은 전부를 친구 몇 명과 함께 주로 도보여행으로 보냈다. 그리고 조금 지나서는 혼자 혹은 친구 몇 명과 함께 좀더 먼 여행을 하였다. 연중 휴가 때면 쉽게 갈 수 있었던 곳은 프랑스, 벨기에, 독일의 라인 지방이었다. 의사의 권고로 처음 석 달, 다음엔 여섯 달의 두 번에 걸친 장기 휴가를 얻었을 땐 스위스 티롤 지방, 그리고 이탈리아에 갈 기회를 얻었다. 그런데 다행스럽게도 이 두 번의 여행은 내 생애 중 비교적 일찍 있었기 때문에, 대부분의 내 생애에 큰 도움을 주었고 아름다운 추억을 남겼다.

공직은 나에게 실제적인 공적 업무를 다루는 필수조건을 개인적 관찰에 의해 배우도록 했는데, 그것은 남들이 생각하듯이 내 시대의 여러 사상과 제도의 이론적 개혁자로서의 나에게 상당히 가치가 있었던 것이며, 나 또한 그렇게 생각한다. 물론 서류상으로 처리되어 지구 저편〔인도〕에서 효력이 나타나는 공적 업무 자체가 인생의 많은 실제적 지식을 가져다 준 것은 아니지만, 그래도 이 직업은 모든 방향의 어려운 점들과 또 그것을 제거하는 수단이 실행되도록 신중히 고려되고 검토되는 것을 보고 듣게 하였다. 그것은 나에게 공적 조처 또는 다른 정치적 여건이 처음에 기대된 결과를 가져오지 않고 또 그렇게 되는 이유가 무엇인가를 깨달을 수 있는 기회를 주었다. 더구나 그것은 이러한 부분의 나의 활동에서 내가 다 같이 움직여야 하는 큰 기계의 한낱 톱니바퀴에 지나지 않는다는 것을 알게 함으로써 더욱더 커다란 가치를 지닌 것이었다. 내가 만일 사색적인 작가였다면 나 자신 외에는 의논의 상대가 없었을 것이며, 그리고 사색으로부터 실제의 응용에 일어나는 장애물은 전혀 없었을 것이다. 그러나 나는 정치적 통신을 다루는 서기였기 때문에 나와는 다른 입장의 사람을 만족할 만하게 설득시키지 않고서는 명령을 내리거나 의견을 설명할 수 없었다. 그래서 나는 습관상 어떤 생각을 받아들이지 못하는 사람들도 가장 받아들이기 쉬운 형태를 발견하는 데 좋은 위치에 있었다.

반면 나는 많은 사람을 움직이는 어려움, 타협의 필요성, 필요한 것을 위하여 불필요한 것을 제거하는 요령 등에 정통하게 되었다. 내가 아무것도 얻을 수 없을 때 어떻게 하면 최선의 것을 얻을 수 있는가, 또 내 뜻대로 되지 않았어도 분노하거나 낙심하는 대신 조금이라도 내 생각대로 된 것이 있으면 그것에 대해 기뻐하고 용기를 얻을 수 있는 것을 배웠다. 그리고 전혀 불가능할 때 모든 사람에게서 위압을 받게 되더라도 평정한 마음으로 참고 견딜 것을 배웠다. 나는 일생을 통하여 이러한 수양은 개인의 행복에 가장 중요한 것이라는 것과, 이론가든 실행가든 간에 그에게 주어진 기회를 최대한의 선으로 활용하는 데 꼭 필요한 조건임을 알게 되었다.

제 4 장 1823~1828년

젊은 날의 전도《웨스트민스터 리뷰》

많은 시간을 빼앗아간 나의 공적 업무도 내 연구열을 감퇴시키지 않았다. 그 연구는 아주 활발하게 수행되었다. 이즈음에 나는 신문에 기고하기 시작했다. 활자화된 첫 글은 1822년 말경,《트래블러(*Traveller*)》석간지에 실린 두 편의 편지였다.《트래블러》지 {나중에《글로브(*Glove*)》지와 합병되어《글로브 앤드 트래블러》지가 되었지만}는 당시 유명한 정치경제학자였던 토런스(Torrens) 대령의 소유였으며, 편집은 유능한 월터 콜슨 {벤담의 조수로 신문 기자로 일하다가 편집부장이 되었으며, 변호사 겸 양도증서 취급인이 되었다가 작고할 당시에는 내무성의 고문이었다}이 맡았는데, 이 신문은 자유당계의 가장 유력한 신문 중 하나였다. 토런스 대령 자신도 이 신문에 많은 경제 관련 논설을 썼는데, 이 때 그는 리카도와 아버지의 의견을 공격하였고, 아버지의 권고에 따라 나는 반박하는 글을 썼다. 콜슨은 아버지에 대한 경의와 나에 대한 호의로 그 글을 실어 주었다. 그러면 곧 토런스의 응수가 있었고 나는 다시 반박하였다.

후에 나는 한층 더 야심적인 것을 기도하였다. 당시 리처드 칼라일[1]과 그의 아내와 누이는 그리스도교에 적의를 품은 글을 출판하여 구속[2]되었다. 그것은 많은 사람들의 관심을 모았는데, 내가 만난 사람들은 특히 많은 관심을 보였다. 정치적 특히 종교적 언론의 자유라는 것은, 지금도 물론 겉보기로만 인정되고 있지만, 당시에는 이론상으로도 용인되지 못하였다. 그래서 못마땅한 생각을 가진 사람들의 생각을 발표할 자유를 얻기 위하여 항상 논박을 되풀이할 준비가 되어 있어야 했다.

나는 위클리프(Wickliffe)라는 가명으로 종교에 관한 모든 의견을 자유로이 표명하였다. 이러한 일련의 문제를 다섯 통의 편지에 써서 《모닝 크로니클(*Morning Chronicle*)》 지에 기고하였다. 그 중 세 편은 1823년 1, 2월에 발표되었고, 나머지 두 편은 이 신문에는 너무 대담하다 해서 결국 실리지 않았다. 그러나 곧 하원의 토론에 관련하여 같은 제목으로 쓴 글이 이 신문의 사설로 실렸고 1823년 한 해 동안 내가 기고한 많은 글이 《모닝 크로니클》 지와 《트래블러》 지에 실렸는데, 간단한 서평도 더러 있었으나 주로 국회에서 발언된 넌센스나 법률의 결함, 혹은 장관이나 법원의 실수 등에 관한 글이었다.

특히 마지막의 것에 관하여는 《모닝 크로니클》 지가 당시 눈부신 활약을 하였다. 페리(Perry)가 작고한 후 이 신문의 편집권과 경영권은 존 블랙(John Black)에게로 넘어갔는데, 그는 이 신문의 기자

---

1) 리처드 칼라일(1790~1843). 화공(靴工)의 아들로 태어나 점원·직공 노릇을 하면서 토머스 페인의 제자가 된 자유사상가다. 1819~1825년 사이.
2) 아내, 누이동생과 함께 투옥당했으나, 옥중에 있으면서 자기가 주장하는 《리퍼블리컨》 지의 간행을 계속했다.

로 오랫동안 종사했다. 그는 독서를 아주 많이 해서 지식이 풍부했으며 또한 매우 정직하고 소탈한 성격이었다. 특히 아버지와 친한 친구로, 아버지와 벤담의 사상을 많이 받아들여 여러 가지 사상과 함께 그의 논문 속에 아주 쉽고 요령 있게 발표하였다. 이 때부터 《모닝 크로니클》 지는 과거 단순한 보수당〔휘그당〕의 기관지로서의 입장을 떠나 10년 동안 공리주의적 급진파들의 대변지가 되었다. 이것은 주로 블랙에 의한 것이며, 폰블랭크(Fonblanque)의 도움도 약간 받았다. 폰블랭크는 이 신문에 사설과 '정신의 장난'〔신문에 흔히 나오는 가십 · 만평 같은 것〕의 필자로서 신문 기자의 자질을 보여 주었다.

이 신문이 가장 많이 취급한 문제는 법률과 사법행정의 결함에 관한 것이었으며, 이 개선에 관해서도 많이 공헌했다. 이 때까지만 해도 영국의 여러 제도와 운영의 가장 잘못된 부분에 대해 얘기한 사람으로는 벤담과 아버지뿐이었다. 영국의 법률 · 사법 · 명예 장관직이 가장 훌륭한 제도의 표본이라는 것이 영국 사람들의 사상의 주류를 이루었다. 이 말 못할 만큼 졸렬한 미신을 타파하는 데 가장 중요한 것을 제공한 벤담 다음으로 《모닝 크로니클》 지의 편집자였던 블랙이 가장 공헌이 컸다고 말해도 과언은 아닐 것이다. 그는 미신에 대하여 끊임없이 공격하였고 법률과 유급 · 무급의 재판 제도의 부당함과 부정을 폭로하여 마침내 사람들의 마음속에 이런 것을 깨닫게 했다.

다른 여러 가지 문제에 관해서도 과거 신문에서 볼 수 있던 그런 판에 박힌 주장보다는 훨씬 진보된 의견을 가지게 되었다. 블랙은 아버지를 자주 방문했으므로, 그로트가 말하기를 자기는 블랙이 쓴 월요일의 사설을 읽어 보면 그가 전 일요일에 아버지와 함께 있었는지 아닌지를 알 수 있다고 했다. 블랙은 아버지의 담론과 인격의 영향을 받아 세상에 관해서 많은 의견을 가진 통로였고, 따라서 가장 유능한 통로의 하나가 되었다. 그것은 아버지가 쓴 글의 효과와 함께 작용하여 이 나라의 큰 세력이 되었는데 이 세력은 한 개인으로서는 거의 이루지 못했던 것이며 단순히 미미한 지성과 개성에 의해서 이룩되었다. 그리고 그것은 가장 미약하게 보였던 곳에서 가끔 가장 큰 효과를 나타냈다. 그리고 나는 이미 리카도, 흄, 그로트에 의해서 이루어진 것은 부분적이나마 아버지의 자극과 설득에 의한 것이 아주 많음을 주목했다. 브루함(Brougham)이 교육·법률 개정 혹은 다른 분야에서 대중을 위하여 했던 일도 대부분은 아버지가 그에게 좋은 수호신이었던 덕분이었다. 조그만 개울을 이루어 흘러간 아버지의 영향은 너무 많아서 이루 다 열거할 수가 없다. 이 영향은 이제《웨스트민스터 리뷰》지의 창간에 의하여 크게 발전하였다.

흔히들 생각하는 바와는 달리 아버지는《웨스트민스터 리뷰》지의 창간에 조금도 관여하지 않았다. 당시는《에든버러》지와《쿼털리》지 {당시에 둘 다 명성이나 세력이 최고의 상태였다} 가 한창 평판과 영향력을 떨쳤는데, 수년 전부터 아버지와 벤담은 이들에 대항하는 급진주의의 기관지를 만들 필요성을 얘기해 왔으며, 아버지가 주필이 된다는 것이 그들의 가상적인 계획의 일부였으나 구체화된 것은 아니었다. 그러나 1823년 벤담은 자비로《웨스트민스터 리뷰》지의 발간을 결정하고 아버지에게 주필의 자리를 제의했으나, 그 자리는 런던 시내에서 장사를 하고 있던 바우링 {지금의 존 바우링 경} 이 맡았다. 그 전에 2, 3년 동안 바우링은 벤담을 열심히 방문하였는데, 그는 인격상 훌륭한 점이 많고 전부는 아니더라도 적지 않은 사상들을 열렬히 숭배하였으며 세계 각국의 자유주의자들과의 친분과 서신왕래가 있었다. 이는 벤담의 명성과 학설을 세계 곳곳에 펴는 데 유능하다고 생각되었기 때문에 벤담의 마음에 들었다. 아버지는 그를 본 일은 거의 없었으나, 정치적이고 철학적인 그 잡지를 다루기에는 적합하지 않은 사람이라는 것을 알게 되었다. 그리고 벤담의 돈을 잃어버릴 뿐만 아니라 급진주의의 여러 원칙에 오점을 남길 것이라고 믿어 이 사업의 전도를 비판하여 그만두려고까지 생각했다. 그렇지만 벤담을 혼자 내버려 둘 수는 없었기 때문에 제1호에 논문 하나를 써 내기로 작정했다.

이 평론지의 일부는 다른 평론지를 비평하는 데 할애하기로 계획되어 왔으므로, 아버지는 《에든버러 리뷰》 지의 초창기부터의 내용에 관해서 일반적인 비평을 가했다. 이 비평을 쓰기 전에 아버지는 나에게 《에든버러 리뷰》 지를 처음 것부터 모두 통독하거나 아니면 중요하다 싶은 것을 가려뽑으라고 하셨다(지금 이것을 다 읽기는 매우 어렵겠지만, 1823년에는 그다지 많지 않았으므로 쉬운 일이었다). 그리고 그 내용이 좋든가 나쁘든가 해서 한번 검토해 볼 만하다고 생각되는 것을 기록해야만 했다. 아버지의 논문은 《웨스트민스터 리뷰》 지가 처음 나오면서 일대 선풍을 일으키는 원인이 되었고, 그 의도와 수법은 모든 아버지의 글 가운데서 가장 뚜렷한 것이었다.

아버지는 정기 간행물에 실리는 글의 일반적인 경향을 분석하는 것으로 시작하였는데, 여기서 지적하기를 이들 글들은 책과는 달라서 성공을 기다릴 수 없으므로 당장 성공하거나 아니면 성공하지 못하며, 따라서 독자 대중이 가진 의견을 전달하거나 가르쳐 줄지언정 시정하거나 개선하지 못할 것이 확실하다고 했다. 다음에 그는 급진주의자의 견해에서 정치적 기관지로서의 《에든버러 리뷰》 지의 위치를 규명하기 위해 영국 헌법의 완전한 분석에 들어갔다. 그는 영국 헌법의 철저한 귀족주의적 성격, 즉 대다수의 하원의원이 겨우 수백 명의 명문 가족에 의해 지명된다는 것, 조금 자유로운 사상을 가진 지방 출신의 의원도 완전히 대지주라는 것, 다른 계급의 의원들도 권력 분배에 참여하기 위해 이 과두 정치제도를 유도했다는 것, 그리고 마지막으로 이러한 정치체제의 두 지주(支柱)인 교회와 법률가에 대해서 주의해 줄 것을 바랐다. 그는 이렇게 구성된 귀족주의 체제가 자체 내에서 두 부분으로 나뉘어, 한쪽은 실권을 장악하고 다른 쪽은 귀족주의적 지배력을 조금도 희생시키지 않고 여론에 힘입어 전자를 무너뜨리고 지배권을 가지려는 자연적인 경향이 있음을 지적했다. 그는 실제 지배권을 가지지 못한 귀족정당의 일부가 민중의 지지를 얻기 위해 민중의 여러 이념을 업고 추구함직한 방침과 그 때 이용된 정치적 입장을 묘사했다.

그는 이런 생각이 어떻게 휘그당〔보수당〕과 그 주요 기관지인 《에든버러 리뷰》 지의 행동에 실현되었는지를 보여 주었다. 그는 이들의 특성을 '시소(seesaw)'라는 말로 표현하여, 지배층의 권력과 이익에 관계되는 문제의 두 가지 측면을 번갈아 가면서 글로 쓰고, 때로는 다른 제목으로 때로는 한 제목에 여러 다른 부분으로서 실례를 들어 가며 의견을 주장하였다. 그 전에는 이 나라에서 휘그당과 그 정책에 대해서 이렇게 공격을 가한 적이 없었다. 그리고 아버지를 제외하고는 이런 글을 쓸 사람은 살아 있는 사람 중에는 없다고 생각한다.*

그럭저럭 하는 동안에 역사가 짧은 이 평론지는 헨리 서던(Henry Southern)이 편집하기로 한 순수문예지와 합병하였는데, 그는 나중에 외교관이 되었으나 당시에는 문필업이 그의 직업이었다. 두 편

---

* 《웨스트민스터 리뷰》 지의 제2호에 실린 이 논문의 속편은 아버지의 지도 아래 내가 쓴 것이다. 이것은 {작문 연습으로는 가장 좋은 것이었으나 그 외에는} 아무런 가치도 없는 것이었다.

집인은 편집원을 합쳐서 두 부분으로 나누고 정치부문은 바우링이, 문학부문은 서던이 맡았다. 서던의 평론지는 롱만사에서 출판하게 되었는데, 비록 《에든버러 리뷰》 지의 주를 일부 소유하고 있었지만 발간을 기꺼이 수락했다. 그러나 모든 준비가 끝나고 취지서도 다 발송했을 때 《에든버러 리뷰》 지를 공격한 아버지의 글을 보고 발간을 거절했다. 그래서 아버지의 책을 많이 출판한 볼드윈(Baldwin)에게 부탁하여 교섭한 결과 무사히 해결되었다. 그래서 1824년 4월 이 새로운 평론지 제1호가 탄생하였는데, 아버지는 여기에 희망을 걸지 않았으나 나중에 이 평론지의 발간에 힘을 보탠 사람들은 대부분 희망을 가졌다.

제1호는 우리에게 상당한 놀라움을 가져다 주었다. 생각하던 것보다는 논문의 질이 훨씬 좋았기 때문이다. 문학과 예술부문은 주로 빙험(Bingham)이 도맡았는데 그는 변호사 (그 후 곧 형사재판관이 되었다) 였으며, 수년 동안 벤담과 가까이 지내며 그의 철학적 의견을 열렬히 받아들였으며 오스틴 형제의 친구였다. 우연히도 제1호는 그의 논문이 다섯 편이나 실려 있었고 우리는 그 논문이 아주 마음에 들었다. 나는 그 평론지에 대해 가졌던 복잡한 감정을 잘 기억한다. 즉 그것이 기대 이상으로 잘되어 그 표명된 의견을 가진 사람들의 믿을 만한 기관지가 되기에 충분하다는 것을 알았을 때의 기쁨, 그리고 이것이 전반적으로 너무 잘되어 흠이라고 생각되는 부분에 대해서는 지나치게 걱정했던 것 등이다. 어쨌든 제1호에 대한 우리의 보편적인 의견은 좋았던 데다가 놀랄 만큼 많은 부수가 팔렸다. 그리고 이미 있던 여러 정당의 기관지처럼 이것이 급진주의의 평론지로서 주의를 끌자 우리는 더 주저할 것이 없었다. 우리는 그것을 강화하고 개선하는 데 온갖 정열을 기울였다.

아버지는 계속해서 논문을 썼다. 《에든버러 리뷰》 지에 이어 이

번에는《쿼털리》지에 비난의 화살이 돌아갔다. 아버지가 기고한 글 가운데 가장 중요한 것은 제5호에 실린 사우디(Southey)의《교회사》에 대한 공격과 제12호에 실린 정치 논문이었다. 오스틴은 단 한 편의 논문만을 냈는데, 그것은 아주 훌륭한 것으로,《에든버러 리뷰》지에 실린 매컬로(McCulloch)의 장자 상속법을 논박하는 것이었다. 그로트는 단 한 번밖에 기고하지 않았는데, 그것은 그가 모든 여가를《희랍사》의 저술에 바쳤기 때문이다. 기고된 한 편의 논문은 그의 전문분야였는데, 미트포드(Mitford)〔그 역시《희랍사》를 쓴 바 있다〕의 저서의 결점을 폭로하여 완전히 수정한 것이다. 빙험과 찰스 오스틴도 여러 번 기고하였고, 폰블랭크도 제3호부터 자주 기고하였다. 나의 친구들 가운데서는 엘리스가 제9호까지 계속 기고하였고, 그가 중단할 무렵에는 이턴 투크, 그레이엄, 루벅이 기고하기 시작했다. 그 중에서 나는 제일 많이 쓴 사람으로 제2호부터 제18호까지 13편의 논문을 기고했는데, 그것은 역사나 정치 서적의 서평이거나 곡물조례(穀物條例)〔곡물의 수입에 많은 세금을 부과하는 법률로서 국민의 반대에 의해 1846년에 폐지되었음〕 수렵 법규, 비훼죄(誹毁罪)에 관한 법률 등과 같은 특별한 정치적 화제에 대한 토론 등이었다. 아버지와 나의 딴 친구들에게서도 좋은 논문이 때때로 나왔다. 그리고 바우링의 친구들도 좋은 글을 썼다.

그러나 전반적으로 볼 때 내가 만난 사람들 중 그 평론지의 취지와 의견을 같이하는 사람들을 한 번도 만족시키지는 못했다. 사상면이나 의향 혹은 단순한 능력의 부족 등과 같이 우리의 비위를 매우 자극하는 것을 포함하지 않은 적은 거의 없었다. 아버지와 그로트, 오스틴 형제들 그리고 다른 사람들이 좋지 않게 판단한 것을 우리들 젊은 친구들은 더욱 과장해서 되돌려 떠들었고 또 우리들은 젊은 혈기로 인해 불평하는 데 결코 뒤지지 않았기 때문에 두 편집인은 아주 곤란해했다. 그 당시 나의 지식 수준을 보면 좋은 점 못지 않게 나쁜 점도 많았음이 분명했으므로 만일 그 평론지가 우리들(즉 소장파)의 의견대로 움직였다면 좋기는커녕 그보다 못했을 것임에 틀림없다. 그러나 벤담주의의 역사에 있어서, 그 모든 의견이 벤담주의를 대표하리라고 생각되었던 이 평론지가 처음부터 그들을 전혀 만족시키지 못했다는 것은 주목할 만한 일이다.

반면에 그 평론지는 그런 대로 상당한 소란을 일으켰고 벤담식 급진주의자들에게 사상과 논쟁의 광장에서 누구나 인정하는 확고한 지위를 가져다 주었는데, 그 지위는 급진주의를 신봉하는 사람들의 수로 보거나 당시 그들의 인격적인 장점이나 능력으로 보거나 간에 엄청나게 큰 것이었다. 당시는 알려진 바와 같이 자유주의가 급격히 대두된 때였다. 프랑스와의 전쟁에서 생긴 공포와 증오가 가시자, 사람들은 다시 국내정치에 대해 생각할 여유를 가지게 되었다.

그래서 모든 사조는 개혁으로 흘러갔다. 대륙에서는 구왕가에 의한 새로운 압박이 있었고, 신성동맹이라고 불리는 자유에 대한 억압의 음모를 영국 정부가 묵인했다. 오랫동안의 전쟁으로 많은 돈을 쓰게 되자 국채가 놀랄 만큼 늘었고, 과중한 세금을 부과하자 영국 정부와 의회는 매우 평판이 나빴다. 버디트 일파와 코비트 일파가 영도하는 급진주의는 행정부를 경고할 만한 성격과 세력을 가지게 되었다. 그리고 그들의 경고는 저 유명한 '육법령(六法令, Six Acts)'[3]도 진정시킬 수가 없었으며 마침 캐롤라인 왕후의 재판[4]이

3) 일명 '6조례(條例)'라고도 일컫는다. 1819~1820년 경 당시 리버풀 내각이 집회 · 언론을 억압하기 위한 반동입법(反動立法)을 말한다.

4) 캐롤라인 왕후는 1796년 당시 아직 황태자였던 조지 4세의 아내가 되었으나, 그 뒤 일년 후부터 미움을 받아 할 수 없이 별거하지 않을 수 없

있자 감정은 더 넓고 깊이 악화되었다. 이것은 왕후가 죽음으로써 국민을 격앙시킨 원인은 스러졌지만, 세밀한 부분에서도 정부의 실책에 반대하는 기운이 곳곳에서 일어났다. 흄의 끈기 있고 세밀한 조사는 하원으로 하여금 예산에서 반대가 일어날 만한 모든 항목은 표결로 결정하게 하고, 대중들의 의견에 대해서는 힘을 가지고 얘기하기 시작했으며 또 못마땅한 예산행정에는 여러 부문에서 조금씩 삭감하도록 했다.

런던 상인의 자유무역에 관한 청원에 의해서 경제학은 정치 문제에 있어 큰 세력으로 대두되었는데, 그 청원은 1820년 투크에 의해 기초되고 알렉산더 베어링(Alexander Baring)에 의해 제출되었으며, 또 수년간의 의원생활을 하면서 행한 리카도의 고귀한 노력에 의한 것이다. 지금논쟁(地金論爭)의 자극에 의해 집필된 리카도의 논문과 그 뒤를 이은 아버지와 매컬로의 여러 해설과 논평{이 수년간에 《에든버러 리뷰》 지에 실린 그의 논문은 아주 값진 것이다}은 이 문제에 대한 일반의 주의를 끌었고, 내각 자체에서도 부분적으로 이에 동조하였다. 그리하여 허스키슨(Huskisson—당시의 상무장관은 캐닝—당시의 수상)의 지지하에 보호제도의 순차적 철폐에 손대기 시작했고, 그 친구의 한 사람이 1846년에 완수하였으며, 그 잔재를 완전히 일소한 것은 1860년 글래드스턴(Gladstone)에 의해서

었다. 그 후 계속 불우한 처지에 있으면서 해외생활로 겨우 자신을 달래곤 했다. 1820년 조지 3세가 서거하자 영국으로 되돌아왔으나 부군인 4세는 왕후에게 간통죄를 씌워 정식 이혼을 하려다가 급기야 상원(上院)의 재판으로까지 사태를 몰고 가게 되었다. 같은 해 11월 무죄판결이 내리기는 했으나 심한 심로가 겹쳐 이듬해 1821년 왕후는 사망하고 말았다. 이 무렵 국민의 동정은 주로 왕후 편으로 쏠렸다. '국민을 격앙시킨 원인은 스러졌다 운운' 하는 것은 이 왕후의 죽음을 뜻한다.

였다. 당시 내무부 장관이었던 피일(Peel)은 그 전에 아무도 손대지 못한, 그리고 또한 벤담주의의 색채가 농후한 법제개혁의 길로 조심스럽게 들어서고 있었다.

자유주의가 시대적 구호처럼 되어 가면서 고위층 사람들도 제도의 개선을 주장하고, 백성들은 의회의 구성을 바꿀 것을 강력히 요구하는 이 때에 새로운 문필가 일파가 이 새 경향의 입법자와 이론가가 될 것을 주장하며 논쟁의 마당에 나타남으로써 세인의 주목을 끄는 것은 조금도 이상한 일이 아니다. 어느 누구도 명확한 사조 속에서 그에 못지 않는 강한 신념을 가질 것으로 보이지 않을 때 그들이 확고한 신념의 태도를 글로 나타내 기존의 두 정당을 정면으로 공격하는 대담성을 보여 주었고, 일반적으로 받아들여진 많은 의견에 타협하지 않고 반대한다고 선언하였다. 또한 그들이 공언한 것보다 더 이단적인 사상을 마음속에 품고 있으리라는 의심을 받았으며, 적어도 아버지의 논문에는 재능과 열정이 있었으며, 그의 배후에는 하나의 평론지를 펴내는 진단만이 있어 보이는 것, 그리고 끝으로 그 평론 자체가 많이 팔리고 읽혔다는 사실은 벤담학파를 철학면과 정치면에서 그 전 어느 때보다 혹은 그 후 영국에서 생긴 똑같이 진지한 사조 어느 것보다 대중의 마음속에 크게 자리잡았다.

나는 당시 그 총사령부에 있었고, 그것이 어떻게 조직되었는지를 알았으며, 그 소수의 간부들 중에서도 가장 활동적이어서 중책을 맡고 있었다고 해도 터무니 없는 말은 아닐 것이기 때문에, 그것에 관하여 약간 설명하는 것은 남보다는 내가 해야 할 일인 줄 안다.

당시 이 소문난 학파는 실제로는 아버지의 저서나 담론에 의해 뚜렷한 정치적 혹은 철학적 사상을 다소나마 이미 받아들였거나 혹은 받아들이고 있는 몇몇 젊은 사람이 모여 구성된 것에 지나지 않았다. 벤담의 주위에는 일단의 제자들의 무리가 있어서 그의 사상을 입으로부터 받아들인다는 것은 우스갯소리에 지나지 않았으며, 벤담의 생활 습성과 얘기하는 방식을 잘 알고 있는 사람에게는 어리석은 이야기에 지나지 않았다. 이에 대하여 아버지는 《매킨토시에 관한 단상(*Fragment on Mackintosh*)》에서 해명한 바 있다. 그는 다만 저술을 통해서 영향을 끼쳤을 뿐이다. 그는 저술을 통해서 아버지가 한 것보다 더 광범위하고 깊은 영향을 인간의 상태에 끼쳤고 지금도 계속 끼치고 있다. 그의 이름은 역사상 아버지의 이름보다 더 위대하다.

그러나 아버지는 인격면에서 훨씬 더 위대한 세력을 발휘했다. 아버지의 담론은 힘과 교훈면에서 많은 사람이 따랐으며, 사상을 펴는 한 도구로 삼았다. 나는 평속한 담론으로 자기의 최선의 사상을 정확하게 펼 수 있는 사람을 여태 본 적이 없다. 아버지는 크나큰 정신적 소질을 완전하게 구사하였고 언어는 간결하면서도 표현력이 풍부했다. 그리고 전달하는 데 지적인 힘과 도덕적 진지함이 있었기 때문에 모든 담론객 가운데 가장 뛰어났다. 아버지는 일화가 많았고 따뜻한 웃음을 가졌으며, 좋아하는 사람과 함께 있으면 가장 생기 있고 즐거운 친구가 되었다. 아버지의 힘을 보여 준 것은 단지 혹은 주로 단순한 지적 신념을 보급할 때가 아니었다. 더구나 자질의 영향을 통해서도 아니었는데 그 자질이 극히 희귀한 것임은 나중에야 알았다. 그것은 고상한 공공정신과 다른 어떤 것보다 전체의 이익을 존중하는 것으로, 그와 접촉한 모든 사람들의 마음속에 있는 유사한 미덕의 씨를 싹트고 활동하게 했다. 아버지의 허가를 얻어서 한 것은 만족스러웠고 허락 없이 한 것은 부끄럽게 생각했다. 아버지와 함께 이야기하거나 혹은 같이 있는다는 것은 같은 목적을 추구하는 사람들에게 도덕적인 힘을 주었고, 마음이 약한 사람이나 낙심한 사람들에게는 용기를 주었으며 (물론 특수한 경우에 기대한 결과를 얻는다는 것은 낙관적이지 않았지만), 이성의 힘과 모든 것은 항상 일반적으로 발달한다는 것과 개개인의 부단한 노력에 의해 선은 얻어진다는 것 등을 굳게 믿었다.

당시 벤담주의 혹은 공리주의의 전도에 독특한 성격을 준 것은 아버지의 의견이었다. 그것은 아버지로부터 흘러나와 여러 방향으로 흩어졌지만 주로 세 가지 줄기로 계속 흘렀다. 그 중 하나는 아버지의 가르침에 의해 형성된 유일한 정신의 소유자인 나와 아버지로부터 상당한 영향을 받아 나중에는 전도자가 된 많은 젊은이를 통한 줄기다. 두 번째 줄기는 찰스 오스틴의 케임브리지 동창생 몇몇에 의한 것으로 그에게서 직접 지도를 받았거나 아니면 그가 준 일반적인 정신적 영향에 자극받았는데, 아버지의 의견과 공통된 의견을 품었던 그 중 몇몇은 아버지와 친해져 자주 찾아왔다. 이들 중에는 나중에 벨퍼 경이 된 스트러트와 로밀리 경을 들 수 있는데, 로밀리 경의 부친은 유명한 사뮤엘 경으로 아버지의 오랜 친구였다. 세 번째 줄기는 젊은 세대인 케임브리지 재학생들로서 이턴 투크의 동년배들인데, 투크의 사상과 공감하여 가까워졌고 그에 의해서 아버지에게 소개되었다. 그 중에서도 가장 주목할 만한 사람은 찰스 불러(Charles Buller)였다. 다른 사람도 개인적으로 아버지의 영향을 많이 받았고 또 그것을 전했는데, 예를 들면 (이미 말한 바와 같이) 블랙과 폰블랭크 등이다. 그렇지만 이들 대부분은 부분적으로만 알고 있는데, 예를 들면 폰블랭크는 많은 중요한 점에서 우리와 의견이 틀렸다.

그러나 실제 우리도 마찬가지로 어느 면에서 아버지의 사상과 완전히 일치한 적은 결코 없었고, 또 그것을 전적으로 받아들이지도 않았다. 예를 들어 우리들 대부분이 아버지의 《정치론》을 정치적 지혜가 담긴 걸작이라고 생각하지만, 그 속에 있는 구절, 즉 "여자의 이익은 남자의 이익과 일치하므로 여성을 선거권에서 제외하여도 좋다"는 것에는 결코 동의할 수 없었다. 이 설에 대해서 나와 내 친구들 모두는 극력 반대했다. 그러나 아버지는 여성에게 선거권을 주어서는 절대로 안 된다고 주장할 생각이었음을 부인했고, 다음 구절에서도 40세 이하의 남자들에 관해서 이와 아주 비슷한 주장을 하였다. 아버지가 실제로 말한 바와 같이 선거권이 제한되어야 하는가의 여부를 논한 것이 아니라 다만 {제한되어야 한다고 가정하고} 좋은 정치를 위한 여러 가지 보증을 희생시키지 않고서 제한하는 최대한도를 논한 것이었다. 그러나 나는 그 당시나 그 후에도 언제나 아버지의 의견을 인정하든 안 하든 간에 그 논문이 지적한 바, 즉 여성의 이익은 남성의 이익 속에 완전히 똑같이 포함되나 백성의 이익은 임금의 이익 속에 훨씬 적게 포함된다는 것과 누구에게나 투표권을 준다는 것은 여성으로부터 투표권이 거부되지 못할 것을 요구한다는 그 어느 의견 못지 않게 큰 실수라고 생각한다. 이것이 우리 젊은 동지들의 일반적 견해였고, 이 중요한 점에서 벤담 자신도 우리 편이었던 것은 아주 기쁜 일이었다.

우리들 중에서 아버지의 여러 가지 의견에 완전히 동의한 사람은 하나도 없었으나 앞에서 말한 대로 그 의견은 나중에 '철학적 급진주의'라고 불린, 첫 젊은이들의 모임에 특수한 색채와 성격을 띠게 한 주된 요인이 되었다. 이들의 사고방식은 어느 의미에서든 벤담을 우두머리로 하거나 혹은 그의 지도를 받는 벤담주의가 아니라 오히려 벤담의 견해에 현대의 정치학과 하틀리(Hartley)의 형이상학을 결합시킨 것이다. 맬서스(Malthus)의 인구론은 벤담의 어느 의견 못지 않게 우리의 기지로써 우리의 의견을 단합시켰다. 이 위대한 학설은 본래 인간의 일이 무한정으로 발전된다는 것에 대항해서 생긴 것으로, 우리는 이 학설을 좀 반대되는 의미에서 열렬히 지지하였는데, 그것은 곧 노동자의 수적 증가를 자발적으로 막아 전 노동인구를 많은 임금으로 완전 고용시키는 것이 개선의 유일한 수단이라는 것이다.

이 주류의 주된 특성으로서 아버지의 의견과 공통되는 것은 다음과 같다. 즉 정치면에서는 대의정치와 언론의 완전한 자유 두 가지의 효능에 관한 거의 무한정의 자신을 가지고 있었다. 인류의 마음속에 이성을 깃들이게 한다면 그 이성의 영향이란 매우 클 것이라고 아버지는 굳게 믿고 있었기 때문에 만일 모든 국민이 글을 읽을 줄 안다면, 만일 어떤 사상이든 말이나 글로 표현하는 것이 허용된다면, 그리고 또 만일 선거라는 수단에 의해 입법자를 선출하여 그들이 가진 의견에 효과를 낼 수만 있다면, 모든 것은 순조롭게 이루어지리라고 생각했다. 그 입법 기관이 어떤 한 계급의 이익을 대표할 수 없을 때에는 정직하게 그리고 적당한 지혜를 가지고 일반의 이익을 목표로 할 것이라고 생각하였다. 왜냐하면 국민들이 잘 교육받은 지성인의 지도하에서 그들을 대표할 사람을 뽑고, 그렇게 함으로써 자기들이 뽑은 사람으로 하여금 자유로운 분별을 갖고 일하도록 맡겨 둘 것이기 때문이다. 따라서 귀족 정치, 즉 어떤 형태든지 소수인의 정치는, 그가 보기에 인류에게 있는 유일한 것이며, 그들 사이에서 발견되는 최고의 지혜에 의해 다스려지는 것이므로 그의 가장 준열한 공격의 대상이 되었다. 민주적 선거는 그의 정치신조의 주된 항목이었는데, 그것은 그 때까지 흔히 민주주의를 내세우는 데 쓰였던 자유니, 인권이니 혹은 그와 비슷한 것에 근거를 둔 것이 아니라 훌륭한 정부를 확보하는 가장 필수적인 데 근거를 둔 것이다. 여기서도 그는 그가 필수적이라고 생각한 것만을 고집하였는데, 그는 군주제와 공화제에 별 차이를 두지 않고 왕을 '부패의 괴수'며 필연적으로 매우 유해하다고 본 벤담과는 아주 달랐다.

귀족정치 다음으로 그의 가장 큰 공격을 받은 것은 국교회(國敎會), 즉 목사 집단이었다. 그것은 종교를 가장 많이 부패시키는 위치에 있었으며 인류의 정신 발달을 반대함으로써 이익을 보는 것이기 때문이었다. 그러나 그는 개인적으로는 그럴 까닭이 없는 목사를 욕하지는 않았으며, 몇몇 진실한 친구로 사귄 사람도 있었다.

윤리면에서는 인류의 복지에 중요하다고 생각하는 모든 점에서 활동적이고 강직하였으나 아무런 근거없이 다만 금욕주의와 성직자의 술책에 의한 일반 도덕의 여러 학설에는 극히 무관심하였다 (그러나 그 무관심은 그의 개인적 행위에는 나타나지 않았다). 그는 남녀간의 관계의 자유는 상당히 증대하리라고 예상했으나 그 자유의 정확한 조건은 무엇인가, 혹은 어떻게 되어야 할 것인가에 대해서는 정의하려고 하지 않았다. 그의 이 의견은 이론적이든 실제적이든 간에 육욕과는 관계가 없는 것이었다. 반면 자유의 증대에 의한 유익한 결과의 하나로, 다시는 상상력이 육체적 관계와 거기에 따르는 여러 가지에 집착하지 않고 또 그것의 가치를 증대시켜 인생의 주된 목표로 되는 일이 없기를 바랐다. 그것은 상상과 감정의 도착(倒錯)으로서 인간의 마음속 깊숙이 자리잡은, 그리고 가장 널리 퍼져 있는 악의 하나라고 생각했다.

심리학 방면에서, 그의 근본 학설은 인간의 모든 성격이 '관념연합'이라는 보편적 원리를 통해서 환경에 의하여 형성되며, 따라서 교육에 의하여 인류의 도덕 및 지적 상태를 무제한 개선할 수 있다는 것이다. 그의 모든 학설 가운데 이보다 더 중요하거나 더 역설할 필요가 있는 것은 없다. 그러나 불행하게도 그 당시나 이후에 이보다 더 지배적인 사상의 경향에 반대되는 것은 없었다.

이러한 여러 가지 의견을 내가 속한 젊은이들의 조그만 무리는 젊은이다운 열정을 가지고 받아들였다. 그리고 우리는 거기에다 파벌정신을 불어넣었다. 그러나 아버지는 이런 분파정신을 가지지 않았다. 우리 (혹은 우리 대신에 어떤 유령이라고 하는 것이 더 낫겠다) 는 흔히 학파라고 우습게 과장되었는데, 우리들 가운데 몇몇은 한동안 실제로 그렇게 불리기를 바라고 열망하였다. 우리들은 18세기 프랑스의 계몽주의 철학자들을 모방하려 했고, 또 그에 못지 않은 결과를 얻기를 희망하였다. 우리들 가운데서도 나만큼 이 소년다운 야망을 크게 품은 사람은 없었다. 그 실례를 들 수 있겠으나 지면과 시간의 낭비에 지나지 않을 것 같아 그만두겠다.

그러나 이 모든 것은 우리들 생활의 외면에 지나지 않는다. 혹은 적어도 지적인 부분의 한 측면에 불과하다. 내면으로 파고들어 가서 우리가 인간으로서 어떤 존재였는가를 알리기 위해서는 나 자신이 충분히 알고 있는 것을 말할 수밖에 없다. 그리고 나는 내 묘사가 크게 수정되지 않는 한, 내 친구 누구에게도 들어맞지 않을 것이라고 믿는다.

벤담주의자들은 단지 이론을 캐는 기계에 지나지 않는다고 흔히 묘사되었는데, 이런 규정은 대부분의 경우 들어맞지 않았으나 내 생애 가운데 2, 3년 동안은 전혀 맞지 않았다고는 할 수 없다. 그것은 막 인생행로에 들어선 어느 사람에게 잘 들어맞는 정도로만 나에게도 적용될 것이고, 또 그런 사람들에게는 평범한 욕망의 대상에도 대체로 호기심을 가지는 것이다. 여기에는 조금도 이상한 점이 없다. 즉 당시 나와 같은 나이의 젊은이들은 한 가지 이상의 것이 되리라고 기대될 수가 없었고, 또 실제 나도 그렇게 되었다. 저명한 존재가 되려는 야망과 욕심은 많았고, 인류의 이익이라고 생각한 것에 대한 열정은 나의 가장 강열한 감정으로서 딴 여러 생각과 합쳐 채색되어 있었다.

그러나 당시의 나에게 그런 열정은 사상적 의견의 열정에 지나지 않는 것이었다. 즉 그것의 뿌리는 인류의 진정한 자애 혹은 동정에 있지 않았다. 그러나 이러한 것은 나의 윤리적 표준의 근본이 되었다. 또 내 열정은 이상적인 고귀성에 대한 높은 열정과 관계된 것도 아니었다. 하지만 이러한 감정에 대한 상상력은 매우 민감하였다. 다만 당시에는 그러한 감정의 자연적 영양소, 즉 시적 훈련이 중단되어 있던 반면에 그에 반대되는 단순한 논리와 분석의 훈련이 지나치게 많았다. 여기에 더하여 앞에서 말한 대로, 아버지의 가르침은 감정을 과소평가하는 경향이 있었다. 그것은 아버지가 냉정하다거나 감정이 무디다는 것은 아니다. 나는 그 반대일 것이라고 믿는다. 그는 감정이란 스스로를 따르는 것이므로 행동을 적절히 하면 감정은 저절로 좋게 되리라고 생각했다. 그의 생각으로는 윤리나 철학면의 토론에서는 감정이 행동의 정당화라고 불리는 대신 궁극적인 이유라고 불리며, 실제로 인류의 행복에 여러 가지 해로운 결과를 가져오는 행동이 감정에 의하여 옹호되고, 또 행위에 대해서만 합당하다고 보는 칭찬을 한 사람의 감정을 가진 성격이 받는 일이 허다하여 그는 비위가 상했다. 그래서 사람을 평가하거나 사물을 논할 때 감정을 찬양하거나 혹은 감정이 조금이라도 무슨 힘이 있는 것처럼 말하는 데 대해서 그는 정말로 기분 나빠했다.

그의 그러한 특징이 나와 다른 사람에게 끼친 영향 외에 우리가 가장 중요한 것으로 보고 있던 모든 의견이 언제나 감정이 개입되어 공격받고 있는 것을 알았다. 공리는 냉혹한 타산이며, 경제학은 무자비한 것이며, 그리고 인구제한론은 인류의 자연스런 감정에 거슬리는 것이라 하여 배격되었다. 이에 대하여 우리는 감상(感傷)이라는 말로 반박했는데, 그것은 '군소리'라는 말과 '헛소리'라는 말과 함께 상대편 논자를 공격할 때 흔히 쓰이는 말이었다. 우리의 의견에 반대한 사람들에 비해서 우리는 일반적으로 옳았지만, 그 결과 우리는 감정(공적 및 사적 의무에 대한 것을 제외한)을 수양하는 것을 별로 중요시하지 않았으며 우리들의 대부분, 특히 나의 사상 속에는 별로 존재하지 않았다.

우리들이 주로 생각한 것은 남의 사상을 바꾸는 일이었다. 즉 그들에게 확실한 것만 믿게 하여 그들의 진정한 이익이 무엇인가를 알게 하며, 그들이 그것을 일단 알게 되면 여론에 의해서 다른 사람에게도 권하게 되리라고 생각했다. 우리는 비이기적인 자애심과 정의에 대한 사랑이 무엇보다도 훌륭한 것임을 충분히 깨닫고 있었다. 그러나 인류의 갱생은 이러한 정서에 대한 직접적인 행위로는 기대할 수 없고, 다만 이기적인 감정을 시정하는 교육받은 지성의 힘에 의해서만 가능하다고 생각했다. 이기적인 여러 감정을 시정한다는 것은 보다 고상한 행동준칙에 의해서 움직이는 사람들의 입장에서는 더할 나위 없이 중요한 것이지만, 당시의 벤담주의자나 공리주의자로서 지금까지 살아 있는 사람 가운데는 인간 개선의 일반책으로 주로 이것에 의존하는 사람은 하나도 없다고 믿는다.

이와 같이 이론에서나 실제에서 감정의 계발을 소홀히 한 당연한 결과로 무엇보다도 인간성의 요소로서 시(詩) 그리고 일반적인 상상력의 과소평가를 들 수 있다. 벤담주의자들은 시와는 담을 쌓았다는 것이 그들에 대한 일반인들의 관념의 일부였고 지금도 그러하다. 이것은 벤담 자신에게는 어느 정도 들어맞는다. 그는 "모든 시는 잘못된 상념(想念)이다"라고 말하곤 했다. 그러나 그가 말한 의미에서, 모든 감동적인 연설에 대해서도 똑같이 말할 수 있을 것이다. 즉 산술의 계산보다 더 수사적인 모든 표현과 설교에 대해서 그와 같이 말할 수 있을 것이다. 빙험이 《웨스트민스터 리뷰》 창간호에 무어[5]의 글을 싫어하는 이유를 설명하기 위해 썼던 논설문에서 "무어는 시인이요, 따라서 추리하는 사람이 아니다"라고 했는데, 그것은 《웨스트민스터 리뷰》 지의 필자들은 시를 싫어한다는 관념을 공포하는 데 크게 작용했다.

그러나 사실 우리들 대부분은 시를 쓰기도 했다. 반면에 나 자신에 관해서 말하자면 (아버지에 대해서도 똑같이 말할 수 있지만) 나는 시를 싫어한 것이 아니라, 시에 이론적으로 무관심했던 것이라고 하는 것이 타당하겠다. 나는 산문에서 싫어할 만한 정서들은 시에서도 싫어했는데, 시에는 이런 정서들이 많이 포함되어 있었다. 그리고 나는 인간의 교양에 있어서 시가 여러 가지 감정을 계발하는 수단으로써 차지하는 비중에 대해서는 전혀 아는 바가 없었다. 그러나 사실 난 하나의 인간으로서 항상 몇 가지의 시에는 감수성이 강했다. 파벌적으로 벤담주의를 가장 신봉하던 시기에 우연히 포프의 《인간론》을 읽게 되었다. 그 속의 사상은 모두 내 것과 반대되는 것이었지만, 나의 상상력을 매우 강력하게 작용시켰으므로 지금도 잘 기억하고 있다. 아마 당시에는 유려한 운문에 토론을 전개시킨 것보다 더 멋진 시가 있었다 해도 포프의 그 시와 같은 효과를 줄 수는 없었을 것이다. 어쨌든 나는 시가 내 마음에 작용할 기회를 거의 주지 않았다. 하지만 이것은 수동적인 상태에 지나지 않았다.

나는 내 지적 신조의 기반을 어느 정도 확대하기 훨씬 전에 정신적 발전의 자연적인 과정에서 가장 값진 시적 교양을 얻었다. 이것은 영웅적인 인물들의 생애와 성품에 대한 존경어린 흠모에 의한 것으로, 특히 철학 방면의 영웅에 관해서였다. 인류에게 큰 공헌을

5) 아일랜드 출신의 토머스 무어일 것이다. 1779~1852.

한 많은 사람들은 플루타르코스의 《영웅전》을 읽고 많은 것을 경험했다는 기록을 남겼는데, 나는 그와 똑같은 감동을 플라톤의 소크라테스에 관한 글과 몇몇 현대의 전기, 특히 콩도르세(Condorcet)의 《튀르고(Turgot)의 생애》로부터 받았다. 이 《튀르고의 생애》는 가장 현명하고 고귀한 인생이 가장 현명하고 고귀한 사람의 하나인 저자에 의해서 씌어진 것으로 최선의 열정을 자아내게 하는 데 썩 좋은 책이었다. 내가 공감하는 여러 사상을 대표하는 이 빛나는 인물들의 영웅적인 미덕은 나에게 깊은 감동을 주었기 때문에 고차적인 사상과 감정의 영역에 들어갈 필요가 있을 때면 다른 사람들이 애송하는 시를 읊듯이 나는 항상 이 인물들을 회상했다.

이 책은 또한 파벌을 만드는 나의 어리석음을 깨우쳐 주었다. "그는 모든 파벌을 구역질나는 것으로 보았다"로 시작하여, 튀르고가 항상 백과전서파〔18세기 프랑스의 백과전서의 편집자를 통틀어 말하는 부류〕와 자기를 완전히 갈라 놓고 어울리지 않은 이유를 설명한 두세 페이지의 글은 내 마음속 깊이 아로새겨졌다. 나는 나와 내 동지들을 '공리주의자'라는 이름으로 부르지 않고 '우리들'이나 혹은 다른 집합명사로 부르기도 했다. 어쨌든 파벌주의를 더 이상 내세우지 않기로 했다. 그러나 마음속 깊이 도사린 파벌주의로부터는 오랫동안 벗어나지 못했으며 훨씬 후에야 천천히 벗어날 수 있었다.

1824년 말인가 1825년 초에 벤담은 뒤몽으로부터 그의 《증거론》의 원고를 되돌려받아 이것을 그대로 출판하기로 했다〔뒤몽의 《재판 증거론(*Traitè des Preuves Judiciaires*)》은 이 원고를 기초로 한 책인데, 그 때 비로소 완성되어 출판되었다〕. 그리고 이 원고를 정리하는 데는 내가 가장 적합하다고 생각했다. 그것은 최근 빙험이 편집해 주었던 그의 《오류론》과 같은 방식으로 출판하려는 것이었다.

나는 이 일을 기꺼이 맡았다. 나중에 인쇄된 다섯 권의 큰 책을 교정하는 데 필요한 시간은 제외하고라도 약 1년 동안 내 여가를 이 일에 모두 바쳐야 했다. 벤담은 이 논문을 세 번 상당한 간격을 두고 고쳤는데, 매번 다른 방식으로 썼고 또 앞에 썼던 것을 참고로 하지 않았다. 그리고 세 번 쓴 것 가운데 두 개는 주제의 거의 전 범위를 다루었다.

이 세 무더기의 원고를 압축하여 하나의 논문으로 만드는 것이 내가 할 일이었다. 즉 맨 마지막에 쓴 원고를 토대로 하여 나머지 두 개 가운데 마지막 것과 중복되지 않는 부분을 엮어 넣는 것이었다. 또 괄호가 있는 문장이나 그 속에 든 문장이 너무 복잡하여 이해하기 힘들어서 그냥 넘어갈 것 같은 것은 쉽게 풀어 쓰지 않으면 안 되었다. 또 그는 그 원고에서 빠진 것이 있으면 내가 보충하도록 특별히 부탁했다. 그래서 나는 그의 권유로 이 목적을 위하여 영국의 증거법에 관한 가장 권위 있는 논문들을 읽었고, 그가 미처 주의하지 못한 영국 법규의 몇몇 부당한 점에 관해 논평을 가했다. 또한 나는 뒤몽의 저서에 평을 한 사람들이 벤담의 학설 몇 가지에 대해서 반대 의견을 내세운 데 대해 반박하였고, 그 주제 가운데 좀 추상적인 몇몇 부분, 즉 비개연성(非蓋然性)과 불가능성에 관한 이론 같은 부분에 약간의 보충 설명을 덧붙였다. 그 때의 내 나이 또래의 젊고 경험도 부족한 사람으로서는 어울리지 않는 주제넘은 어조로 썼기 때문에 내가 덧붙인 것 가운데는 말썽이 많은 부분도 있었다. 그러나 조금도 나 자신을 내세우려고는 하지 않았다. 벤담의 저서의 익명의 편저자로서 나는 저자의 흉내를 냈는데, 이런 것은 나한테는 어울리지 않거나 거슬린다 하더라도 그 책의 저자나 주제에 대해서도 그러리라고는 생각하지 않았다. 그 책이 다 인쇄된 후 벤담이 내 이름을 편찬자로서 써 넣으려고 하여 나는 한사코

말렸으나 허사였다.

이 책을 편찬하는 데 바친 시간은 나 자신의 진보라는 점에서 볼 때 아주 유익한 것이었다. 《재판상 증거의 이론적 해석(*Rationale of Judical Evidence*)》은 벤담의 모든 저서 가운데 가장 내용이 풍부한 것 중의 하나다. 《증거론》 그 자체는 그의 논제 가운데 가장 중요한 것의 하나인 데다가 그 책 속에는 다른 여러 문제도 함께 다루었기 때문에 그의 사상 중 가장 훌륭한 것들 대부분이 잘 전개되어 있다. 반면에 여러 전문적인 것 중에는 영국 법률의 여러 폐단과 결함을 아주 세밀하게 폭로한 것으로서, 그의 저서에서 볼 수 있는 것은 이 책에 다 나와 있다. 그래서 증거에 관한 법률에만 국한한 것이 아니고, 예화(例話)로 웨스트민스터 홀(Westminster Hall) 대법원의 심리절차 전부를 밝혔다. 그러므로 내가 이 책에서 직접 얻은 지식과 또 단순한 읽기보다 더 철저하게 머리에 들어온 지식은 결코 적은 것이 아니었다. 그런데 이 일은 나에게 별로 기대하지 않았던 것을 가져다 주었다. 즉 내 작문력에 커다란 진보의 계기가 되었던 것이다. 내가 이 책을 편찬한 뒤에 쓴 것은 모두 그 전의 글보다 훨씬 나았다.

벤담의 후기 문체는 세상이 다 아는 바와 같이 묵직하고 읽기에 성가신 것이었는데, 그것은 정확한 것을 사랑한다는 그의 장점이 너무 지나친 바람에 모든 문장에 삽입구를 넣고 또 그 속에 삽입구를 넣어 그 글을 읽는 사람은 주명제와 함께 모든 수식과 한정도 머리에 집어넣어야 했다. 그런데 이런 버릇이 점점 더해져 마침내 그의 글에 익숙하지 못한 사람에게는 매우 읽기 힘든 글이 되었다. 그러나 그의 초기문체, 즉 《정부론 단상 (*Fragment on Government*)》, 《사법제도 사안 (*Plan of a Judicial Establishment*)》 등의 문체는 활기 있고 쉬운 문체의 전형으로 내용 또한 충실하여 이보다 더 좋은 문장은 거의 없었다.

그런데 이 《증거론》의 원고에는 초기 문체의 특색을 아주 잘 드러낸 곳이 많아서 그런 것을 모두 보존하려고 노력했다. 이 훌륭한 글에 오랫동안 접한 결과 나 자신의 글에 큰 영향을 주게 되었다. 또 읽기 쉽고 힘있는 글을 놀라울 정도로 잘 쓴 프랑스와 영국의 작자들, 예를 들면 골드스미스(Goldsmith), 필딩(Fielding), 파스칼(Pascal), 볼테르(Voltaire), 쿠리에(Courier) 같은 사람들의 글을 열심히 읽었다. 이러한 영향으로 인해 내 글도 초기의 작문이 가졌던 무미건조함을 벗어나게 되었고, 그 뼈와 관절에는 살이 붙기 시작하여 때로는 생기가 있고 매우 활발해졌다.

이러한 문장력의 진보가 처음으로 나타난 것은 하나의 새로운 분야에서였다. 리즈 출신의 마샬(Marshall)은 지금의 마샬 일가의 아버지로서 그램파운드 구[6]의 의원 선출권이 요크셔 구로 옮겨졌을 때 이곳에서 국회의원으로 선출된 사람이었다. 그는 열렬한 의회 개혁론자며 많은 재산을 가져 자유롭게 쓸 수 있었다. 그는 벤담의 《오류론》을 읽고 큰 감명을 받아, 해마다 의회의 토의록을 출판하는 것을 유익한 일이라고 생각하게 되었으며, 핸서드(Hansard)[7]처럼 날짜 순으로 배열하는 것이 아니라 항목별로 분류하여 거기에다 발언자들의 오류를 지적하는 논평을 붙이기로 했다. 이러한 취지로

---

6) 이것은 저 유명한 1832년의 선거법 개정을 가리킨다. 선거구의 구분과 정원 수를 장기간 변경하지 않고 있었기 때문에 인구 수의 비율이 지역적으로 너무 차가 벌어져 이 때 개정을 보게 되었다. 이른바 '부패 선거구'〔주로 남부 잉글랜드〕가 다수 폐지되고 신흥 공업지역에 정원 수를 증가하고, 신규로 선거구를 증설한 셈이었다. 그램파운드는 잉글랜드의 남서단에 있는 큰 주(州)의 소도시다.

7) 핸서드는 1774년 이래 의회의 의사록(議事錄)을 편집 발간한 사람이다. 현재도 이 이름은 의사록의 뜻으로 보통명사화하였다.

그는 자연히 《오류론》의 편찬자를 만나게 되었으며, 빙험은 찰스 오스틴의 도움을 받아 그 편찬을 맡았다. 이렇게 해서 출판된 책이 《의회의 역사와 평론》이었다. 그러나 그것은 잘 팔리지 않아 유지하기 힘들었으므로 겨우 3년 동안 계속했을 뿐이었다.

하지만 그것은 의회와 정치 방면의 인사들 사이에서 어느 정도 주목을 끌었다. 집필진은 여기에 전력을 기울였으므로 《웨스트민스터 리뷰》 지가 했던 것보다 훨씬 더 그들의 명성을 떨치게 됐다. 빙험과 찰스 오스틴도 많이 투고했으며 스트러트, 로밀리 그리고 다른 자유주의 법률가들도 기고했다. 아버지는 그의 최선의 문체로 논문을 하나 썼으며, 형 오스틴〔존 오스틴〕도 하나 썼다. 콜슨은 매우 가치 있는 논문을 하나 썼다. 나는 1825년 회기(會期)의 주요 의제였던 〈카톨릭 협회[8]와 카톨릭 교도의 무자격성〉[9]에 관한 논문을 제1호의 권두에 실을 책임을 맡았다. 제2호에는 1825년의 상업공황 통화논쟁(通貨論爭)에 관한 소론(小論)을 정성들여 썼다. 제3호에는 두 편의 논문을 실었는데, 하나는 조그마한 문제에 관한 것이고, 다른 하나는 상업에서의 호혜원칙에 관한 것으로서 캐닝(Canning, 당시의 외무장관)과 갤러틴(Gallatin, 당시의 주영 미국대사) 사이의 유명한 외교 문서 교환을 문제삼은 것이었다. 이러한 글들은 단순히 내가 익혔던 학설을 재생산하거나 응용한 것이 아니었다. 만일 독창적 사상이란 말이 새로운 형식과 연관성으로 낡은 사상에 응용된다고 하면 그것들도 독창적 사상이라고 할 수 있는

8) 아일랜드의 저명한 정치가 다니엘 오코넬이 1823년에 결성한 단체로, 그는 이것으로 카톨릭 농민에의 압제에 대항하려 했다. 그러나 이 모임의 가맹자가 늘어감에 따라 1825년 2월 이 연맹은 해산당했다.

9) 이것은 오래 계속된 사실로서 영국 국교 신도가 아닌 자는 많든 적든간에 이 차별대우를 모면할 수가 없었다.

것이다. 거기에는 내가 전에 썼던 어떤 글에서도 찾아볼 수 없는 성숙함과 잘 소화시킨 흔적이 있었다고 말해도 지나친 말은 아니다.

그러므로 그것들은 결코 미숙한 것이 아니었으며, 한편 그 주제는 한물 갔거나 혹은 그 후에 그 글보다 더 훌륭하게 쓴 글도 있어서 아주 존재 가치가 없어졌으므로, 내가 초기에 《웨스트민스터 리뷰》지에 기고한 글들과 함께 망각의 세계에 매몰되어야 했다.

이렇게 대중을 상대로 글을 쓰고 있는 동안에도 여러 가지 방식으로 자기 계발의 일을 등한히 하지 않았다. 내가 독일어를 배운 것은 이 때의 일이었다. 나와 친한 몇 명이 모여 한 클라스를 만들어 해밀턴(Hamilton)식[10]의 방법으로 시작했다. 이 때부터 몇 해 동안 우리들이 모여서 공부한 것은 나의 정신적 발전에 큰 도움이 되었다. 우리가 완전하게 알고 싶어하는 여러 학문을 독서와 토론을 통해 공동으로 연구해 볼까 하는 생각이 들었다. 우리는 열두세 명이 모였다. 그로트는 이 목적을 위해 스레드니들 가에 있는 그의 집의 방 한 칸을 빌려 주었고, 그의 동업자이며 공리주의 협회의 세 발기인 중 하나였던 프레스콧(Prescott)이 우리 모임에 가입했다. 우리는 매주 두 번씩, 아침 여덟 시 반부터 열 시까지 모였는데, 이 시간은 이들 대부분이 각자의 일과에 들어가기 전이었다.

우리의 첫 주제는 경제학에 관한 것이었다. 우리는 교재로 몇몇 체계적인 책을 선택했는데 아버지의 《경제학 요강》이 맨 처음으로 선정되었다. 우리들 중 한 사람이 한 장(章) 혹은 더 적은 부분을 크게 읽었다. 그러고는 곧 토론이 시작되었는데 반대 의견을 가졌

10) 제임스 해밀턴〔1769~1829, 일설은 1831년 사망〕이 창도한 방법이다. 문법보다는 역독(譯讀)에 치중한 방법으로서 그는 각 국어의 옆 줄에 영어 번역을 붙여 대역판(對譯版)을 간행했다.

거나 논평을 가할 사람은 발언하였다. 우리는 문제가 제기된 것은 크든 작든 간에 철저히 토론하여 참석한 사람들 모두가 각자 도달한 결론에 만족하게 될 때까지 계속할 것을 철칙으로 삼았다. 또 우리가 읽은 장이나 우리의 토론이 제기하는 부수적인 문제들도 모두 훑어 우리가 발견한 매듭을 풀지 않고 내버려 두는 일이 절대로 없게 했다. 그래서 한 가지 문제를 여러 주 동안 토론했으며 모이는 날과 날 사이의 기간 동안에 열심히 생각하여 전번 모임에서 생긴 새로운 난점을 해결하려고 여러 가지로 궁리했다. 이렇게 해서 우리는 아버지의 《경제학 요강》을 다 배웠으며, 같은 방식으로 리카도의 《경제학 원리》와 베일리(Bailey)의 《가치론》을 공부했다.

이 치밀하고 활발한 토론회는 거기에 참가한 사람들의 지적 발달에 큰 도움이 되었을 뿐만 아니라 이론적인 경제학에 관한 몇 가지 문제에 대해 새로운 견해를 갖게 되었다. 내가 훗날 책으로 써 낸 국제적 가치의 이론도 이 토론회에서 생겨났으며, 또 리카도의 《이윤론》을 수정하여 전개한 나의 《이윤 및 이익에 관한 소론》도 여기서 나온 것이다.

우리들 중에서 새로운 생각을 움트게 한 것은 주로 엘리스, 그레이엄과 나였다. 그러나 다른 사람, 특히 프레스콧과 루벅도 우리의 토론에 귀중한 도움을 주었는데, 전자는 그의 풍부한 지식으로, 후자는 예리한 논리성으로 토론에 참가했다. 국제적 가치와 이윤에 관한 이론은 그레이엄과 내가 반반씩 쓴 것이었다. 그리고 만일 우리 둘의 계획이 처음에 의도했던 그대로 실천되었더라면 내 《경제학의 몇 가지 미해결 문제에 대한 소론(*Essays on Some Unsettld Questions of Political Economy*)》은 그의 다른 몇 편의 논문과 함께 우리의 공동 이름으로 출판되었을 것이다. 그러나 막상 나의 생각을 글로 옮겼을 때에는 나의 생각과 그의 생각이 일치하리라는 것은 과대평가였다는 것을 알았고, 또 그는 위의 두 〈소론〉에서 매우 독창적인 것, 즉 국제적 가치에 관한 논문과는 의견을 아주 달리했다. 그래서 나는 지금 일반적으로 생각되고 있는 것처럼 이 이론을 순전히 나 혼자만의 것으로 생각해야만 했고 수년 후 출판되어 나왔을 때는 내 이름으로 나오게 되었다.

나는 아버지가 그의 《경제학 요강》의 제3판을 냈을 때 몇 가지 수정한 것이 우리의 토론회에서 제시된 비판에 의했던 것임을 언급해야겠다. 특히 아버지는 내가 지적했던 두 가지 점에서는 그의 의견으로 모두 받아들였다{그렇다고 해서 우리의 새로운 사상을 전부 받아들인 것은 아니었지만}.

우리들은 경제학을 충분히 공부한 다음 똑같은 방식으로 형식 논리학을 공부하기 시작했는데 이 때 그로트도 참가했다. 우리의 첫 교재는 알드리히(Aldrich)의 것이었는데 내용이 피상적인 데 싫증이 났으므로 많은 형식 논리학 교재 중 가장 잘된 것을 베껴 쓰기로 했다. 그런데 아버지는 이 방면의 책을 많이 가지고 있었으므로 그 장서 중에서 예수회 회원인 뒤 트리에(Du Trieu)가 쓴 《논리학 입문(*Manaductio ad Logicam*)》으로 공부하기로 했다. 이것을 끝내고 난 뒤 훼이틀리(Whateley)의 《논리학》으로 공부했는데, 이것은 《메트로폴리타나 백과사전(*Encyclopaedia Metropoitana*)》에 처음 실렸던 것이다. 그리고 끝으로는 홉스의 계산학, 즉 《논리학(*Computatio sive Logica*)》을 공부했다.

이상의 여러 책들을 나름대로의 방식으로 공부하면서 우리는 독창적인 형이상학적 사색을 하는 데 도움이 될 방대한 자료를 얻었다. 내가 나의 저서인 《논리학 체계(*System of Logic*)》 제1권에서 형식 논리학자들의 여러 원칙과 분류를 합리화하고 수정하고 또 명제의 중요성에 관한 이론을 개선한 것의 대부분은 이 때의 토론에서

기인된 것이었다. 그레이엄과 나는 대부분의 새로운 학설을 제창했으며, 그로트와 다른 사람들은 훌륭한 판결과 비판을 해주었다. 이 때부터 논리학에 관한 책을 하나 쓰기로 했는데, 애초에 그 계획은 결국 써 내고 만 것보다는 작은 규모였다.

논리학 공부를 마친 후, 우리들은 분석 심리학 연구로 들어갔다. 교재로는 하틀리의 것을 썼다. 그런데 우리는 이 책을 각자 한 권씩 갖기 위하여 온 런던 시를 다 헤매는 바람에 프리스틀리 출판사의 이 책값을 엄청나게 올려 놓았다. 하틀리의 책을 다 마친 후 우리는 모임을 중단했다. 그러나 아버지의 《정신분석(*Analysis of the Mind*)》이 곧 출판되었으므로 이것을 읽기 위해 다시 모였다. 이것으로 우리의 토론회는 끝났다.

나는 항상 이 토론회로 말미암아 나 자신이 하나의 독창적이고 독립적인 사상가로 출발하였다고 생각한다. 사색하는 일에 있어 내가 지금까지 조금이라도 이룩한 것이 있다면, 혹은 앞으로 할 것이 있다면 그것은 내가 이 토론회를 통해서 정신적 습관을 얻었거나 혹은 크게 강화되었기 때문이라고 말하고 싶다. 그 정신적 습관이란 여러 가지 난점을 반쯤 해결해 놓고 완전한 것으로 생각하지 말 것, 즉 수수께끼처럼 모르면 포기하는 것이 아니고 몇 번이고 간에 이해할 때까지 되풀이하는 것, 중요하지 않아 보인다고 해서 희미한 구석을 음미해 보지도 않고 내버려 두지는 말 것, 그리고 전체를 다 이해할 때까지는 그 어떤 부분도 완전히 이해했다고 생각하지 말 것 등이다.

1825년부터 1830년까지 우리가 공개한 연설에서 한 여러 가지 일은 이 수년 간의 내 생활에서 상당한 부분을 차지하고 있었다. 그리고 그것은 나의 발전에 큰 영향을 끼쳤으므로 말해 두어야겠다.

한동안 협동회의(Cooperation Society)라고 불리는 오웬(Owen)주의자들의 협회가 있었는데, 일주일에 한 번 챈서리 레인(Chancery Lane)에 모여 공개 토론회를 가졌다. 1825년 초에 루벅이 우연한 기회에 이 협회의 회원 몇 명과 접촉하게 되어 그 모임에 한두 번 참석하게 되면서 오웬주의에 반대하는 토론을 했다. 우리들 중에서 어느 하나가 그 모임에 단체로 참석하여 함께 논쟁을 벌여 보는 게 어떨까 하는 의견을 내놓게 되었고, 우리의 토론회에 잘 참석하지 않던 찰스 오스틴과 그의 몇몇 친구들이 이 계획을 추진했다. 그 협회의 주요 멤버들은 자기들만의 활발치 못한 토론보다는 반대자들과 논쟁하는 것을 더 좋아했기 때문에 우리의 의견에 찬성하여 기꺼이 응했다. 인구문제가 토론의 주제로 제출되었다. 찰스 오스틴이 먼저 우리를 대표하여 훌륭한 연설을 하였고, 계속해서 많은 청중들 앞에서 한 주일에 한 번씩 5, 6주에 걸쳐 논쟁을 벌였다. 나중에는 그 협회의 회원과 친구들은 물론 법학협회로부터도 청중과 연사가 나왔다.

이 논쟁이 끝났을 때 오웬의 학설의 전체적 공로에 관한 새로운 논쟁이 시작되었다. 이 문제에 관한 토론은 석 달이나 계속되었다. 그것은 오웬주의자와 그들의 가장 완강한 반대자로 생각되었던 학자들 사이의 일대 육박전이었다. 그러나 그것은 완전히 우호적인 논쟁이었다. 경제학자들을 대표한 우리는 오웬주의자와 같은 여러 목적을 지향했으므로 그것을 밝히는 데 애를 먹었다.

그리고 저편의 제일가는 논자는 코크(Cork) 출신의 윌리엄 톰슨(William Thomson)으로서 그는 매우 존경할 만한 사람이었으며, 나하고는 매우 친했다. 그의 저서에는 《부의 분배(*Distribution of Wealth*)》란 것이 있었으며, 아버지의 《정부론》 가운데 부인들에 관한 부분에 반대하여 《호소(*Appeal*)》란 글을 썼다. 엘리스, 루벅 그리고 내가 논전에서 활약했으며, 법학협회 회원으로서 여기에 참석한 사람으로는 찰스 빌리어스가 기억에 남는다. 저편은 또한 인구 문제를 토론할 때 외부에서 유능한 응원자를 얻었다. 당시 원로급이었던 유명한 게일 존스(Gale Jones)가 유창한 연설을 했다. 그렇지만 내가 가장 큰 감명을 받은 것은 역사가인 서월(Thirlwall)에게서였다. 그러나 그가 말한 모든 내용에는 찬성하지 않았다. 그는 당시 최고 민사 재판소의 변호사였고, 그 이래로 성 데이비드 사원[11]의 사교가 된 사람으로 오스틴과 매콜리의 시대에 앞서 케임브리지 연합 웅변회에서 명성을 떨친 것 외에는 별로 이름이 알려지지 않았다. 그의 연설은 내가 발표한 내용에 대한 반박이었다. 그가 열 문장도 채 말하기 전에 나는 여태까지 들은 것 중 가장 훌륭한 연사로 단정했으며, 그 이후로 지금까지 그보다 나은 연설을 들려준 사람은 없었다.

이 논쟁은 매우 흥미있는 것이었기 때문에 거기 참석한 사람들 가운데 몇몇은 경제학자인 매컬로의 에든버러 사상협회와 비슷한 것을 런던에 세우자는 주장을 하였다. 그 에든버러 사상협회는 맨처음 브로엄, 호너(Horner), 그 밖의 사람들이 공개 연설을 연마한 곳이었다. 우리들이 협동협회에서 얻은 경험에 의해서 본다면 런던에서 그런 목적을 위해서 불러 모을 수 있는 사람들의 종류에 관해서는 낙관해도 좋을 것 같았다. 매컬로는 이 문제에 대하여 그가 개인적으로 경제학을 강의하고 있던 몇몇 유력한 청년들에게 이야기하였다. 이들 중 몇 사람에 의해서 그 문제는 활기를 띠기 시작했는데 특히 조지 빌리어스가 열심이었다. 그는 나중에 클라렌던(Clarendon) 백작이 된 사람이다. 그와 그의 형제 하이드 빌리어스

11) 웨일스의 수호성자(守護聖者)라 일컫는 7세기경의 성(聖) 데이비드의 이름을 딴 것으로 유명한 사원이다.

와 찰스 빌리어스, 그리고 로밀리, 찰스 오스틴과 나, 그밖의 몇몇 사람이 만나 그 계획에 동의했다. 우리는 11월부터 다음해 6월까지 두 주일에 한 번씩 프리메이슨스 태번(Freemasons' Tavern)에 모여 회합을 갖기로 결정했다.

곧 우리는 훌륭한 회원을 얻게 되었는데, 그 가운데는 몇몇 국회의원을 비롯하여 케임브리지 연합 연설회와 옥스퍼드 연합 토론 협회(Oxford United Debating Society)의 극히 유명한 연사들은 거의 다 모여들었다. 그런데 회원을 모집할 때 우리의 가장 큰 난점은 보수당 연사를 충분히 찾는 것이었음은 당시의 사조를 묘하게 잘 드러내는 것이었다. 우리가 끌어들일 수 있었던 사람들은 거의 대부분 각계 각층의 자유주의자들이었다. 이미 말한 사람들 외에도 매콜리, 서월, 프레이드(Praed), 호위크(Howick) 경, 사뮤엘 윌버포스(Samuel Wilberforce, 후일 옥스퍼드의 목사), 찰스 폴레트 톰슨(Charles Poulett Thomson, 후일의 시든함 경), 에드워드 리턴 불워(Edward Lytton Bulwer)와 헨리 리턴 불워, 폰블랭크 그리고 지금 다 기억할 수 없지만, 후일 사회와 학계에 두각을 나타낸 많은 사람들이 있었다.

협회의 전도는 더할 나위 없이 유망해 보였다. 그러나 막상 활동할 때가 가까워져 회장을 뽑고 제일 첫 토론을 시작할 때가 되니 회원 가운데 명사들은 아무도 회장직을 맡으려고도 첫 연설을 하려고도 하지 않았다. 많은 사람들을 설득한 결과, 나는 잘 알지 못했던 사람으로부터 승낙을 받았다. 그는 옥스퍼드 대학에서 성적이 우수했으며 웅변을 아주 잘하여 평판이 높았다고 한다. 그는 나중에 보수당 국회의원이 되었다. 이 사람이 결국 회장직도 맡고 첫 연설을 하기로 했다. 드디어 중대한 날은 왔다. 자리에는 청중이 꽉 찼다. 우리 회원들 가운데 위대한 연사들은 모두 참석했다. 그러나 우리의 노력을 돕기 위해서가 아니라 오히려 이를 비판하기 위해서였다.

그 옥스퍼드 웅변가의 첫 연설은 완전히 실패했다. 이것은 전체의 기를 꺾어 버렸다. 그 뒤에는 연사가 극히 적었고, 최선을 다하지도 않았다. 계획은 완전히 실패했다. 우리가 기대를 걸었던 유능한 웅변가들은 가 버리고 돌아오지 않았으며, 이것으로 인해 세상 물정을 조금 알게 되었다. 이 뜻밖의 실패는 그 계획에 대한 나의 관계를 온통 바꾸어 버렸다. 나는 중책을 맡을 생각도 없었고 연설도 많이 하려 하진 않았지만 이제 그 계획의 성공 여부가 우리들 신진에게 달려 있다는 것을 알자 나는 힘을 다하기로 결심했다. 나는 그 때부터 거의 모든 논쟁에 참가했다. 그것은 한동안 무척 힘든 일이었다. 빌리어스 세 형제들과 로밀리가 얼마 동안 더 우리와 함께 일해 주었으나 협회 창설자 가운데 나와 루벅을 제외하고는 모두 지쳐 버리고 말았다.

2년째의 회기, 즉 1826년과 1827년 사이에는 사정이 좀 나아졌다. 우리는 두 명의 유능한 보수당 연사 헤이워드(Hayward)와 시이(Shee—나중에 상급 법정 변호사가 되었음)를 얻었다. 급진주의자 편은 찰스 불러, 코크번(Cockburn), 그리고 그 밖에 케임브리지 벤담주의자의 제2대 사람에 의해서 보강되었다. 이 사람들과 또 다른 몇 사람들이 가끔 도와 주고 위에서 말한 보수주의자들뿐 아니라 루벅과 나도 꾸준히 연설을 했기 때문에 거의 모든 토론이 철학적 급진주의자들과 보수계 법률가들 사이의 정면전이 되었다. 그래서 마침내 우리의 토론이 세상의 화제가 되었고, 저명하고 요직에 있는 사람들도 몇몇 우리의 토론을 들으러 왔다. 그 후 1828년, 1829년 사이의 회기에는 더 많은 명사들이 참석했다.

그리고 모리스(Maurice)와 스털링(Sterling)의 지도하에 있는 콜리지주의자들이 제2의 자유당 내지 급진당으로 토론회에 나왔는데, 그들은 벤담주의와는 반대 입장에 서서 이를 맹렬히 비판했다. 이들은 18세기의 철학에 반대하는 유럽에서의 운동의 일반적 주장과 사고방식을 우리 토론회에 끌어들였다. 그리고 이들은 우리의 논쟁마당에서 아주 중요한 호전적인 제3당을 형성하게 되었다.

이제 우리의 토론회는 새로운 세대의 가장 교양 있는 계층의 사상운동을 그리 나쁘지 않게 대표하게 되었다. 우리의 토론회는 양쪽이 다 매우 강력한 이론과 철학적 원리를 전개할 수 있었고 또 피차 치밀하고 백중한 논쟁에 휘말리는 경우가 많아 여느 토론회와는 매우 달랐다.

이 토론회의 일은 우리들에게 매우 유익했는데, 나한테는 특히 더 그러했다. 사실 나는 유창한 연설을 한 적이 없었으며 전달이 나쁘고 서툴렀다. 그러나 내 말에 귀를 기울이게 할 수는 있었다. 그리고 연설에 포함된 감정으로나 혹은 전개할 사상의 성질로 봐서 표현법이 중요하다고 생각되었을 때에는 항상 연설문을 작성했기 때문에 효과적인 글을 쓰는 능력이 크게 증대했다. 그리하여 나는 매끄럽고 리듬이 있는 말을 들을 줄 아는 귀를 가지게 되었을 뿐만 아니라, 마구 섞여 있는 청중에게 미치는 효과에 의하여 말하는 문장에 대한 실제적인 감각을 가지게 되었으며, 또 그런 문장의 특성을 대뜸 알 수 있게 되었다.

이 토론회의 일과 이것을 위한 준비, 그리고 이와 동시에 진행되고 있던 아침의 독서 토론회를 위한 준비는 내 여가의 대부분을 차지하였다. 그래서 1828년 봄에 《웨스트민스터 리뷰》 지에 기고하는 것을 중지한 것은 어떤 구원같이 느껴졌다. 오래 전부터 이 《리뷰》 지는 경영난에 봉착하였다. 창간호는 매우 잘 팔려 고무적이었으나, 그 후로는 신통치 않아 그 때 그 《리뷰》 지를 경영해 가던 규모로는 충분한 경비를 지출할 수 없었다. 그래서 경비를 상당히 줄였지만 그래도 충분하지 못했다. 편집인 중의 한 사람이었던 서던은 벌써 사임했다. 그리고 아버지와 나를 포함한 몇몇 집필자들은 처음 몇 논문에 대해서는 남들처럼 고료를 받았으나, 나중에는 고료 없이 썼다. 그럼에도 불구하고 맨 처음에 준비했던 자금은 거의 다 써 버렸기 때문에《리뷰》지를 계속해서 내려면 경영에 대한 새로운 정비가 있어야만 했다.

아버지와 나는 이 문제에 대해서 바우링과 몇 차례 협의하였다. 우리는 우리의 사상을 대변하는 기관지인 이《리뷰》지를 계속하기 위해서는 온갖 힘을 다할 수 있었지만, 바우링을 주필로 두고는 그렇게 할 수 없었다. 한편 더 이상 유급의 주필을 둘 수 없는 형편이었으므로, 우리는 그의 체면을 상하지 않고서 협력을 거절하는 구실을 찾을 수 있었다. 우리와 우리의 친구 몇 사람은 우리들 가운데서 무급의 주필을 내세우거나, 아니면 우리가 서로 주필의 일을 함께 맡음으로써 보수 없이 집필하여《리뷰》지를 유지해 보자는 것이었다.

그러나 이러한 의논이 바우링이 아는 가운데 진행되고 있을 때, 그는 딴 곳에서 {톰슨 대령(Colonel Peronet Thomson)과 함께} 딴 일을 꾸미고 있었다. 그가 주필의 이름으로 보내 온 편지에 의하여 우리는 처음으로 그 내용을 알게 되었는데, 그것은 단지 계약이 이루어졌다는 것과 고료를 줄 테니 다음 호에 글을 쓰도록 제의한 것뿐이었다. 우리는 바우링이 우리가 제안한 것보다 더 자기에게 유리한 계약을 맺을 수 있다 하더라도 그에게 그만한 권리가 있는가 하는 것을 따지지는 않았다. 그러나 우리들의 계획에 찬성하는 듯했다가 실제로는 우리들에게 비밀리 일을 꾸민 것은 우리에 대한 모욕이라고 생각했다. 그리고 그렇게 생각하지 않았다 하더라도 그의 지배하에 있는《리뷰》지를 위해서 글을 쓰느라고 더 이상 시간과 노력을 바칠 생각은 없었다. 따라서 아버지는 집필을 거절했지만 2, 3년 후에 간청에 못 이겨 정치 방면의 논문을 하나 더 써 주었다. 나는 딱 잘라 거절했다. 그래서 본래의《웨스트민스터 리뷰》지와의 관계는 끝났다.

내가 마지막으로 거기에 실은 논문은 그 전의 어느 것보다 힘을 들여 쓴 것이었다. 그러나 그것은 사랑의 수고였으며 월터 스콧(Walter Scott) 경이 그의《나폴레옹 전(*Life of Napoleon*)》의 서문에서, 보수당의 입장으로 초기 프랑스 혁명가들을 나쁘게 그려 놓는 데 반박하여 그들을 옹호하는 내용이었다. 내가 이 글을 쓰기 위해서 읽고 요점을 따고, 또 중요한 것을 뽑은 책의 수――아니, 내가 사야 했던 책의 수(그 당시에는 책을 집에 빌려 갈 수 있는 공공도서관이나 순회도서관이 없었다)는 이 글을 쓰는 직접적인 목적에 비해 너무 많았다.

그러나 그 때에는 프랑스 혁명에 관한 역사를 써 볼까 하는 생각도 가졌다. 그리고 비록 실행에 옮기지는 못했지만 이 때 모은 자료는 후일 칼라일이《프랑스 혁명사》를 쓰는 데 크게 도움이 되었다.

제 5 장 1826~1832년

내 정신사의 한 위기 · 한 걸음 전진

그 이후로 나는 거의 글을 쓰지 않았고 게다가 출판물에 쓴 것은 하나도 없었다. 그리고 이 휴식하는 동안에 나는 많은 이익을 얻었다. 이 당시에 내가 쓴 글을 당장 인쇄에 붙이기 위해 내놓지 않고, 내 생각을 소화하고 성숙시킬 수 있었던 것은 여간 중요한 일이 아니었다. 만일 내가 계속 글을 쓰고 있었다면 이 여러 해 동안 일어난 사상과 성격의 변모에 큰 혼란을 가져왔을 것이다. 이 변모의 근원, 적어도 변모에 대비했던 과정은 과거로 조금 되돌아가 설명할 필요가 있다.

벤담의 글을 처음 읽은 1821년 겨울, 특히 《웨스트민스터 리뷰》지가 창간되었을 때부터 나는 사회의 개혁자가 된다는 인생의 목표를 가지게 되었다. 자신의 행복에 대한 나의 생각은 이 목적과 완전 일치했다. 내가 바라던 개인적 동정은 이 사업을 함께 해줄 사람들이었다. 나는 이 길을 걸어감으로써 되도록 많은 꽃을 꺾으려고 노력했지만, 내가 의지해야 할 진지하고 영속적인 개인적 만족은 이것뿐이었다. 그래서 나는 나의 행복을 영속적이며 요원한 것에 두고, 그것이 항상 조금씩 진보하긴 하나 결코 완전히 성취되어 끝나는 일은 없다고 생각하면서, 당시 누리고 있던 행복의 확실성을 다행스럽게 생각하고 있었다. 이것은 몇 년 동안 계속되었는데, 그 동안 세계의 전반적인 발전이 계속되었고, 또 그것을 촉진하는 데 나도 다른 사람들과 함께 분투하고 있다는 생각으로 재미있고 활기찬 생활이었다. 그러나 마치 꿈에서 깨어나듯 내가 이런 생각에서 깨어날 때가 왔다. 그것은 1826년 가을이었다.

누구나 가끔 그러하듯이 온몸의 신경이 나른해졌다. 즉 재미있는 일이나 신나는 일에 대해서 무감각해진 것이다. 다른 때 같으면 기뻐해야 할 일이 시시하고 싱거워지는 상태로, 그것은 꼭 감리교로 개종한 사람이 처음으로 '죄의 자각'을 느꼈을 때 엄습하는 것과 같은 기분이었다고 생각한다. 이런 심적 상태에서 나는 자신에게 다음과 같이 물어 보는 것이다. 즉 "생애의 모든 목적이 이루어졌다고 가정하라. 그래서 네가 추구하는 제도와 사상에서의 모든 변화가 이루어졌다면 그것은 너에게 큰 기쁨과 행복이 될 수 있겠느냐?"라고. 그러면 억누를 수 없는 자의식(自意識)은 "아니다!"라고 당장 대답하는 것이다. 그래서 나는 낙망했고 생활의 전 기반은 무너졌다. 나의 모든 행복은 결국 이러한 목표를 끝없이 추구하는 데 있었던 것이다. 그래서 그 목표는 그만 매력을 잃어버렸으니 어찌 다시 이러한 수단에 흥미를 가질 수 있으랴?

나는 이제 생의 목표가 남아 있지 않은 것처럼 보였다. 처음에 나는 이 구름이 저절로 사라져 버리기를 바랐으나 그렇게 되지 않았다. 인생의 자질구레한 근심에 가장 좋은 약인 잠도 효과가 없었다. 잠에서 깨어나면 당장 이 비통한 사실을 다시 의식하게 되었다. 어느 친구를 찾든지, 무슨 일을 하든지 간에 이것은 항상 나를 따라다녔다. 나한테서 단 몇 분간이라도 그것을 잊게 할 수 있는 힘은 거의 없었다. 몇 달 동안, 이 구름은 더 짙어져 가는 것 같았다. 콜리지의 〈낙심〉이란 시 가운데 몇 구절{당시 나는 이 시를 몰랐지만}이 그 때 나의 심경을 잘 묘사했다.

> 고통 없이 공허하고 음침하며 쓸쓸한 슬픔.
> 조는 듯 답답한 듯 정열도 없는, 스르름 말도 한숨도
> 눈도, 사라지지도 않고,
> 구원받을 수도 없는 슬픔.

공연하게도 나는 좋아하던 책으로부터 구원을 얻고자 했다. 그것은 항상 힘과 생기를 불어넣는, 지나간 사람들의 고상함과 위대함의 기념물이었다. 그러나 이제 그것을 읽어도 아무런 감흥이 없었으며, 감흥이 있더라도 매력이 없었다. 그래서 인류에 대한 나의 사랑과 탁월하기 때문에 사랑했던 나의 기분도 사라졌다고 생각되었다. 내가 느낀 바를 남에게 이야기해도 위안을 얻지 못했다. 나의 슬픔을 꼭 이야기해 줄 만큼 사랑한 사람이 있었다면 그러한 상태에 있지 않았어도 좋았다. 그리고 나의 고민은 흥미있는 것도, 어느 면에서 존경할 만한 것도 못 되었다. 도저히 남의 동정을 얻을 만한 것이 아니었다. 만일 충고를 받을 수 있었다면, 그것은 가장 값진 것이었으리라. 맥베스[1]가 의사에게 한 말이 가끔 생각났다. 그러나 이러한 조력을 조금이라도 구할 만한 사람은 없었다.

아버지에게는 실제적인 여러 난점이 있으면 당연히 의지할 수 있었으나, 이러한 경우에는 도움을 청할 수가 없었다. 아버지에게는

---

1) 《맥베스》 5막 3장 40행의 전후 맥베스가 의사에게 부인의 '마음을 짓누르는 저 무서운 울적'을 고쳐 주는 방법은 없을까 하고 묻는 그 장면에서 언급한 것이다.

내가 고통을 받고 있는 이 정신적 상태에 대한 지식이 없으리라고 믿었고, 또 그것을 치료하는 의사는 아니라고 확신했다. 순전히 아버지에게 의지했던 나의 교육은 결과적으로 이렇게 될 것을 조금도 고려하지 않았다. 그래서 아버지의 계획은 실패했으며, 그 실패는 수습할 수 없는 그의 능력 밖이라는 것을 생각하게끔 하는 고통을 줄 필요가 없었다. 그 당시 다른 친구들에게도 나의 심경을 이해시킬 만한 사람은 아무도 없었다. 그러나 나 자신은 그것을 충분히 알고 있었고 생각하면 할수록 더욱 희망이 없는 것이었다.

나는 학문이 진행됨에 따라 지적·도덕적 감정이나 경향은 좋은 것이든 나쁜 것이든 간에 관념 연합의 산물이라는 것과, 우리가 어떤 하나를 좋아한다고 다른 것은 미워하며, 한 가지 행동이나 사색에서는 쾌락을 느끼나 다른 것에서는 고통을 느끼는 것은, 그것에 대한 즐겁거나 괴로운 생각을 가지기 때문이며, 그것은 교육이나 경험의 영향에서 온다는 것을 믿게 되었다. 따라서 필연적인 결과로서, 교육의 목적은 건전한 종류의 관념 연합을 되도록 튼튼하게 형성하는 데 있어야 한다는 아버지의 말씀을 듣기도 하고 나도 그렇게 믿어 왔다.

그런데 그 관념 연합이란 전체에 유익한 것에는 즐거운 관념 연합을, 전체에 유해한 것에는 고통의 관념 연합을 가지는 것을 말한다. 이것은 난공불락의 원칙 같았으나 지금 회고해 보면 나의 스승들은 단지 그러한 건전한 관념을 형성하고 지켜 나가는 수단으로서 피상적인 것들만 생각했던 것 같다. 그들은 낡은 수단인 칭찬과 꾸지람, 상과 벌에만 너무 치우쳤던 것이다. 물론 이러한 수단이 어릴 때부터 꾸준히 적용되기만 한다면 고통과 쾌락, 특히 고통의 강렬한 관념 사이에 연관이 생기게 되고, 죽을 때까지 줄지 않고 지속될 수 있는 욕망과 혐오감이 생기게 되리라고 믿어 의심치 않았다. 그러나 그렇게 해서 생긴 연상에는 언제나 인공적이고 우연한 요소가 있게 마련이었다. 그렇게 억지로 결부된 고통과 쾌락은 사물과의 자연적인 유대에 의한 연결이 아니다. 따라서 이러한 연상을 오랫동안 지속하기 위해서 분석의 힘이 습관적으로 작용하기 전에는 결코 분리될 수 없을 만큼 강렬하고 뿌리깊게 되어야 한다고 생각한다. 왜냐하면 전에는 항상 불가능하다고 생각했던 것, 즉 분석의 습관이 감정을 약화시키는 경향이 있다는 것을 이제 와서 깨닫기 때문이다. 만일 다른 정신적 습관이 전혀 계발되지 않고 분석정신이 자연적 보충이나 수정을 받지 않은 채 있다면 그럴 수 있게 되는 것이다. 분석의 장점이란, 편견의 결과가 어떻든 간에 그것을 약화시키거나 뒤집어 버리는 것이라고 나는 주장했다. 즉 그것은 우연히 결합돼 있는 관념을 이지적으로 분리시킬 수 있게 하며, 자연의 영구적인 순서에 대한 우리의 명확한 지식의 분석에 의한 것이 아니라면 어떠한 연상도 이 분석에 대항할 수 없다.

사물간의 진정한 연관성은 우리의 의지나 감정에 의존하는 것이 아니다. 따라서 자연의 법칙은 여러 경우에 있어서 한 사물이 다른 것과 분리될 수 없는 게 사실이다. 그 법칙은 사물이 분명하게 인식되고 상상적으로 실현되는 정도에 따라 자연 속에서 함께 연결된 사물에 대한 우리의 개념을 머리 속에서 더욱 견고하게 결부시키는 것이다. 분석의 습관은 원인과 결과, 수단과 목적 사이의 연상은 강하게 하지만 단순한 감정은 약화시키는 경향이 있다. 따라서 그것은 사려 분별과 통찰에는 이롭지만 열정이나 미덕의 뿌리에는 큰 해가 된다. 더구나 내 생각에 따르면, 순전히 육체적이고 생리적인 것을 제외한 모든 욕망과 쾌락을 무섭게 뒤엎는 것이었다.

이런 인생은 살 욕망이 전혀 없다는 것을 나만큼 강하게 확신한 사람은 없었다. 인생이란 그저 그렇다는 것, 이것이 그 즈음의 나를 길러 낸 근본법칙이라 생각됐다. 내가 존경하던 사람들은 모두 인류와 공감하는 쾌락과 남의 이익, 특히 범위를 넓혀 인류의 이익을 존재 목표로 삼는 것이 가장 크고 확실한 행복의 원천이 된다는 생각을 가지고 있었다. 나는 이것이 진리라고 확신했고 어떤 감정을 가지면 내가 행복하게 된다는 것도 알았지만, 나로서는 가질 수가 없었다. 나의 교육은 이러한 감정이 분석의 영향을 해체시키는 데 견뎌낼 충분할 만큼의 강한 힘을 갖지 못했으며, 한편 나의 지적 계발의 전 과정은 조숙하고 미숙한 분석을 정신적 습관으로 만들었다고 생각했다.

그래서 나는 자신에게 말했듯이 항해를 시작하자마자 암초에 걸렸다. 배의 장비도 좋고 키도 있었으나 항해할 수 없었다. 조심스럽게 장비를 갖추기는 했으나 기어코 목적을 성취하리라는 욕망은 없었다. 덕이나 일반적인 선에 대해서도 흥미가 없었고, 다른 어떤 것에도 마찬가지였다. 허영과 야심의 샘이 자비의 샘과 함께 완전히 말라 버린 것 같았다. 나는 생각건대 너무 어렸을 때 허영의 만족감을 약간 가졌다. 나는 뛰어나고 중요한 사람이 되려는 욕망이 하나의 정열이 되기도 전에 조금은 뛰어나고 중요한 사람이라는 것을 알았다. 그리고 내가 획득한 것은 조그만 것이었지만, 너무 일찍 획득했기 때문에 쉽게 즐긴 쾌락같이 나를 곧 싫증나게 했고, 또 무관심하게 했다. 그래서 이기적인 쾌락이든 비이기적인 쾌락이든 간에 나에겐 쾌락이 아니었다. 그리고 자연 속에는 나의 성격을 쇄신하고, 돌이킬 수 없을 만큼 분석적인 정신 속에 인간 욕망의 어떤 목적도 신선한 쾌감을 불어넣을 힘이 없었다.

이상이 1826년과 1827년 사이의 겨울에 있었던 메마르고 무거운, 낙담이 뒤섞인 생각들이었다. 그 동안 나는 일상 업무를 할 수 없었던 것은 아니었다. 단순히 습관의 힘으로 기계적으로 그 일들을 계속했다. 나는 어떤 종류의 정신적인 일에는 매우 단련되어 있었으므로, 내 정신이 그 일에서 아주 떠나 있어도 능히 해낼 수 있었다. 심지어 토론회에서 행할 연설문을 작성하기도 했고 또 여러 번 연설도 했지만, 그것이 어떻게 혹은 어느 정도 성공했는지는 모른다. 그 모임에서 4년간 연설을 계속했지만 그 해처럼 후에 기억에 남지 않은 것은 없었다. 내가 느꼈던 바를 그대로 묘사한 사람은 콜리지뿐이었는데, 그의 시 가운데 두 구절이 {당시 나는 그 시를 읽지 않았으므로} 후에 똑같은 정신적 괴로움이 생겼을 때마다 떠올랐다.

희망 없이 하는 일은 마치 신주(神酒)를
체로 푸는 것과 같고,
목적 없는 희망은 오래 가지 못하리.

아마도 내 경험은 결코 내가 상상한 만큼 특유한 것이 아니었을 것이다. 나는 다른 많은 사람도 비슷한 상태를 겪었을 것이라고 믿는다. 그러나 내 교육의 특징은 일반적인 현상에 특수한 성격을 주었고, 그 특수한 성격은 여러 가지 원인에 대한 자연적인 효과를 오랫동안 말살하지 못하도록 했다. 나는 이따금, 인생이 이러한 방법으로 흘러간다면 살아갈 수 있을까 혹은 살아갈 필요가 있는 것일까, 하고 자문(自問)하였다. 이런 상태로 나는 일년 이상을 견뎌낼 수 없을 것 같았다. 그러나 이러한 시기가 절반도 지나지 않았을 때, 내 마음속 응달진 곳에 조그마한 빛이 비쳤다.

나는 우연히 마르몽텔(Marmontel)의 《회상록》을 읽었는데, 그 속에서 그의 아버지가 죽고 가족이 비탄에 젖어 있었을 때, 그는 갑자기 영감을 얻어 어린 소년으로서 모든 일을 해 나갈 수 있다는 자신으로 가족에게 장담하는 대목에 이르렀다. 그 광경이 생생하게 떠올랐으며 그 감정이 나를 감쌌으므로 나는 눈물을 흘렸다. 이 때부터 나의 짐은 가벼워지기 시작했다. 나의 모든 감정은 죽어 버렸다고 생각했던 그 압박이 사라졌다. 더 이상 절망할 필요가 없었다. 나는 나무둥치나 돌덩이 같은 것이 아니었다. 아직까지 모든 성격의 가치와 행복에 대한 수용력을 만들어 낼 재료를 가지고 있는 것처럼 보였다. 항상 벗어날 수 없다고 생각하던 불행에서 해방되어, 나는 차츰 인생의 평범한 사건들이 쾌락을 가져다 줄 수 있다는 것을 알았다. 그래서 햇빛과 하늘에서, 책에서, 담론에서, 공공업무에서 강렬하지는 못하나 그래도 충분히 유쾌한 마음을 품을 수 있는 즐거움을 다시 찾아냈다. 그리고 나의 의견과 공공복리를 위해 진력함으로써 온건한 것이기는 하나 한층 약동하는 것이 있었다. 그래서 마음속에 덮였던 구름은 차츰 걷히고 다시금 생을 즐기게 되었다. 비록 몇 개월 동안, 다시 상태가 악화되긴 했지만 전처럼 그렇게 비참하지는 않았다.

그 동안의 경험은 나의 사상과 성격에 두 가지 중요한 영향을 끼쳤다. 하나는 그 전의 내 행동의 지침과는 전혀 다른 인생관을 가지게 한 것으로, 당시에는 내가 들어 보지 못한 칼라일의 몰자아의식설(沒自我意識說, antiself-consciousness)과 공통된 점이 많았다. 나는 행복이 행위의 모든 법칙에 관한 표준이며 인생의 목적이라는 확신에 대해 결코 흔들려 본 적이 없었다. 그러나 지금은 이 목적이 직접적인 목적이 되지 않아야만 획득된다고 생각하게 되었다.

자신의 행복보다 어떤 다른 목적에 확고한 신념을 가진 사람만이 행복하다고 나는 생각한다. 다른 사람의 행복에 대해서, 인류의 진보에 대해서, 심지어는 어떤 예술이나 연구에 대한 수단으로서가 아니라 그 자체가 이상적인 목적이 되어야 한다. 다른 어떤 것을 목표로 하는 동안 행복은 부산물로 얻어지는 것이다. 인생의 여러 향락은 그것을 주된 목적으로 하지 않고, 내킨 김에 누려 본다는 식이 되어야 즐거운 것이 된다[고 하는 것이 나의 이론이다]. 일단 목적으로 삼게 되면, 즉시 부족한 것을 느끼게 된다. 그것들은 날카로운 시련을 당해 내지 못한다. 행복한가 하지 않는가는 자신에게 물어 보라. 그러면 곧 행복하지 않게 된다. 유일한 기회는 행복 그 자체가 아니라, 인생의 목적과 같이 그것과는 다른 어떤 목적을 구하는 것이다. 너의 자의식, 너의 검토, 너의 자문자답을 그 목적물에 집중시켜라. 그리고 다른 면에서 환경이 좋다면 네가 숨쉬는 공기와 함께 행복을 들이마실 것이며, 그것에 머뭇거리거나 생각하지 않아도, 또 앞질러 생각하거나 까다로운 문제를 가지고 싸우지 않아도 된다. 이 이론은 이제 나의 인생철학의 기초가 되었다. 그리고 나는 그것을 향락에 대한 감수성과 능력을 보통 정도로밖에 가지지 못한 사람들, 즉 대부분의 인류를 위한 최선의 이론으로 생각한다.

당시 내 사상이 겪은 또 다른 중요한 변화는 처음으로 인간 복리의 가장 중요한 필요성을 개인의 내적 수양에 두었다는 것이었다. 나는 외부 환경의 정돈과 사색 및 행동을 위한 인간의 훈련에 더 이상 중요성을 두지 않았다.

나는 이제 경험에 의하여 수동적인 감수성은 능동적인 능력들과 마찬가지로 계발되어야 하며, 잘 인도되어야 하는 동시에 살찌고 풍부하게 되어야 한다는 것을 알았다. 나는 잠시라도 내가 전에 보아 왔던 진리의 일부분이나마 잃거나 과대평가하지 않았다. 즉 나는 결코 지적 계발을 경시하지 않았으며 개인과 사회진보의 필수적 조건으로써 분석의 힘과 실행을 생각하지 않은 적이 없었다. 그러나 그것과 함께 다른 종류의 계발에 연결되어 수정받아야 하는 결과가 생긴다. 나는 이제 여러 가지 능력들 사이에 적당한 균형을 유지하는 것이 가장 중요하다고 생각한다. 여러 가지 감정의 계발은 나의 윤리 및 철학적 신조의 가장 중요한 요점 중 하나가 되었다. 그리고 나의 생각과 의향은 그 목적에 도움이 되는 것을 향해 점점 증가해 가는 것이었다.

나는 이제 시와 예술이 인간의 지적 계발의 도구로서 중요하다고 듣거나 읽은 것의 참뜻을 알게 되었다. 그러나 이것을 자신의 경험에 의해 알게 된 것은 훨씬 뒤의 일이었다. 내가 어릴 때부터 큰 기쁨을 얻는 유일한 상상적 예술은 음악이었다. 그것의 최고의 효과는 열정을 북돋우는 데 있다. 이 점에서 이것은 다른 예술을 능가한다. 즉 인격 속에 이미 존재해 있는 고귀한 감정을 더 높은 위치까지 끌어올려 준다. 그러나 이 때의 흥분은 행복감과 열정을 주며 비록 그 절정이 일시적이긴 하지만, 음악을 듣지 않을 때에도 이런 감정이 유지되므로 소중한 것이다. 음악의 이러한 효과를 나는 자주 경험하였다.

그러나 쾌락에 대한 나의 모든 감수성과 마찬가지로 그것은 마음이 우울한 동안에는 정지되었다. 나는 이 방면에서 거듭 구원을 찾았지만 허사였다. 마음속의 큰 파동이 가시고 회복단계에 들어갔을 때, 음악에 도움을 청했지만 그것은 그다지 고상한 방법에 의한 것이 아니었다.

이 때 나는 처음으로 베버(Weber)의 〈오베론(*Oberon*)〉을 들었는데, 그 상쾌한 멜로디로부터 얻은 극도의 기쁨은 내게 매우 큰 도움이 되었다. 민감하게 느낄 수 있는 쾌락의 원천을 보여 준 것이다. 그러나 그 음악의 즐거움도 친근해짐에 따라 스러지며 {음악과 같이 단순히 가락에 의한 쾌락이란 사실 그러하다}, 잠깐 사이를 두자 새롭게 하거나 계속해서 새로운 가락을 첨가해 줄 필요가 있다는 생각이 들어 그 이익은 크게 감소되었다. 그리고 그것은 당시 나의 상태나 내 생애 이 시기의 일반적인 심적 가락의 특이한 점이었으며, 나는 음악의 결합이 결국에는 한계가 있으리라는 생각에 심각하게 번민하였다. 음정(音程)은 다섯 개의 전음(全音)과 두 개의 반음(半音)으로 되어 있고, 이것을 결합하는 방법은 제한되어 있으며 그 중 일부만이 아름답다. 이들 대부분은 이미 발견된 것 같았으며, 모차르트(Mozart)나 베버 같은 거장들처럼 완벽하게 새롭고 더할 나위 없이 풍부한 음악미의 광맥은 더 찾아낼 여지가 없는 듯했다. 이러한 수심의 원천은 태양이 다 타 버리지 않을까 걱정한 라퓨타(Laputa) 섬〔《걸리버 여행기》에 나온 섬의 이름〕의 철학자들이 했던 것과 흡사하다고 생각될지도 모른다.

하지만 그것은 내 성격의 가장 훌륭한 특징과 관련이 있었고, 나의 비낭만적이고 결코 명예롭지 못한 고민 속에서 단 하나의 좋은 점이었다. 왜냐하면 나의 낙심을 정직하게 본다면, 내가 생각한 행복에 대한 나의 구상이 무너짐으로써 생긴 독선적인 것에 지나지 않긴 하지만 전 인류의 운명이 항상 내 생각 속에 있었고 나 자신과는 분리할 수 없었다. 내 생활 속의 결점은 생활 그 자체의 결점이 틀림없다고 느꼈는데, 문제는 만일 사회나 정치의 개혁자들이 그 목적을 달성하였다면, 그리고 그 공동사회의 모든 사람들이 자유를 누리고 신체적으로 안락한 상태에 있다면, 생활의 쾌락이란 이 이상 투쟁과 결핍에 의해 구해야 할 필요가 없고 그 때는 이미 쾌락이 아닐지도 모른다는 것이다. 그리고 일반적인 인류의 행복에 대해서 이것보다 더 나은 어떤 소망을 발견하지 못하는 한, 나의 낙심은 계속될 것이 틀림없다고 생각했다. 그러나 만일 내가 그 출구를 발견한다면 나는 세상을 즐겁게 볼 것이며, 나 자신에 관한 한 다소나마 정당한 분배로써 만족할 것이라고 생각했다.

나의 사상과 감정의 이러한 상태는 내가 처음으로 워즈워스(Wordsworth)의 시를 읽은 것 {1828년 가을} 을 통해 내 생애의 한 중대한 사건으로 바뀌었다. 나는 그의 시에서 정신적 구원의 기대 없이 그저 호기심으로 읽었는데, 그 전에는 시에 대해 그런 희망을 갖기도 했었다. 나의 우울이 최악의 상태에 달했을 때에 바이런(Byron)의 전 작품을 통독했는데, 그 때 처음으로 그의 시를 읽었다. 그것은 그의 시가 남보다 강렬한 감정을 가졌고, 그 특유한 부분이 나에게 어떤 감정을 고조시키지 않을까 하는 기대에서였다. 기대했던 바와 달리 나는 그의 작품을 읽고 아무런 이익도 얻지 못하고, 도리어 역효과만 얻었다. 그의 심적 상태는 내 경우와 흡사했다. 그의 감정의 상태는 바로 모든 쾌락에 대해 지친 사람들이 가지는 비애 그것이었고, 인생의 모든 장점을 다 지닌 사람들에게는 인생이란 내가 본 바와 같이 김빠지고 재미없는 것이라고 생각하는 듯했다. 그의 시의 주인공인 해럴드(Harold)와 맨프레드(Manfred)는 나와 똑같은 짐을 지고 있었고, 그가 그린 자우어(Giaour) 같은 사람들의 맹렬한 육욕이나 라라(Lara) 같은 사람들의 우울에서 어떤 위안을 받고 싶은 마음은 조금도 없었다.

그러나 바이런은 나의 심적 조건에 꼭 들어맞지 않았지만, 워즈워스는 들어맞았다. 나는 2, 3년 전에 《소요(*Excursion*)》를 들여다보기는 했으나 별로 신통한 것을 발견하지는 못했다. 그 때 이것을 읽었다고 하더라도 마찬가지로 별다른 것을 발견하지 못했으리라. 그러나 1815년 두 권으로 나온 시집에 수록된 여러 가지 시들 {그의 말년의 작품에도 이만큼 가치 있는 시가 몇 개 들어 있지 않았지만} 은 이 무렵 나의 심적 상태가 요구하는 값진 것들을 제공해 주었다.

첫째, 그 시들은 내가 가진 쾌락의 여러 감수성 가운데 가장 강한 것 중 하나인 전원의 풍물과 자연의 풍경에 대한 사랑에 대해 강하게 호소하였다. 그러한 사랑은 나에게 인생의 쾌락의 대부분을 주었고, 특히 최근에는 가장 오랫동안 우울한 상태가 계속되었을 때 나를 위로해 주었다. 전원의 아름다움이 가지는 힘 속에는 워즈워스의 시에서 내가 찾을 수 있는 기쁨의 근원이 있었다. 더구나 그가 노래한 풍경의 대부분은 산악 풍경이었는데, 나는 일찍이 피레네 산맥을 여행한 적이 있어 산악미는 자연미에 대한 나의 이상이었다. 그러나 만일 워즈워스가 자연 풍경의 아름다운 묘사만을 나에게 보였다면 그는 나에게 아무런 감동도 주지 못했을 것이다. 그런 것은 스콧(Scott)이 워즈워스보다 나으며 시시한 풍경화가 시보다 훨씬 효과적이다.

그러나 워즈워스의 시가 내심적 상태의 치료제가 된 것은 그것이 단지 외적 아름다움만이 아니라 그 아름다움에 고조된 감정 상태와 또 그 감정에 채색된 사상 상태를 잘 표현했기 때문이었다. 그의 시는 감정을 도야시키는 것으로 보였으며 바로 그 점이 내가 추구하던 것이었다. 나는 그의 시에서 내적 환희의 샘 또는 공감과 상상의 기쁨의 샘에서 물을 푸는 듯했으며, 그 샘은 모든 인류가 나누어 가질 수 있는 것이었다. 그 샘은 투쟁과 불안전과는 관계없이 인류의 물질적 · 사회적 조건의 개선에 따라 더욱 풍부해지는 것이었다. 그의 시로부터 나는 인생의 큰 죄악이 모두 제거된 후, 행복의 영원한 샘이 되는 것이 무엇인가를 배우는 것 같았다. 그리고 그의 시의 영향을 받게 됨에 따라 당장 나 자신이 더욱 선량해지고 행복해지는 것 같았다.

물론 오늘날 워즈워스보다 더 위대한 시인이 있기는 하다. 그러나 보다 깊고 고상한 감정을 지닌 시라 할지라도 워즈워스의 시가 당시 나에게 끼친 영향보다 큰 것을 주지는 못했다. 나로서는 고요한 명상 속에 참되고 영구한 행복이 있다는 것을 느낄 필요가 있었다. 워즈워스는 나에게 인류의 공통된 감정과 공통된 운명을 외면하지 않고 더욱 깊은 흥미를 가지고 대할 것을 가르쳐 주었다. 그리고 그의 시가 나에게 준 기쁨은 이러한 종류의 수양만 있으면 분석의 습관에 얽매였다 해도 두려울 것이 없다는 것을 증명했다.

이 시집의 맨 마지막에 세상에서 흔히 플라토닉하다고 잘못 생각하는 유명한 〈영혼불멸의 노래〉라는 서정시가 있다. 그 속에는 그의 다른 어떤 시보다 멜로디와 리듬이 아름답고, 또 흔히 인용되는 상상력은 웅장하지만 철학은 빈약하다는 말마따나 두 구절을 보면 그도 나와 같은 경험을 했음을 알 수 있었다. 그 역시 젊은 인생에서 향락의 최초의 신선함이 오래 지속하지 못하는 것을 느꼈으나, 그것을 메꾸어 줄 것을 찾아 이제 내게 그 찾는 방법을 알려 주는 것이라고 생각했다. 그 결과 나는 점차, 그러나 완전히 습관적인 우울증에서 벗어나게 되었고 다시는 그것에 빠져들지 않았다. 나는 계속 워즈워스를 본질적 가치보다도 그가 나에게 끼친 영향에 의해서 평가했다. 위대한 시인들과 비교해 보면 그는 시인답지 못한 시인, 즉 고요하고 명상적인 취미를 가진 시인이라고 불리어질 수도 있다. 그러나 그 시인답지 못한 자질은 시적 도야를 요하는 것이다. 워즈워스는 실질적으로 그보다 훨씬 나은 여러 시인들보다 시적 도야를 주는 데 적임자였다.

워즈워스의 장점은 나의 새로운 사상의 방향을 공표하게 했고 나와 비슷한 심적 변화를 겪지 않은 여러 친구와 헤어지도록 하였다. 당시 그러한 문제에 관한 의견을 서로 비교할 사람들 가운데 가장 친했던 친구는 루벅이었다. 나는 그에게 워즈워스의 시를 읽도록 권했는데, 처음 그에게는 감탄할 점이 많은 것으로 보였다. 그러나 대부분의 워즈워스 숭배자들처럼 나도 바이런에 대해서는 그의 시에 있어서나 성격상의 영향에 있어서 많은 반발을 느꼈다. 반면에 루벅에게는 모든 본능이 행동과 투쟁의 본능이어서, 인생의 시라고 기리는 바이런의 시에 강렬한 흥미와 커다란 존경심을 품었고, 워즈워스의 시는 꽃과 나비의 시라고 생각했다. 우리는 토론회에서 이틀 저녁을 내리 바이런과 워즈워스의 장점을 비교해 가면서 토론하기로 했다. 그래서 시에 대한 각자의 이론을 오랫동안 설명하면서 주장하기도 하고 예를 들기도 하였다. 스털링도 유창한 연설로 그의 특이한 시론을 전개하였다. 이것은 루벅과 내가 약간 중요한 논제로써 반대 입장에 선 최초의 논쟁이었다. 우리 둘의 교제는 그 후 몇 년간 계속되었지만, 그 때부터 틈은 벌어지기 시작했다. 처음의 간격은 감정의 도야에 관해서였다.

루벅은 많은 점에서 벤담주의자와 공리주의자의 속된 생각과 달랐다. 그는 시와 대부분의 예술을 매우 좋아했다. 그는 음악 · 연극 · 그림에 큰 흥미를 가졌고 그 자신 풍경화를 아름답게 그렸다. 그러나 그런 것이 성격의 형성에 도움이 된다고 납득시킬 수 없었다. 개인적으로 보면 흔히 벤담주의자들이 무감각하다고 생각되는 것과 반대로 그는 예민하고 강한 감수성을 가졌다. 그러나 풍부한 감정을 가진 대부분의 영국 사람들과 마찬가지로 그도 그의 여러 감정이 자기의 사상 방향에 크게 방해된다는 것을 알았다. 그는 쾌락적인 것보다 고통스런 동정심에 더 민감하였고, 그의 행복을 거기서 찾았으므로 그는 그의 감정을 북돋우기보다는 억제하려고 하였다.

사실 영국인의 성격이나 환경은 동정심을 발휘함으로써 행복을 찾는 것을 거의 불가능하게 했으므로, 영국인의 생활 구조에 조금의 동정심도 고려하지 않는다는 것은 그다지 놀라운 일이 아니다. 대부분의 나라에서는 감정이 개인적 행복의 구조상 아주 중요하다는 것은 자명한 일이며 형식적인 언급이 필요없는 당연한 것으로 되어 있다. 그러나 대부분의 영국 사상가들은 감정이란 것을 사람의 행위를 자비롭고 동정적으로 갖도록 하는 필요악이라고 생각했다. 루벅은 실제 그런 종류의 영국인이었다. 또는 적어도 그렇게 보였다. 그는 감정을 수련하는 데 아무런 가치를 부여하지 않았고, 더구나 상상을 통해서는 아무것도 얻지 못하며 다만 환상을 키울 뿐이라고 생각했다.

나는 그에게 어떤 관념이 생생하게 떠올랐을 때 우리 마음속에서 일어나는 상상적인 정서는 결코 환상이 아니며 여러 대상에 대한 여느 성질 못지 않게 현실적인 사실이라고 주장했으나 허사였다. 그리고 그것이 그러한 대상에 관한 우리의 이해를 그릇되고 혼란하게 하기는커녕 그 대상의 모든 물리적·이지적 법칙에 대한 가장 정확한 지식과 완전한 실제적 인식과 일치한다는 것도 설명했다. 석양에 빛나는 구름의 아름다움에 관한 강렬한 감정은 그 구름이 수증기이며 부유 상태에 있는 수증기의 모든 법칙에 지배된다는 사실을 인식하는 데 아무런 방해가 되지 않는다. 나는 이러한 물리적 법칙이 경우에 따라 일어나도록 허용하고 실천할 작정이었다. 그것은 마치 아름다움과 더러움을 구별할 수 있던 그 이전의 일과 마찬가지다.

나는 루벅과의 친분이 줄어드는 반면, 토론에서 내 반대편에 섰던 콜리지파의 프레드릭 모리스(Frederick Maurice)와 존 스털링과 더욱 친분이 두터워져 갔다. 두 사람은 전자는 그의 저술로, 후자는 헤어(Hare)와 칼라일이 쓴 전기에 의해 유명해졌다. 이 두 친구 가운데 모리스는 사상가였고 스털링은 웅변가였는데, 당시 스털링은 모리스로부터 거의 전부를 받았다고 할 수 있는 사상을 열렬히 전파했다.

나는 이런 투크를 통해 모리스와 몇 번 만났는데, 투크는 그를 케임브리지 시절부터 알아 온 사이였다. 나는 항상 토론에서 투크의 반대 입장에 있었으나, 그와의 토론에서 나의 새로운 사상체계를 수립하는 데 많은 도움을 받았다. 그것은 콜리지와 수년간 읽어 온 괴테와 다른 독일 작가의 작품으로부터 얻은 것과 같은 방향이었다. 나는 모리스의 비상한 재질뿐만 아니라 그의 성격과 목적에 매우 깊은 존경심을 가지고 있었기 때문에, 그에 대해서 기꺼이 인정할 수 있는 위치보다 낮게 보이는 말은 하고 싶지 않다. 그러나 나는 항상 동갑들 가운데 모리스만큼 지력을 허비한 사람은 없다고 생각했다. 그렇게 낭비할 수 있는 지력을 가지고 있는 사람은 극소수에 지나지 않았다. 뛰어난 개괄력(概括力), 희귀한 재능과 기지, 그리고 중요하지만 명백하지 않은 진리에 대한 광범위한 이해력은 그가 여러 가지 커다란 사상문제에 대한 종래의 시시한 견해를 몽땅 집어치우고, 대신 그보다 나은 것을 세우는 데 이바지하지 않았기 때문이다. 도리어 영국 국교가 처음부터 모든 것을 알고 있었다는 것과 영국 국교와 정통교리를 공격하는 기초가 된 모든 진리{이 진리의 대부분을 그는 누구보다 분명히 깨닫고 있었다}가 39개 조항(Thirty nine Articles—영국 국교의 신조)에 어긋나는 것이 아닐 뿐더러 또한 이 조항들을 배척하는 그 어느 누구에게보다도 이 여러 조항에서 더 잘 이해되고 표현되고 있는 것을 그 자신의 마음에 증명하는 데 이바지하였다.

나는 이러한 이유를 그의 약한 양심에 선천적으로 민감한 기질이 결합된 때문이라고밖에 설명할 수가 없다. 이런 성질의 결합은 비상한 재능을 가진 사람들로 하여금 그들 자신의 판단의 독자적 결론에서 얻을 수 있는 것보다 훨씬 확고한 지주(支柱)를 얻으려는 욕구에서 로마 정교, 즉 카톨릭교로 들어가게 하는 일이 흔히 있었다. 정통이라고 흔히 생각되는 몇 가지 견해와 결국 충돌하고, 또 고상한 심정에서 그리스도교 사회주의 운동을 창시함으로써 그는 약한 양심의 소유자가 아님을 세상에 증명한 바 있지만, 이렇게 하지 않았더라도 모리스를 아는 사람이라면 아무도 그가 이보다 더 비겁한 마음을 가졌다고는 생각하지 않을 것이다. 도덕적 관점에서 보면 그와 가장 비슷한 사람은 콜리지인데, 시인으로서의 재능을 떠나 단순히 지적 능력에서 보면 그가 콜리지보다 뛰어났다고 생각한다. 하지만 당시에 그는 콜리지의 제자였으며, 스털링은 콜리지와 모리스의 제자였다고 할 수 있다.

나의 낡은 사상이 겪고 있던 변화는 이들과 공통되는 점을 몇 가지 주었고, 모리스와 스털링은 나의 발전에 상당한 도움이 되었다. 나는 곧 스털링과 친해졌고 지금까지 사귄 어떤 사람보다 가까워졌다. 그는 정말 가장 사랑할 만한 사람 중 하나였다. 그는 솔직하고, 진실하고, 다정하고 그리고 속이 넓었다. 고상한 일에서나 미천한 일에서나 진리애가 뛰어났으며, 자기가 택한 사상은 열렬히 옹호하고 이에 반대되는 학설이나 사람들에게는 당당히 싸우면서도 그 입장을 공평하게 다루려고 애쓰는 관대하고 열성 있는 성품을 가졌다. 또 자유와 의무라는 두 가지 중요한 문제에 대하여 똑같이 헌신적이었다. 이 모든 성품이 결합하여 내 마음과, 나 외에도 그를 잘 아는 다른 모든 사람의 마음을 끌었다. 이렇게 그는 개방된 마음과 정신을 가졌기 때문에 아직 우리 둘의 의견을 갈라 놓고 있던 큰 틈바구니를 넘어 악수하는 것을 조금도 꺼리지 않았다.

그는 그와 친구들이 나를 어떻게 보았는지 {남에게 듣고} 를 말해 주었는데, 그는 나를 '만들어진', 즉 제조된 인간으로서 그대로 재생할 수 있는 사상의 어떤 인상만을 가지고 있다고 했다. 그리고 나에 대한 그의 인상이 변했던 것은 워즈워스나 바이런에 관한 토론을 듣고 나서였다. 워즈워스와 그 이름이 암시하는 모든 것이 나에게 있었고, 그와 그의 친구에게도 있다는 것을 알고 난 후였다는 것이었다. 그의 건강이 나빠져서 일생의 모든 계획이 수포로 돌아가고, 런던에서 멀리 떨어진 곳에 살지 않으면 안 되었기 때문에 우리는 사귄 지 1, 2년 후에는 이따금씩 만날 수 있을 뿐이었다. 그러나 {칼라일에게 보낸 그의 편지에서 볼 수 있듯이} 우리가 만날 때는 마치 형제와 같았다.

그는 비록 깊이있는 사상가라고는 할 수 없었지만, 그의 마음의 개방성과 모리스를 능가한 도덕적 용기는 그로 하여금 모리스와 콜리지가 한때 그의 지력에 미쳤던 지배를 벗어나 더욱더 성장하게끔 하였다. 그러면서도 그는 끝까지 그 두 사람에게 깊은, 그러나 맹목적이지 않은 존경심을 가졌고, 특히 모리스에게는 따뜻한 애정까지 가졌다. 그의 전 생애를 통해 목사가 된 과오를 제외하고는 그의 정신은 항상 진보적이었다. 그리고 오랜만에 만나게 되면 그는 항상 더욱더 진보한 것으로 보여, 괴테가 실러(Schiller)를 두고 한 "er hatte ein fürchterliche Fortschreitung, 그는 무서울 정도의 진보를 하였다"를 연상케 했다.

그와 나의 처음의 지적 입장은 양극처럼 떨어져 있었지만, 그 간격은 점점 좁혀졌다. 내가 그의 사상에 몇 걸음 접근해 나아가면 그도 짧은 일생 동안에 내 몇몇 의견에 점점 다가오곤 했다. 그가 만일 더 오래 살아 꾸준한 자기 수양을 계속할 건강과 기운을 가졌더라면 이 자발적인 동화가 얼마나 더 진전되었을지 알 수 없다.

1829년 이후로 나는 우리의 토론회에 참석하기를 그만두었다. 나는 이미 충분히 연설을 했으므로 결과를 세상에 공표할 의무를 가질 필요 없이 개인적인 연구와 사색을 할 수 있어서 기뻤다. 나는 기왕에 배운 의견의 직물이 여러 군데가 해어져 구멍이 뚫어져 있는 것을 발견하곤, 그것이 온통 해어져 버리는 것을 방치할 수 없어서 계속 고쳐 나가는 작업에 바빴던 것이다. 나는 전환기에 있어서 잠시라도 혼란하고 불안한 상태에 머무르고 싶진 않았다. 내가 새로운 사상을 받아들였을 때에는 그것이 나의 낡은 사상과 맺는 관계를 조정하기 전에는 안심하지 않았고, 또 그것이 낡은 것을 얼마나 수정하고 대체하는가를 정확하게 확인했다.

벤담과 아버지의 저술에서 나온 정치이론을 옹호하기 위하여 번번이 논쟁을 벌였고, 또 다른 학파의 정치사상에 아주 친숙했으므로 나는 정치 일반에 관한 하나의 학설이라고 주장하는 그 이론이 마땅히 고려해야 할 것을 고려하지 않았음을 깨닫게 되었다. 그러나 그러한 점은 아직까지는 그 이론의 결점이라기보다는 그 이론을 응용하는 데에 수정할 점으로 생각되었다. 나는 정치학이 특수한 경험의 과학이 될 수는 없다고 느꼈다. 그리고 벤담의 이론을 베이컨(Bacon)식의 실험 대신에 개괄적 추리 방법으로 선험적으로 전개되는 이론이라고 비난하는 것은 베이컨의 원리와 실험적 연구에 따르는 여러 조건을 전혀 모르는 것이라고 생각했다.

이즈음 《에든버러 리뷰》 지에는 아버지의 《정부론》에 반박하는 매콜리의 유명한 논문이 실렸다. 이것은 나에게 많은 것을 생각하게 했다. 나는 정치학 논리에 대한 매콜리의 개념이 틀렸다고 생각했다. 즉 그는 정치적 현상을 철학적으로 다루지 않고 경험적 양상으로 다룰 것을 주장했다. 물리과학 역시 철학적으로 다루는 그의 개념은 케플러(Kepler)를 인정하지만 뉴턴과 라플라스(Laplace)는 배척하였다. 나는 비록 그의 논조가 돼먹지 않았다고 생각하지 않을 수 없었으나, 후일 그는 그의 과오에 충분하고 훌륭한 수정을 가했으며, 아버지의 문제 취급에 대한 그의 혹독한 비판에는 몇 가지 진리가 내포되어 있었다.

사실 아버지의 이론의 근거는 너무 편협했으며, 정치학에 있어서 중요한 결과가 따르는 일반적 진리는 극소수밖에 포함하지 않았다. 통치체(統治體)와 공동사회의 이익을 일치시키는 것은 어떤 실제적 의미에서 보더라도 훌륭한 정치의 유일한 형태는 아니다. 또 이익의 일치가 단순히 선거 때의 조건으로 이루어지는 것도 아니다. 나는 아버지가 매콜리의 비판에 응수한 방식을 전혀 만족스럽게 생각하지 않았다. 나는 아버지가 마땅히 "나는 정치에 관한 과학적 논문을 쓴 것이 아니라 의회의 개혁에 관한 주장을 썼을 뿐이다"라고 말함으로써 자신의 입장을 내세우기를 바랐으나 그렇게 하지 않았다. 그는 단지 매콜리의 논쟁을 비합리적인 것이라고 일축했다. 즉 그것은 합리성에 대한 공격이며, 이성(理性)이 사람에 대해서 반대하면 사람은 이성에 대해 반대할 것이라는 홉스의 말을 예로 들었다. 이것은 정치에 응용할 수 있는 철학적 방법에 대한 아버지의 개념에는 이 때까지 내가 생각해 오던 것보다 더 근본적으로 잘못된 무엇이 있지 않나 싶었다.

드디어 내가 다른 공부를 하는 동안에 갑자기 머리 속에 떠오르는 것이 있었다. 1830년 초 나는 논리학에 관한 여러 개념(주로 명사의 차이와 명제의 의의에 관한)을 정리하는 작업을 시작했는데, 그것은 앞서 말한 대로 아침의 담론에서 시사되었고, 잊어버리지 않도록 일부분을 잘 기록해 둔 뒤 내가 논리학 일반의 이론을 밝히는 데 더 진척을 볼 수 있는지를 알기 위해 다른 부문의 연구에 돌입했다. 나는 곧장 귀납법에 관한 문제를 다루고 추리에 관한 문제를 뒤로 미루었는데, 그것은 우리가 전제를 추리해 가려면 먼저 전제를 포착할 필요가 있다는 근거에서였다. 그런데 귀납법이란 주로 결과에 대한 원인을 찾는 과정이다. 그래서 나는 물리학에서 원인과 결과를 추적하는 방법을 알아내려 하던 중에 보다 완전한 과학에서는 개개의 사실을 개괄함으로써 따로따로 생각된 원인의 여러 경향에 이르고, 그런 후에 다시 분리된 여러 경향으로부터 내려와 이 원인들이 결합했을 때의 결과에 이른다는 것을 알게 되었다. 그리고 나는 이 연역의 과정의 궁극적인 분석은 무엇인가 하고 자신에게 물어 보았다. 삼단논법의 보통 이론도 여기에 밝은 빛을 던지지 못하는 게 분명했다. 나의 연구방법 (홉스와 아버지에게서 배운) 은 추상적 원리를 내가 찾을 수 있는 가장 구체적인 예를 가지고 연구하는 것이었으므로, 역학(力學)에 있어 힘의 합성이 내가 연구하고 있던 논리적 과정에 관한 가장 완전한 본보기였다. 따라서 우리의 정신을 힘의 합성에 관한 원리에 응용시키면 어떻게 되는가를 시험해 보니 그것은 단순히 덧셈일 뿐이라는 것을 알았다. 즉 그것은 한 힘의 분리된 결과를 다른 분리된 결과에 더하여 이 분리된 결과의 총합을 공동결과로 생각하는 것이다. 그러나 이것이 과연 합리적인 과정일까? 역학에서, 그리고 물리학의 수학적 분야 모두에서는 확실히 그러하다. 그러나 화학과 같은 다른 경우에 있어서는 그렇게 되지 않는다.

그리고 나는 이와 비슷한 것으로 소년 시절에 즐겨 읽었던 톰슨(Thomson)의 《화학의 체계》란 책의 서문에서 밝힌 화학과 기계적 현상의 차이점 중 하나로 지적된 것을 상기했다. 이 차이점은 나를 정치 철학면에서 괴롭혔던 문제를 명확하게 일깨워 주었다. 이제 나는 과학이란 연역적인 것이거나 실험적인 것이라는 것을 알게 되었고, 과학이 그 취급하는 분야에 있어서 하나하나 분리될 때에는 똑같은 결과를 가져오는 것이, 뭉쳐질 때에는 뭉쳐진 결과를 가져오느냐 못 가져오느냐에 따라 연역적이 되느냐 실험적이 되느냐가 정해진다는 것을 알았다.

이에 따라서 정치학은 필연적으로 연역적 과학이다. 그리하여 매콜리와 아버지는 틀렸다는 것이 판명되었다. 즉 매콜리는 정치학의 이론적 구성방법을 화학의 순수한 실험적 방법과 동일시하였고, 반면에 아버지는 연역적 방법을 채택한 것은 좋았으나 선택을 잘못했다. 아버지는 자연철학의 여러 연역적 분과의 형태로서 아주 부적당한 순수 기하학의 연역 과정을 본보기로 삼았던 것이다. 이 순수 기하학이란 원인 결과를 전혀 다루지 않는 과학이므로 결과의 총화를 필요로 하지 않는다. 이리하여 나의 사상 속에는 내가 후일에 《도덕과학 논리(*Logic of the Moral Sciences*)》로 출판한 책의 주요한 몇 장(章)의 기초가 됐다. 그리고 나의 낡은 정치적 신조에 관한 새로운 입장이 확정되었다.

만일 누가 하나의 철학으로써 버린 것 대신에 어떤 정치 철학의 체계를 가지게 되었느냐고 나에게 묻는다면, 나는 아무런 체계도 가진 바 없다고 대답할 것이다. 다만 옳은 체계란 내가 이미 가졌던 개념보다 더 복잡하고 다각적인 것이며 그 업무는 일련의 전형적인 제도를 제공하는 것이 아니라 어떤 환경에도 적합한 제도를 연역해 낼 수 있는 원리를 제공하는 것임을 확신할 수 있다. 유럽 사상, 바꾸어 말하면 대륙 사상의 영향, 특히 18세기에 대한 19세기의 영향의 작용이 이제 내 마음속에 흘러들어왔다. 그것들은 각 방면으로부터 온 것이다. 내 사상의 변화가 일어나기 전부터 흥미를 가지고 읽었던 콜리지의 저서로부터 온 것도 있고, 내가 개인적으로 접촉하던 콜리지파의 사람들로부터 온 것도 있으며, 괴테의 저서에서 온 것, 그리고 《에든버러 리뷰》 지와 《해외 리뷰(*Foreign Review*)》 지에 실렸던 칼라일의 초기 논문들로부터 온 것도 있는데, 칼라일의 이 글을 나는 한동안 {아버지는 끝까지} 광상(狂想)이라고밖에 생각하지 않았다.

이상의 여러 원천으로부터 그리고 당시에 많이 접촉했던 프랑스 문학으로부터 나는 유럽 사상가들이 그 방향을 완전히 전환하면서 내세운 여러 사상 가운데 특히 다음과 같은 것을 유도해 냈다. 즉 인간의 정신은 특정한 순서에 의해서만 발전이 가능하며 어떤 것은 반드시 다른 것에 선행하여 정부와 사회의 지도자들은 이 순서를 어느 정도 변경할 수 있으나 무한정으로 바꿀 수는 없다는 것, 정치제도의 모든 문제는 절대적이 아니라 상대적인 것이며, 인류 진보의 서로 다른 단계는 서로 다른 제도를 가지며 또 가지게 되는 것이 당연하다는 것, 정권은 언제나 그 사회에서 가장 강력한 사람의 수중에 있거나 수중으로 옮겨가며 그 강력한 사람의 세력이 제도 위에 있는 것이 아니라 제도가 그 세력 위에 얹혀 있다는 것, 어떤 일반적인 이론이나 정치철학도 위에서 말한 인류 진보의 이론을 상정하며, 그것은 역사철학과 마찬가지라는 것 등이다.

이러한 사상은 대체로 옳았으나 내가 빈번히 그 사상을 비교하면 여러 사상가들에게 과장되고 맹렬하게 받아들여졌다. 그들은 18세기의 사상가들이 본 진리의 절반은 무시했는데, 그것은 반동에 흔히 따르는 일이다. 나도 내 발전의 한 시기에 이 위대한 18세기를 과소평가했으나 결코 그것에 반동적으로 나온 것은 아니었다. 다른 것에서와 마찬가지로 나는 18세기에서도 진리의 일면을 찾았다. 나에게는 18세기와 19세기 사이의 싸움은 항상 한 면은 희고 다른 한 면은 검은 방패에 관한 싸움인 것처럼 여겨졌다. 나는 싸우는 당사자들이 서로 맹목적인 분노를 터뜨리는 것을 보고 놀랐다. 나는 그들에게 그리고 콜리지 자신에게, 콜리지가 반진리(半眞理)에 관해서 했던 많은 말을 적용시켰다. 또 괴테가 생각해 낸 '다각적' 이란 말은 당시 나에게 가장 잘 맞는 말이라고 하고 싶었다.

다른 누구보다 새로운 정치적 사고방식을 내 마음속에 깊이 뿌리 내리게 해준 저작자들은 프랑스의 생시몽(Saint-Simon)파 사람들이었다. 1829년과 1830년에 나는 그들이 쓴 몇몇 작품을 읽었다. 당시 그들은 사상의 초기 상태였을 뿐이었다. 그들은 아직 그들의 철학을 한 종교로서 내세우지도 않았고, 사회주의 계획을 수립하지도 않았다. 그들은 고작 재산의 세습에 관한 원칙에 의문을 갖기 시작했을 따름이었다. 나는 그 정도까지라도 그들과 함께 다룰 만한 준비가 결코 되어 있지 않았다. 그러나 나는 인류 진보의 자연적 순서에 관하여 그들이 처음으로 보여 준 견해에 대해 큰 감명을 받았다. 특히 그들이 모든 역사를 유기직 시기와 비판적 시기로 나눈 데 대해 크나큰 감명을 받았다.

유기적 시기에는 인류는 굳은 확신을 가지고 적극적인 신조를 받아들이며, 그 신조는 그들의 모든 행위에 대해 판정하며, 다소간의 진리를 가지고 휴머니티의 필요에 잘 적응한다{고 그들은 말한다}. 휴머니티의 영향 아래서 그들은 그들의 신조에 부합하는 모든 진보를 하고 마침내 그것을 넘어 발달한다. 이리하여 비판과 부정의 시대가 뒤따르는데, 그 속에서 인류는 일반적이고 권위 있는 새로운 사조를 얻지 못한 채 낡은 신념을 버리게 되며 낡은 생각이 틀렸다는 것 외에는 깨닫지 못하는 것이다. 그리스와 로마의 다신교(多神敎) 시대에 그리스와 로마의 교양인들은 다신교를 깊이 믿고 있었으나, 그것은 하나의 유기적 시기로서 그 후 그리스 철학자들에 의한 비판적 내지 회의적 시기로 계승되었다. 다른 유기적 시기는 기독교와 함께 왔다.

이에 대해 비판적 시기는 종교개혁과 함께 시작했는데 그것은 그 후 계속되고 있으며, 지금보다 월등 진보한 새 사조가 승리하여 새로운 유기적 시기가 시작되기 전에는 끝나지 않을 것이다.

이러한 사상들은 생시몽 학파만의 특이한 것은 아니라고 알고 있다. 유럽 혹은 최소한 독일과 프랑스의 일반적 공유물이었는데, 내가 알기로는 여러 생시몽 학파의 사상가들에 의해서만큼 완전히 체계화되지도 않았으며, 그렇게 힘차게 출판한 비판적 시기의 특성도 아니었다. 왜냐하면 나는 그 때까지 피히테(Fichte)의 '현대의 특징'이란 강연을 모르고 있었기 때문이다. 나는 물론 칼라일이 '신앙이 없는 시대'라고 혹독하게 비난했다는 것, 그리고 현대가 바로 그러한 시대임을 알고 있었다. 나는 이것을 당시 대부분의 사람들과 마찬가지로 신앙의 낡은 형태를 찬성하는 열렬한 항변으로 생각했다. 그러나 이러한 비난 가운데 옳은 것은 모두 생시몽파 사람들에 의해 좀더 냉철하고 철학적으로 서술되었다고 생각했다. 그들의 출판물 가운데서 다른 것보다 훨씬 뛰어난 것이 하나 있었는데, 그 사상은 원숙하여 아주 명확하고 배울 것이 많았다.

그것은 오귀스트 콩트(August Comte)의 초기 저술로서 당시 콩트는 스스로 생시몽의 제자라고 칭했으며, 심지어는 그의 저서의 타이틀 페이지에도 그렇게 명시했다. 콩트는 이 작은 책자에서 훗날 그가 무수한 예를 들어 설명한 학설, 즉 인간의 지식이 모든 부문에서 자연적으로 일어나는 세 단계에 관하여 처음으로 발표했다. 첫째는 신학적 단계, 다음은 형이상학적 단계, 마지막은 실증적 단계로, 사회과학은 반드시 이 법칙의 지배를 받는다고 주장했다. 또 봉건제도와 카톨릭 교회의 제도는 사회과학의 신학적 단계의 결론적인 형태이고, 신교는 형이상학적 단계의 시작이며, 프랑스 대혁명의 여러 학설은 그 완성이라고 했다. 그리고 그 실증적 단계는 막 오고 있는 참이라고 했다.

이 학설은 내가 늘 가지고 있던 여러 생각과 잘 어울렸고 나의 생각에 과학적 형태를 갖도록 해주는 것 같았다. 나는 이미 물리학의 방법을 정치과학의 전형이라고 생각했다. 그러나 이 때 내가 생시몽 학파 사람들과 콩트에 의해 제창된 사상의 경향으로부터 얻은 주된 이익은, 나의 사상과 과도기에 가진 특이성보다 더 명확한 개념을 얻었다는 것과, 그러한 과도기에 가졌던 도덕 및 지적인 여러 특성을 인류의 정상적인 속성이라고 보는 과오를 범하지 않았다는 것이다. 나는 요란한 논쟁은 있으나 일반적으로 신념이 약한 현대를 거쳐, 비판적 시기의 최선의 성실과 유기적 시기의 최선의 성실이 결합할 미래를 바라보았다. 그 때야말로 아무런 구속이 없는 사상의 자유와 남에게 해를 끼치지 않는 한 어떤 형태에서나 개인적 행동의 무한정한 자유를 누리게 될 것이며 옳고 그른 것, 유익한 것과 해로운 것에 관한 신념이 어렸을 때의 교육과 정서의 일반적 일치에 의해 감정 깊숙이 새겨질 것이며, 이성 그리고 인생의 참으로 다급한 위기 속에 확고하게 자리잡게 되어 과거와 현재의 모든 종교적 · 윤리적 및 정치적 사조처럼 주기적으로 폐기되고 대체되는 일은 없을 것이다.

콩트는 곧 생시몽 학파를 떠났다. 그래서 수년 동안 나는 그를 보지 못했고 그의 글도 읽을 수가 없었다. 그러나 나는 계속해서 생시몽 학파의 이론을 연구했다. 나는 그들 가운데 가장 열렬한 학자 중 한 명인 귀스타브 다이히탈(Gustave d'Eichthal)에 의하여 그들의 발전을 들을 수 있었는데, 그는 당시 상당히 오랫동안 영국에 머물렀다. 1830년, 나는 그들의 지도자인 바자르(Bazard)와 앙팡탱(Enfantin)을 소개받았고, 그들이 대중을 가르치고 전도하는 동안 나는 그들의 글을 거의 모두 읽었다.

자유주의의 보편적인 이론에 관한 그들의 비평은 모두 중요한 진리로 가득 찬 것 같았다. 낡은 경제학은 제한된, 그리고 일시적인 가치밖에 가지지 않은 것이라고 나를 자각케 한 것은, 일부는 그들의 글의 영향이었다. 그 낡은 경제학이란 사유재산과 상속제도를 파기할 수 없는 것으로 생각하고, 생산과 교환의 자유를 사회 개량의 궁극적 수단으로 생각하는 것이다. 생시몽 학파에 의해 전개된 계획, 즉 사회의 노동과 자본은 사회의 일반적인 이익을 위해 관리되며 모든 개인이 하나의 사상가로서, 교사로서, 예술가나 생산자로서 노동을 나누어 가지되 누구나 능력에 따라 일을 맡고, 그 일의 양에 따라 보수를 받는다는 것은 오웬(Owen)보다 훨씬 나은 사회주의라고 생각되었다. 그러나 그들의 목적은 바람직하고 합리적인 것이었으나, 수단은 효과적인 것이 못 되었다. 나는 그들의 계획이 실현된다고도, 또 그들의 사회적 꾸밈이 유익하게 잘 운영된다고도 믿지 않았다. 하지만 인간 사회의 그러한 이상을 선언한 것은 오늘날과 같이 조직된 사회를 어떤 이상적인 상태에 더욱 접근시키려는 다른 사람들의 노력에 좋은 방향을 제시해 줄 것이라고 생각했다.

나는 무엇보다도 그들이 가장 많은 비난을 받았던——즉 가족문제를 취급할 때 보여 준 대담함과 편견 없는 태도를 존경한다. 그 가족문제란 다른 어떤 문제보다 중요한 것이며 다른 어떠한 사회제도에서 행해질 개혁보다 더 근본적인 개혁이 필요하지만 이 문제를 취급할 만한 용기를 가진 개혁자는 그들을 제외하고는 거의 없었다. 생시몽 학파의 사람들은 남녀의 완전한 평등과 남녀관계에 있어서 전혀 새로운 제도를 선언함으로써 오웬과 푸리에와 마찬가지로 후세 사람들에게 감사하게 기억될 자격을 얻은 셈이다.

내 생애의 이러한 시기를 소개함에 있어서, 명확한 진보를 이룩하게 한 것 같은 새로운 인상만을 열거했을 따름이다. 이렇게 몇 가지만 뽑아서 적으면 내가 과도기의 여러 해 동안, 무수한 문제에 관해서 얼마나 많이 사색했는가를 충분히 알려 줄 수가 없다. 하기야 그 가운데는 이미 세상에 알려졌으나, 내가 믿지 않았거나 중요시하지 않았던 것을 재발견한 것이 많음도 사실이다. 그러나 이 재발견은 나에게는 하나의 새로운 발견이었고, 많은 진리를 주었으며, 전통적인 진부한 것이 아니라 원천에서 나온 청신한 것이었다. 또 이러한 재발견은 그 진리들을 항상 어떤 새로운 의미에 둘 것을 가르쳐 주었다. 그 새로운 의미에 의해 비교적 일반에게는 잘 알려지지 않고 내 초기의 여러 사상 속에 있던 진리들과 잘 융합하였으며, 또 이 진리들을 조금 수정하여 더욱 확인시켜 주는 것이었다.

이처럼 나의 초기 사상이 본질적으로 동요된 적은 없었다. 나의 모든 새로운 사상은 초기 사상의 기초를 더욱 깊고 튼튼하게 해주었을 뿐이며, 여러 가지 사상의 영향을 그릇되게 하는 오해와 혼란을 때때로 제거해 주었다. 예를 들면, 내 심정이 또다시 우울하게 되었을 때 소위 철학적 필연론이란 학설이 악몽처럼 내 존재에 엄습했다. 나는 마치 지금까지의 모든 환경에 얽매인 무력한 노예라는 것이 과학적으로 증명되는 것처럼 느꼈다. 그것은 마치 나와 다른 모든 사람의 성격은 우리의 지배권이 미치지 않는 행위에 의해 형성되며 우리의 능력 밖의 일인 것처럼 생각되었다. 나는 때때로 성격이 환경에 의해서 형성된다는 것을 믿지 않을 수만 있다면 얼마나 좋을까 하고 홀로 생각하는 것이었다. 그리고 국민이 정부에 반항할 수 있다는 사실을 국왕은 잊지 않고 국민들은 잊어버리기를 원한 폭스(Fox)를 상기하면서, 만일 필연론이 남의 성격에 관해서는 모든 사람이 믿을 수 있으나 자기 성격에 관해서는 믿지 않아도 된다면 얼마나 좋을까 싶었다.

나는 여기에 관해 고민하다가 점차 한 줄기 광명을 보게 되었다. 나는 필연론이란 말이 인간의 행위에 적용된 인과율을 가리키는 말로는 오해받기 쉬운 연상을 가지고 있는 말이라고 생각했다. 그리고 이 연상은 내가 경험한 바 있는 우울하고 무기력한 성격을 만드는 힘을 부여하는 것임을 알게 되었다. 비록 우리의 성격이 환경에 의해서 형성된다고 하더라도 우리 자신의 여러 욕망이 환경의 형성에 많은 작용을 한다는 것을 알았다. 그리고 자유 의지론 속에서 진정으로 우리의 사상을 고취시키고 고상하게 하는 것은, 곧 우리가 우리의 성격을 형성하는 힘을 정말 가지고 있다고 확신하는 것이다. 우리의 의지는 환경의 일부에 영향을 줌으로써 장래 우리의 의지의 습관과 능력을 변경시킬 수 있는 것이다. 이러한 생각은 환경론과 완전히 일치하며 오히려 완전히 이해된 환경론이라 하겠다. 그 때부터 나는 마음속에 환경론과 숙명론 사이에 명확한 선을 그었다. 그리고 오해받기 쉬운 필연성이란 말은 전혀 쓰지 않기로 했다.

내가 처음으로 완전히 이해한 이 학설은 더 이상 나를 낙심시키지 않았고 도리어 내 정신에 구원을 주었다. 사상의 개혁자를 지향하는 사람이 어떤 학설이 옳다고 생각하면서도 그에 반대되는 학설이 도덕적으로 유익하다고 생각해야만 하는 무거운 짐에서 더 이상 시달리지 않아도 되었다. 수년 뒤에 이 난관으로부터 나를 구출한 사상의 경로를 돌이켜보니, 그것은 다른 사람에게도 비슷한 도움을 주리라고 생각되었다. 그리고 그것은 이제 나의 《논리학의 체계》의 마지막 권 속에 〈자유와 필연〉이란 장을 이루고 있다.

다시 정치문제로 돌아가자. 나는 더 이상 아버지의 《정치론》에서 주장된 학설을 과학적 이론이라고 생각하지 않으며, 대의민주정치를 하나의 철칙으로 생각지 않았다. 이것은 다만 시간과 장소와 환경에 관한 문제라고 생각했다. 또 나는 이제 정치제도의 선택은 물질적인 이해관계의 목적이라기보다는 오히려 도덕적·교육적 문제라고 생각했다. 즉 그것은 국민이 더욱 진보하기 위한 조건으로서 국민생활과 문화의 어떤 면에서 큰 개선이 있어야 하는가 하는 것과 또 어떤 제도가 그 개선을 가장 잘 촉진할 것인가를 깊이 생각하여 결정할 것이라고 생각한다.

이와 같은 나의 정치철학의 전제의 변환에도 불구하고 나의 실제적 정치 신조는 내가 살고 있던 시대와 국가가 요구하는 대로 변경되지는 않았다. 나는 여전히 유럽, 특히 영국에서는 급진주의자요 민주주의자였다. 나는 영국 헌법에 보장된 귀족계급, 즉 귀족과 부호의 우월성은 어떤 투쟁을 통해서라도 없애야 할 악이라고 생각했다. 이것은 세금이나 혹은 이와 비슷한 어떤 불편 때문이 아니라 국가를 타락시키는 커다란 원인이었기 때문이다. 타락이라고 말한 이유는 첫째, 그것은 국가의 공공이익보다도 개인적 이익을 앞세우고, 또 계급의 이익을 위해 입법권을 남용함으로써 정부의 행위를 대대적이며 공공연한 패덕행위의 전형이 되도록 했기 때문이다. 둘째, 정도가 좀더 심한 것으로는 현재와 같은 사회 상황으로는 대중 스스로가 바로 권력에의 관건인데, 영국의 제도하에서는 세습에 의해서였든 자기가 벌었든 간에 부가 정계 요직에 통하는 거의 유일한 수단이기 때문이다. 부와 부의 상징이 존경받는 거의 유일한 대상이 되어 버렸고, 국민의 생활은 온통 이것을 추구하는 데 바쳐졌다.

그러나 귀족계급과 부호가 정권을 쥐고 있는 동안에 국민 대중을 교육시키고 그 처지를 개선하는 것은 귀족과 부호의 이익에 배반되는 것이라고 생각됐다. 왜냐하면 그렇게 되면 국민이 보다 더 강력해져서 그 멍에로부터 벗어나게 되기 때문이었다. 그러나 만일 통치권을 가진 사람들에게 민주주의가 침투되어 그들의 주된 역할을 하게 되면 정말 불행한 과오, 특히 재산을 부당하게 침해하게 될 과오를 방지하기 위하여 대중의 교육을 촉진하는 것이 오히려 부유한 계급의 이익이 될 것이다.

이러한 생각에서 나는 그 전과 같이 민주제도를 열렬히 지지했을 뿐만 아니라 오웬주의와 생시몽주의 및 다른 사유재산 반대설이 빈민계급 사이에 널리 퍼지기를 열망했다. 이것은 내가 이 학설이 옳다고 믿었거나 실천되기를 바랐기 때문이 아니라, 상류계급 사람들이 가난한 사람들은 교육을 받았을 때보다 교육을 못 받았을 때가 더 무섭다는 것을 알게 하기 위해서였다.

내가 이런 정신상태에 있을 때 프랑스의 7월혁명이 일어났다. 그것은 나를 극도로 열광시켰고, 결국 내게 새로운 삶을 주었다. 나는 즉시 파리로 가서 라 파이예트(La Fayette)를 소개받았으며, 후에 내가 극좌 민중당의 몇몇 유능한 지도자와 교제를 맺는 데 길을 터주었다. 귀국 후, 나는 당시 정치적 논단의 한 문필가로서 적극적으로 참여했다. 그레이(Grey) 경의 내각이 수립되고 선거법 개정이 제출되자 당시의 논단은 활기를 띠었다. 그로부터 수년간 나는 신문에 많은 글을 썼다.

얼마 동안 《익재미너(*Examiner*)》 지에 정치평론을 썼던 폰블랭크가 그 신문의 사장 겸 편집인이 된 것은 그 당시의 일이었다. 그가 그레이 내각의 전 시기를 통해서 정열과 재능과 재치를 가지고 신문을 경영했으며, 또 그 신문이 급진주의 사상을 대변하는 주된 신문으로서 신문계에서 얼마나 중요한 것이었는지는 세인의 기억에 새로울 것이다. 이 신문의 특징은 거기에 실린 평론 4분의 3이 완전히 폰블랭크의 논문이라는 점이었다. 나머지 4분의 1 가운데서 가장 많이 쓴 사람은 나였다. 프랑스 문제 관련 기사는 거의 내가 썼으며, 그 중에는 매주 프랑스의 정치를 요약한 것도 있는데 어떤 것은 꽤 길었다. 이것과 함께 일반 정치의 주된 문제, 상업과 재정에 관한 입법, 그리고 내가 흥미를 가지고 그 신문에도 적합하다고 생각되는 여러 가지 문제에 관한 사설과 이따금씩의 서평을 썼다.

그때그때 일어난 일이나 문제에 관한 신문 논설은 일반적인 사고방식을 발전시킬 기회를 전혀 주지 않았다.

그러나 1831년 초 '시대의 정신'이란 제목으로 연재 논문을 싣게 되어, 나의 새로운 사상 몇 가지와 특히 현대의 특질 가운데 이미 낡아 버린 사상체계로부터 지금 막 형성되고 있는 사상체계로 넘어가는 전환기의 특이한 변태적 현상과 폐해를 밝히고자 하였다. 이 논문들은 문체가 딱딱하며 힘있는 것도 아니어서 어느 시대의 신문 독자들에게도 잘 받아들여지지 않을 것이라고 생각했다. 가령 그 문장들이 훨씬 재미있게 씌어졌더라도 그 때는 커다란 정치적 변혁이 임박하여 사람의 관심을 끈 특수한 순간이었기 때문에 결국 이 논문들은 때를 잘못 만난 셈이 되어 실패하였다. 내가 알고 있는 유일한 결과는 당시 스코틀랜드의 한 벽촌에 살고 있던 칼라일이 그의 고독한 생활 가운데서도 그 글을 읽고 '이건 새로운 신비주의자'라고 생각했다고 그 후 나에게 말해 주었다. 그 해 가을 런던에 오자마자 그 글의 필자를 알고 싶어한 그는 필자를 찾았고 이것이 개인적으로 친해진 직접적인 원인이 되었다.

나는 이미 칼라일의 초기의 글들이 내 초기의 편협한 사상을 넓혀 준 것들 중 하나라고 말했다. 그러나 나는 그의 글 자체가 항상 나의 사상에 영향을 준 것은 아니었다고 생각한다. 그의 사상 속에 포함된 진리들은 내가 이미 각 방면에서 받아들이던 것과 똑같은 것이었으나, 나와 같이 훈련된 정신을 가진 사람도 접근하기가 어려운 형식과 외양을 띠고 있었다. 그것들은 시와 독일 형이상학이 몽롱하게 엇갈린 것 같았으며, 그 속에서 뚜렷한 것은 내 사고방식의 기초를 이루고 있던 종교적 회의론·공리주의·환경론 그리고 중요시하던 민주주의 논리학, 게다가 경제학의 견해에 대한 강렬한 적개심뿐이었다.

내가 칼라일에게서 처음으로 배웠다고 할 수 있는 것은 하나도 없으며, 다만 나의 정신적 구조에 잘 맞는 매개물을 통해서 그의 글에 있는 것과 흡사한 진리를 발견함에 따라 그도 그런 진리를 가졌다는 것을 알게 된 정도다. 그래서 그가 이 진리들을 놀라울 정도로 힘있게 표현한 것이 나에게 깊은 감명을 주었으며, 내가 오랫동안 그의 열렬한 찬미자 중의 한 사람이 되도록 했다. 그러나 그의 글이 나에게 준 이익은, 철학으로써 나를 가르친 것이 아니라 시로써 힘을 주었다는 것이다. 우리가 처음 사귀기 시작했을 때에도 나의 새로운 사고방식은 그를 충분히 이해할 만큼 진보해 있지 않았다. 그 근거로 그가 그 때 막 완성한 그의 최대 최선의 저서인 《의상철학》의 원고를 내게 보여 주었을 때 나는 별로 대수롭잖게 생각했다. 그러나 약 2년 후 《프레이저스 매거진(*Fraser's Magazine*)》에 그것이 실렸을 때, 나는 열정적인 찬양과 극히 강렬한 환희를 가지고 그 글을 읽었다.

우리의 철학에는 근본적인 차이가 있었지만 나는 칼라일을 멀리하지 않았다. 그는 곧 내가 '또 하나의 신비주의자'가 아님을 알게 되었다. 내가 나의 성실성을 지키기 위해 그가 가장 싫어하는 것 같은 내 사상을 모두 명확하게 적어 그에게 보냈을 때, 그는 우리들의 가장 주된 차이점은 내가 "적어도 의식적으로는 전혀 신비주의자답지 않다"는 것이라고 회답을 보냈다. 나는 그가 언제 내가 신비주의자가 될 만한 사람이 못 된다고 생각했는지 모르겠다. 그 후 여러 해 동안 그의 사상과 나의 사상은 많은 변화를 겪었으나, 서로의 사상이 처음 사귄 여러 해 동안에 접근했던 것보다 더 가까워진 적은 없었다.

하지만 나는 나 자신이 칼라일에 대한 유능한 심판자라고는 생각하지 않았다. 그는 시인이지만 나는 아니며, 그는 직관을 가졌으나 나는 갖지 않았다고 생각했다. 그리고 그는 나보다 훨씬 앞서서 많은 것을 볼 수 있었지만, 나는 남들이 지적해 준 것을 한참 헤맨 후에야 겨우 깨달을 수 있었다. 뿐만 아니라 남이 지적해 주어도 나는 미처 보지 못했는데, 그는 그것을 잘 간취할 수 있었던 것 같다. 나는 그를 여러모로 살펴볼 수 없었고 더구나 위에서 일목요연하게 내려다볼 수 있을지는 더더욱 의문이었다. 그리고 우리 둘보다 훨씬 뛰어난 사람──즉 그보다 뛰어난 시인이자 나보다 뛰어난 사상가(뒤에 나오는 테일러 부인을 말함)──이 나타나 그에 관한 해석을 해주기 전에는 나는 어떠한 확신을 가지고서도 그를 판단할 수 있다고 생각하진 않았다.

옛날부터 알고 지내 온 지성인 가운데 가장 많은 점에서 나와 의견이 일치한 사람은 형 오스틴〔존 오스틴〕이었다. 그는 언제나 우리의 파벌주의에 반대 입장을 취했다고 이미 나는 말한 바 있다. 그리고 최근에는 나처럼 새로운 영향을 받고 있었다. 그는 런던 대학〔지금은 유니버시티 칼리지〕의 법학교수로 임명되자 강의를 준비하기 위하여 본(Bonn)에서 수년간 살았다. 그래서 독일 문학과 독일의 국민성 및 사회의 영향을 많이 받아 그의 인생관에 현저한 변화가 있었다.

그의 성품은 퍽 부드러워졌으며, 호전적이고 논쟁을 좋아하는 경향이 적어졌다. 그리고 그의 취미는 시적이었고, 내적 성질의 향상이 따르지 않는 외적 변화에는 그 전처럼 중요성을 두지 않았다. 그는 영국인의 생활이 일반적으로 용렬하고 폭넓은 사상과 이기심이 없는 욕망이 아쉽다는 점에 대해, 그리고 영국인의 모든 계급의 동업자들이 추구하는 목적의 저열함에 대해 강렬한 혐오를 느꼈다. 심지어 영국인이 돌보는 공익까지도 아주 낮게 평가했다. 그는 영국의 대의정치 밑에서보다 프로이센의 군주정치 밑에서 더 실제적인 훌륭한 정치가 행해지며 또 사실상 국민 각 계층의 교육과 정신적 향상을 위한 무한한 관심이 기울어지고 있다고 생각했다. 그리고 그는 정말 좋은 정치를 확보하는 것은 계몽된 인민들이라는 프랑스 경제학자들의 의견에 찬동했다.

그런데 이 계몽된 민중들은 반드시 민주적 제도의 결과인 것은 아니며, 또 그런 제도 없이 이런 민중을 가질 수 있다면 더 훌륭하게 그들의 일을 해나갈 것이라고 생각했다. 그는 선거법 개정안에 찬성하긴 했지만 모든 사람이 생각하듯 그처럼 즉각적인 정치상의 큰 개선이 있으리라고는 생각하지 않았다. 그는 이렇게 큰 일을 해낼 사람은 영국 안에는 없다고 말했다.

그가 새로 받아들인 사상이나 옛날부터 가지고 있던 것들은 나와 공감하는 점이 많았다. 나와 마찬가지로 그는 공리주의자의 입장을 떠나지 않았다. 그리고 그는 독일 사람을 무척 좋아하고 독일 문학을 애독했지만 그 선험주의적 형이상학에는 조금도 만족하지 않았다. 그는 한낱 종교적 독일 숭배, 즉 적극적인 교리가 거의 없는 시와 감정의 종교에 더욱 교화되어 갔다. 반면에 정치면에서는 (이 점에서는 그와 내가 의견을 아주 달리했지만), 특히 여러 민주적 제도의 발전에 대해서는 멸시에 가까운 무관심한 태도를 가졌다.

그렇지만 사회주의는 권력계급으로 하여금 민중을 교육시키도록 강요하며, 민중의 물질적 형편을 영원히 개선하는 실제적 방법은 인구를 제한하는 것이라는 것을 민중에게 인식시키는 가장 유효한 수단이라 하여 그 발달을 기쁘게 생각했다. 그리고 당시 그는 사회개선의 궁극적인 결과로서의 사회주의 자체에 근본적으로 반대하지 않았다. 그는 그가 말한 바 '정치경제학자들이 말하는 인간성의 보편적 원리'를 경멸했으며, 또 '인간성의 비상한 유연성(柔軟性)'

{이 문구를 나는 어디에선가 그로부터 빌려 쓴 적이 있다}에 대해서는 역사 및 일상생활의 경험을 확실한 증거로 제시할 것을 고집했다. 그리고 그는 사회적·도덕적 영향을 계몽적 방향으로 인도할 경우, 인류에게 펼쳐질 여러 가지 도덕적 가능성에 어떤 뚜렷한 한계를 정한다는 것은 불가능한 일이라고 생각했다. 그가 이러한 여러 사상을 죽는 날까지 지니고 있었는지는 알 수 없다. 그의 말년의 사고방식, 특히 그의 마지막 저서의 사고방식은 그 당시 그가 품고 있던 사상보다 일반적인 성격면에서 확실히 보수적인 성질이 강했다.

아버지의 사상과 감정의 경향은 이제 내 경우와는 상당히 거리가 먼 것처럼 생각되었다. 그러나 피차 양쪽이 충분하고 조용한 설명과 재고만 있었더라도 내가 생각했던 만큼의 거리는 되지 않았을 것이라고 생각한다. 그런데 아버지는 자기 주장의 근본적인 점에 대해 조용하고 충분한 설명을 기대할 수 있는 사람이 아니었으며, 적어도 어떤 면에서는 그의 진영을 벗어났다고 생각되는 사람과는 전혀 말이 안 통했다. 다행히도 아버지와 나 사이에는 당시 여러 가지 정치문제에 대해서 의견이 잘 맞았다. 그의 관심과 담론은 거의 이런 문제에 쏠려 있었다. 우리는 서로 의견을 달리하는 문제에 관해서는 거의 이야기하지 않았다. 그는 아버지와의 의견에 차이를 가져온 이유는 나 혼자 생각하는 습관 때문이라는 것을 알았는데, 그것은 내가 그에게 받은 교육 형태에 기인하는 것이며, 또 내가 얼마나 차이가 있는지를 말하지 않는 것도 그는 때때로 알아차렸다. 나는 우리의 차이점을 이야기하는 것은 아무런 이익이 되지 않고 다만 고통스러울 뿐이라고 생각했다. 그래서 그가 나의 사상과 감정에 전혀 반대되는 것을 이야기할 때 나는 완전히 침묵을 지킴으로써 불성실한 태도를 보일 뿐, 거의 설명을 하지 않았다.

이제는 이 여러 해 동안에 내가 썼던 글에 관해서 이야기해야겠다. 그것은 신문에 기고한 것은 별도로 하고서라도 상당한 분량이었다. 1830년과 1831년에 나는 다섯 편의 논문을 썼는데, 그것은 후에《경제학의 몇 가지 미해결 문제에 관한 소론》이란 이름으로 출판되었다. 그것은 1833년에 다섯 번째의 논문 일부를 고쳐 쓴 것을 제외하면 지금의 것과 거의 같았다. 이 논문들은 출판할 목적으로 씌어진 것이 아니었고, 수년 후 출판사에 의뢰했으나 거절당했다. 그것은《논리학의 체계》가 성공한 뒤 1844년에야 출판되었다.

그 논리학에 대해서 나는 다시금 사색하기 시작했다. 그리고 내 이전의 선구자들처럼 일반적 추리에 의해서 새로운 진리를 발견한다는 역설에 당황했다. 이러한 사실이 있었다는 것은 의심할 여지가 없다. 즉 모든 추리는 삼단논법에 귀착한다는 것과 모든 삼단논법에 있어서 결론은 실제로 전제 속에 포함되며 암시된다는 것은 의심할 수 없는 것이다. 이와 같이 전제 속에 포함되고 암시된 결론이 어떻게 새로운 진리가 될 수 있는가, 또 기하학의 정의 및 공리와는 외양이 아주 다른데 어떻게 그 속에 포함될 수 있는가 하는 것은 지금까지 아무도 충분히 느껴 보지 못했고 해명하지도 못한 난제라고 생각했다. 이 문제에 관해 훼이틀리와 그 밖의 몇 사람이 설명을 해주었으나 그것은 일시적인 만족에 그쳤고, 항상 마음속에는 그 문제를 에워싼 안개가 가시지 않았다.

마침내 듀갈드 스튜어트(Dugald Stewart)의 저서 제2권에 있는 추리에 관한 각 장을 두세 번 읽었을 때, 그 책이 시사하는 모든 주된 사상의 문제점을 스스로에게 물어 보고 내 지식이 미치는 한 따져 나감으로써 나는 추리 과정에서의 공리의 사용에 관한 그의 생각에 눈을 떴다. 그 생각은 내가 전에는 관심을 가지지 않았던 것으로, 이제 곰곰 생각해 보니 그것은 공리에 관해서만 진리인 것이 아니고 모든 일반적인 명제에 관해서도 마찬가지며 모든 난제를 해결하는 열쇠인 것 같았다. 이런 생각의 싹이 자라, 나중에 내《논리학의 체계》제2권에 자세히 설명되어 있는 삼단논법에 관한 이론이 되었다. 그 때 나는 즉시 이것을 잘 적어 두었다.

그리고 이제 나는 좀더 독창적이고 가치 있는 논리학 저서를 낼 수 있을 것 같은 생각에 크게 고무되어 이미 대강 만들어 두었던 불완전한 초고로부터 제2권을 쓰기 시작했다. 이 때 내가 쓴 것이 나중에 나온 저서 제1권의 기초가 되었으며, 그 속에《유별론(類別論, *Theory of Kinds*)》은 포함되지 않았다. 이것은 제3권의 마지막에 있는 몇 장에서 취급될 문제를 해결하기 위해 처음 시도했을 때 부딪힌 여러 난점에 의해서 제시된 것으로 나중에 첨가한 것이다.

여기까지 도달했을 때 나는 일단 발걸음을 멈추었는데, 이 상태는 5년간 계속되었다. 나는 한계점에 도달한 것이었다. 이 때 나는 귀납법에 대한 만족스러운 해결을 전혀 얻을 수 없었다. 이 문제에 대해서 빛을 던져 줄 것 같은 책은 무엇이든 읽었다. 그리고 가능한 한 그 결과를 이용했다. 그러나 오랫동안 내 사색의 중요한 활로를 터주는 듯한 것은 하나도 찾지 못했다.

1832년 나는《테이츠 매거진(*Tait's Magazine*)》의 처음 몇 호에 여러 편의 논문을 썼고《법학자(*Jurist*)》란 계간지에 한 편을 썼는데, 이 계간지는 변호사와 법률 개혁가 동지들에 의해 창간되어 몇 년 동안 계속된 것으로, 그들 중 몇 사람은 나도 잘 아는 사이였다. 여기 실린 논문은 법인체와 교회 재산에 대한 국가의 권리와 의무를 논한 것으로, 현재《논설 · 논고집(*Dissertations and Discussions*)》이라고 모아 출판된 책의 맨 처음에 나오는 것들이다. 이 속에는《테이츠 매거진》에도 있는〈통화(通貨)의 요술(The Currency Juggle)〉이란 논문이 있다. 이 앞에 쓴 논문들 가운데는 다시 출판할 만한 영구적인 가치를 가진 것은 하나도 없었다.

나는 아직까지 《법학자》에 실린 논문은 공공재단의 기본재산에 대한 국가의 권리를 완전히 논한 것이라고 생각하는데, 그것은 내 사상의 두 측면을 모두 나타내고 있다. 즉 한편으로는 항상 주장해 오던 대로 모든 기부된 재산은 국가의 재산이요 정부가 관리할 수 있고 또 그것이 당연하다는 주장을 강력히 내세운 것이다. 다른 한편으로는 앞서 주장한 것처럼 기부재산 자체를 부인하고 그것을 국채를 갚는 데 써야 한다고는 주장하지 않았다. 반면에 나는 단순히 시장의 수요에만 의존하지 않는 교육, 즉 웬만한 부모들의 지식이나 식견에 의존하지 않고 오히려 교육이란 상품을 사는 부모들의 자발적인 요구보다는 한결 높은 교육수준을 확립·유지하는 교육시설을 위해 법적 규정을 마련하는 것이 중요하다고 극력 강조했다. 이러한 모든 사상은 이후의 여러 고찰에 의해 더욱 확정되고 굳건해졌다.

제 6 장 1830~1840년

내 생애의 가장 중요한 교우의 시작 · 아비지의 죽음 · 1840년까지의 저술과 그 밖의 사업

내 정신적 발달이 마침 이 단계까지 도달했을 무렵, 나는 내 생애의 명예이자 최대의 축복이며, 또한 인류의 발전을 위하여 내가 지금까지 해보려고 한, 그리고 앞으로 실현해 봤으면 하는 여러 가지 일들의 대부분을 성취케 한 근원인 한 사람의 벗을 사귀게 되었다. 20년 동안 친구로 교제한 후 내 아내가 될 것을 승낙한 여인에게 내가 처음으로 소개된 것은 1830년이었다. 그 때 나는 스물다섯 살, 그녀는 스물세 살이었다. 알고 보니 그녀의 시댁은 그 전부터 잘 아는 집안으로, 그녀의 시할아버지는 뉴잉턴 그린에 있는 우리 집 이웃에 살고 있어서, 나는 소년 시절에 가끔 이 노신사의 집 정원에 가서 놀곤 했다. 그 노신사는 옛 스코틀랜드 청교도의 전형적 인물이 될 만한 사람으로 엄격하고 매섭고 꿋꿋했지만, 아이들에게는 아주 친절한 분이었다. 이러한 사람은 아이들에게 일생 동안 잊혀지지 않는 인상을 남겨 주는 법이다.

내가 이 테일러 부인에게 소개된 후, 두 사람의 사이가 다소 친근해져서 서로 털어놓고 사귀게 될 때까지는 여러 해가 지난 뒤의 일이지만, 그녀가 지금까지 내가 알고 있는 사람들 중에서 다시는 찾아볼 수 없을 정도로 뛰어난 부인이라는 것을 즉시 느낄 수 있었다. 물론 그녀가, 아니 누구라 할지라도 내가 그녀를 만났을 연령이었을 때의 모습이 후년의 성장한 그녀 그대로였다고 말하려는 것은 아니다. 그와 같은 일은 누구보다도 특히 그녀에게는 적합하지 않은 말이었다. 그녀의 인품은 최고의 의미에 있어서나, 또한 모든 의미로 보아서 꾸준히 수양하며 항상 발전해 가는 것을 철칙으로 몸에 지닌 사람 같았다. 항상 발전을 추구하는 열의로 보아도 어떤 감명이나 경험을 터득하는 원천으로 삼거나 활용하지 않고서는 견디지 못하는 천성으로 보아도 그것이 필연적인 결과였다.

내가 그녀를 처음 만나기 이전에는 그녀의 풍부하고 힘있는 성품은 주로 재원이 보통 세상에 용납되는 형(形) 그대로 발휘되었던데 불과하다. 보통 표면적으로 사귀는 사람들에게는 미인이요 재치 있는 여자였으며, 타고난 우수한 기품이 서려 있어서 그녀를 대하는 사람들이라면 누구나 그것을 느꼈다. 가정 내 친밀한 사람들에게는 심각하고 강한 감정의 소지자로서 예리한 직관적인 지성과 남달리 명상적이고 시적인 자질을 구비한 사람으로 인정되고 있었다. 젊어서 결혼한 남편은 몹시 강직하고 용감하고 훌륭한 인물로서 교육받은 자유주의적 성품의 소유자였는데, 다만 지적인 면이나 예술적인 면에서는 취미가 없는 사람이었다. 그와 같은 점은 그녀의 반려자로서는 어딘가 부족한 점이 있었다. 그러나 친구로서는 착실하고 애정도 많아 그녀는 일생 동안 그에게 진심으로 존경과 뜨거운 애정을 바치고 있었고, 그가 죽었을 때는 진심으로 슬퍼하였다.

당시 사회의 형편이 여성의 사회적 활동을 무능력하게 만든 탓에 외부 사회에서 일할 수 있는 훌륭한 능력을 적절히 발휘할 기회는 폐쇄되어 있었으므로 그녀는 매일 마음속으로 명상의 나날을 보내고 있었으며, 다만 변화를 던져 주는 몇몇 친구들과 친밀한 교제를 가질 뿐이었다. 친구들 중에 한 사람만이 {이미 죽었지만} 천재적인 소질이 있는 사람이랄까, 그녀와 비슷한 감정이나 지성을 갖고 있었다. 그러나 그 밖의 친구들도 많든 적든 간에 그녀의 정서와 의견에 공통되는 점은 있었다. 이들 틈에 내가 운 좋게 끼여 있었는데, 나는 얼마 안 가 그녀가 그 때까지 내가 알고 있던 모든 사람 가운데서 그 중의 하나만 발견해도 아주 기뻐해 마지않던 여러 가지 좋은 성질을 다발로 구비하고 있음을 알게 되었다.

그녀의 경우, 온갖 미신 {자연의 질서나 우주에도 있을 수 없는 '완전'이라는 속성을 인정하는 미신까지 포함하여} 으로부터 완전한 해방과, 아직도 해결하기 곤란한 기성 사회제도의 일부를 이루고 있는 많은 것들에 대하여 열심히 항의를 하는 것은, 딱딱한 지성의 산물이 아닌 고귀한 감정의 예민성에서 온 결과였으며, 한편 경건한 성품도 겸비하고 있었다. 기질이나 성격뿐만 아니라 일반적인 정신적 특징 면에서도 나는 가끔 당시의 그녀를 시인 셸리에 비겼다. 그러나 사상이나 지성에 있어서 셸리가 짧은 일생 동안에 발달시킨 그의 능력은 마지막 그녀의 모습에 비하면 어린애 같았다. 몹시 높은 사색의 영역에서나 일상생활의 사소한 실제적인 일을 불문하고 그녀의 두뇌는 한결같이 완전한 기계처럼 활동하여 문제의 핵심을 파고들어 가서 본질적 관념이나 원리를 파악하곤 하였다. 그만한 정확성과 신속한 활동력은 지적 능력뿐 아니라 감각적 능력에도 발달해 있었고, 겸하여 감정이나 상상력까지도 그처럼 혜택을 타고났으므로 예술가가 되었다면 다시 없는 훌륭한 존재가 되었을 것이다. 또 그 열렬하고도 부드러운 성품과 활발하고도 세련된 구변은 확실히 그녀를 대웅변가가 되게 했을 것이며, 그 인간성에 대한 깊은 지식과 실생활에서의 빈틈없는 슬기는 만약 그와 같은 길이 여성들에게도 열려 있던 시대라면, 그녀를 인류의 통치자 중에서도 이름 있는 통치자가 되게 했을 것이다.

사실 그녀의 그만한 지적 천품은 내가 지금까지 이 세상에서 만난 사람들 중에서 가장 고귀하고 가장 균형잡힌 도덕적 성격을 형성하는 데 이바지했을 따름이었다. 그녀에게 이기심이 없는 것은 누가 의무적으로 그렇게 하라고 해서가 아니라, 남의 감정을 스스로 자기와 똑같이 본 까닭이며, 때로는 남의 감정도 자기처럼 강렬하겠거니 하고 남에게 강렬한 감정을 쏟아넣는 품이 지나치게 동정으로 기울어지는 마음의 소지자인 까닭이었다. 정의에 대한 열정은 그녀가 가진 가장 강한 감정이라고 생각되었는데, 그것보다도 더 강한 것은 한정 없는 너그러움과 조금이라도 고맙게 여기는 사람에게는 누구에게도 쏟을 준비가 되어 있는 애정이었다.

그 밖의 그녀의 도덕적 특징은, 위에서 말한 두뇌와 마음에 아름다운 성품을 가진 사람이라면 누구나 당연히 구비할 만한 것들이었다. 조금의 거짓도 없는 신중성에 맞추어 높디높은 자부심과 그것을 받을 만한 가치 있는 모든 사람에게 쏟는 절대적인 순진성과 성실성, 행위나 성격을 막론하고 모든 잔인·포학·불신·불명예에 대한 타는 듯한 분노 따위가 그러했다. 그리고 한편으로는 '본질적인 악'과 단순히 '금지되어 있는 까닭으로 인한 악'—즉 감정이나 성격을 막론하고 본질적인 악이 내포되어 있는 행위와, 좋든 나쁘든 간에 다만 관습을 어긴 행위는 결국 그 자체가 옳든 그르든 어떤 점에서는 동정할 만하고 훌륭한 사람도 어길 수 있는 가능성이 있는 위법행위—사이에 명백한 구별을 짓고 있었다.

이와 같은 여러 가지 아름다운 기질을 구비한 사람과 잠시라도 정신적인 교제를 했다는 것은 나의 성장에 매우 유익하고 크나큰 영향을 끼치고야 말았다. 그렇지만 그 효과는 서서히 나타났다. 따라서 그녀의 정신적 발달과 나의 그것이 완전히 보조를 맞추고 같이 평행으로 나가는 데는 몇 해가 걸렸다. 더욱이 그녀 편에서는 최초에는 강렬한 감정을 특징으로 하는 도덕적인 직관으로써 그만한 견해에 도달한 것이므로, 학문과 추리에 의해 같은 결과에 도달한 나로부터 격려와 조력을 얻을 여지가 있었던 것은 말할 필요도 없었다. 급속한 그 지적 성장 중에 모든 것을 지식으로 전환시키는 그녀의 활동적인 두뇌는 여러 방면에서 많은 재료를 얻듯이 나에게서도 많은 재료를 얻었다. 내가 지적 면에서도 그녀로부터 얻은 것을 자세히 말하자면 거의 끝이 없겠지만, 그 대체적인 경향만은 몇 마디 말로 불완전하나마 전하려 한다.

가장 뛰어나고 가장 현명한 인간이 모두 그렇듯이, 인간의 현재 상태에 불만을 품고 그 급속한 개선에 전념하는 사람들에게는 그 사고적인 영역에 있어 주요한 두 가지가 있다. 하나는 궁극적 목적의 영역으로 인간 생활에서 실현할 수 있는 최고의 이상을 구성하는 여러 요소의 문제이고, 다른 하나는 지금 곧 도움이 되고 실제로 성취할 수 있는 것은 어떠어떠한 것이라고 하는 영역이다. 그 어느 부분에 있어서도 내가 그녀에게서 배운 것은 다른 모든 사람들로부터 얻은 것을 모두 합친 것보다 많았다. 그리고 사실을 말하자면 이 두 개의 양극이야말로 참으로 확실성 있는 주요한 존재인 것이다. 그런데 나 자신의 능력은 그 중간인 불확실하고 부동적인 것으로서 파악하기 어려운 영역, 즉 이론적인 윤리학이나 정치학의 영역밖에 없었다. 그리고 그와 같은 영역의 결론을 내리는 데 있어서, 경제학이나 분석심리학, 논리학, 역사철학 그 밖의 다른 어떤 학문에 구애됨이 없었다. 내가 다른 곳에서 배운 것으로나 혹은 나 자신이 창시한 학문까지도 포함하여, 그녀로부터 현명한 회의적 정신을 배운 것은 그녀로부터 얻은 결코 적지 않은 지적인 혜택이었다.

그와 같은 정신의 혜택으로 나는 물론 한편으로는 나의 사고능력을 그때그때 생각해 내는 여러 결론을 그와 같은 추상적 사고의 본질로 들어가서 믿기 어려울 정도로 자신을 갖고 고집하거나 주장하지 않도록 조심할 수 있었고, 또한 내가 심사숙고한 문제라도 보다 명확한 인식, 보다 명확한 증거가 있어 보일 때에는 내 마음을 활짝 열어 놓고 받아들였을 뿐만 아니라 나아가 그것을 환영하고 열심히 추구할 수 있는 마음을 갖게 하였다.

나는 나와 같이 추상적인 원리론에 몰두하고 있는 많은 사상가들의 저작에 비해 내 저작이 한층 실제성이 많다고 가끔 칭찬을 받은 일이 있는데, 이것이 나의 고유의 권리라고 생각한다면 반밖에 받을 자격이 없다. 그와 같이 훌륭한 인정을 받을 만한 저서는 한 사람의 머리로 만들어 낸 것이 아니라 두 사람의 합작으로 이루어진 것이다. 그리고 그 중의 한 사람은 한편으로 먼 장래를 바라보는 데 뛰어날 뿐만 아니라, 또 한편으로는 현재의 사태 판단이나 인식에 있어서도 남달리 실제적인 두뇌를 갖고 있었다.

그렇다고는 하지만 또한 이 단계에서는 이상과 같은 영향도 나의 장래의 발전하는 성격을 형성하는 데 도움이 될 많은 영향 가운데 하나에 불과하였다. 또한 그것이 나의 정신적 발전의 지도적 원리라고 불러도 상관없어진 후에도 그 때문에 나의 나아갈 길이 변경된 것도 아니었다. 다만 종래의 진로를 밟는 데 더욱 대담해질 뿐만 아니라 더욱 조심성 있게 되었다. 나의 사고방식에서 일어난 단 1회의 현실적 혁명은 그 당시 이미 완료되어 있었다. 나의 새로운 경향은 어떤 점에서는 강조되어야 했고, 또한 완화되어야 할 필요가 있었다. 그러나 그 후에 일어날 실제적인 사상적인 변화라고 한다면 정치에 관계되는 것뿐이다. 구체적으로 말하자면 인간의 궁극적 목적에 관하여는 조건부 사회주의에 더욱 접근하는 것과, 한편으로는 나의 정치적 이상을 신봉하는 당파인들이 일반적으로 이해하고 있던 의미의 순수 민주제로부터 나의 〈대의정치에 관한 고찰〉 중에서 서술한 수정된 형식의 민주제로 옮겨가게 하는 것 두 가지뿐이었다.

그 후의 변화는 결코 급격하게 일어난 것은 아니었지만, 그 시발은 출판되자마자 내 수중에 들어온 토크빌의 《아메리카의 민주주의》를 열심히 연구한 데서 시작됐다. 이 주목할 만한 저작에서는 민주주의의 장점이 내가 지금까지 가장 열렬한 민주주의자들로부터도 들어 보지 못한 정도로 구체적이며 더욱이 매우 명확하게 지적되었을 뿐만 아니라, 숫자상으로 다수에 의한 정치라는 견지에서 볼 때 민주주의에 따르는 구체적인 위험성도 함께 강하게 그려내어 훌륭한 분석의 대상으로 삼고 있었다. 그러나 저자는 민주주의를 인류 진보의 필연적 결과라고 생각하고, 더욱이 그와 같은 위험성의 지적은 이 민주주의에 반항하는 이유로서가 아니라 인민에 의한 정치의 약점의 표현이라는 의미에서다. 그러므로 그 유리한 모든 경향을 충분히 발전시키고, 그렇지 못한 경향을 완화하기 위해서는 어떠한 방위책으로 그것을 수호할 필요가 있으며, 어떠한 수정을 가하지 않고서는 안 된다고까지 종합하여 분석한 것이었다.

이것을 읽고 나도 이런 성질의 사색을 할 준비가 충분히 되어 있었고, 이후부터는 나 자신의 사상도 차츰 이런 방향의 진로를 밟게 되었다. 그러나 나의 실제적인 정치적 신조가 그로 인하여 수정을 받은 것은 수년의 세월에 걸쳐 서서히 행해진 결과였다. 그 일은 《아메리카의 민주주의》에 대하여 1835년에 발표한 나의 최초의 비평과, 1840년에 다시 쓴 그것(후에 《논설집》에 수록되어 있음)과 비교하고, 다시 이 후자와 《대의정치의 고찰》을 서로 비교하여 본다면 잘 알 수 있을 것이다.

토크빌을 연구함으로써 나는 많은 이익을 얻었다. 한 가지 부산물적인 문제는 중앙 집권이라는 근본 문제였다. 그는 미국이나 프랑스가 체험한 사실에 강력한 철학적 분석을 가한 결과, 사회 전반에 공통되는 일이라도 민중이 해서 지장이 없는 한 모두 민중 자신이 해야 하며, 그리고 인민을 대신하여 일한다는 의미에 있어서나 인민이 하는 방법을 지도한다는 의미에 있어서나 중앙 정부의 개입은 일체 배제한다는 점에 그는 가장 큰 의의를 두었다. 그는 개개 시민의 이와 같은 실제적 정치면의 활동을, 그 자체도 중요하지만 보다 나은 정치를 위해 불가결한 사회적 감정이라든가 실제적 예지라든가를 민중 속에서 육성해 내는 가장 유효한 수단의 하나로 보았다. 그것은 민주주의에 특유한 단점을 어느 정도 막아 내는 특효약이 되며, 민주주의가 오늘의 세계에서 참으로 위험성을 지니고 있는 단 하나의 전제정치——모두 평등하기는 하나 노예로서 고립된 개개인의 집단 위에 중앙 정부의 지루하고도 절대적인 지배권을 가진다는——로 타락하는 것을 방지하는 데 필요한 방어책으로도 생각했다.

마침 해협을 하나 건너 있는 영국에서는 이와 같은 면에서의 위험성은 없었다. 그곳에서는 딴 나라 정부가 하고 있는 국내 행정의 1퍼센트까지 정부 외의 여러 기관에 의해 처리되고 있었으며, 중앙 집권이란 말은 예나 지금이나 이성적으로 부인해 온 것은 물론 비이성적 편견으로 증오받아 왔으며, 정부의 간섭을 백안시하는 눈치가 하나의 맹목적인 감정이 되어서 지방 자치제라고는 칭하지만 그 실제에 있어서는 너무나도 자주 이권을 탐하는 속 좁은 지방의 소수 유력자들이 마음대로 지방의 권익을 취급하고 있다. 그 폐단을 행정 당국이 바로잡으려고 온갖 힘을 기울여도 그에 따르지 않거나 방해하는 형편이었다. 그러나 대중이 중앙 집권의 반대 방향으로 과오를 범할 위험성이 강하면 강할수록 관념적 개혁론자들이 그 반대되는 잘못을 저질러 그들 영국인이 직접 쓰라린 체험을 해 보지 못하고 살아온 폐단을 아무렇지도 않게 생각하고 간과해 버리는 위험성은 그만큼 더 많았다.

나 자신도 마침 이맘때에 예를 들면, 1834년의 그 훌륭한 구빈법(救貧法) 개정안과 같은 중요한 시책을 옹호하여 반중앙 집권적 편견에 기초를 두고 불합리한 반대론을 상대로 활발히 분투하고 있었지만, 만약에 토크빌로부터 얻은 교훈이 없었던들 나는 나 이전의 여러 개혁론자들과 마찬가지로 우리나라에서 오랫동안 우세를 보였고, 나 역시 일반적 공격의 목표로 삼아 오던 사고방식에 놀랍게도 정반대되는 극단적인 길을 걸어가지 않았을지 단언할 수 없는 노릇이다. 이처럼 나는 양쪽의 과오 중간에서 주의 깊게 진로를 추구한 것으로, 내가 양자의 중간에서 걷고 있던 노선이 조금의 과오도 없는 바른 노선인지 아닌지는 모르겠으나, 적어도 나는 양쪽의 폐단을 마찬가지로 강조하면서 주장해 왔으며, 어떻게 해서 쌍방의 장점을 양립시키는 수단은 없을까 하고 진지하게 연구해 온 것이다.

이 동안에 개정된 선거법에 의해 의회의 제1회 총선거가 실시되어서(1832), 나의 급진적인 친구들 가운데 대표적인 인물 몇 사람이 당선되었다. 즉 그로트, 루벅, 불러, 윌리엄 몰즈워스 경, 존, 그리고 로밀리 형제와 기타 여러 사람이 있었다. 그 밖에도 물론 전 의원인 워버튼, 스트러트, 그리고 몇 사람 더 있었다. 이들 철학적 급진파로 자기 자신도 그렇게 생각했고 친구들도 그렇게 불러

온 사람들은 지금이야말로 그들이 아직 차지하지 못했던 유리한 입장에 서서, 자기들의 진가를 세상에 발표할 수 있는 절호의 기회를 맞이한 것으로 보였고, 나와 나의 아버지도 그들에게 많은 기대를 걸었다. 그런데 이러한 기대는 실망으로 끝나고 말았다. 이 사람들은 시종 성실했고, 그 투표에 관한 한, 가끔 강력한 견제에 대항하여 자기 자신들의 의견에 충실했다. 가령 1833년의 아일랜드 탄압법안(彈壓法案)이나 혹은 1837년의 캐나다 탄압법안처럼 그들의 근본적인 주장과 아주 다른 시책이 제안되었을 때, 그들은 과감히 일어나 정의를 수호하기 위해 어떠한 적의나 편견도 두려워하지 않고 싸웠다.

그러나 결국은 어떠한 주장을 구체화시키는 데는 공헌한 바가 없었다. 그들에게는 기획이나 행동력이 없어서 하원 급진파의 지도권까지도 흄, 오코넬 같은 낡은 인사들 손에 맡겨져 있었다. 그러나 연소한 한두 사람에 대해서는 약간의 예외를 인정할 수밖에 없었다. 예컨대 루벅의 경우, 그가 의회에 들어간 첫 해에 의회 내에서 의무 교육에 대한 운동을 제창했던 (혹은 전에 브루엄이 시도했다가 실패한 것을 이어받아 다시 시작했다) 사실, 또한 그가 각 식민지의 자치체를 위한 투쟁에 앞장서서 무려 수년 동안 거의 혼자 힘으로 추진하여 온 사실 따위는 영구히 사람들이 기억하여 둘 만한 가치가 있는 것이다. 이 두 개의 업적을 놓고 비교할 만한 일은, 더 많은 기대를 걸고 있던 사람들까지도 그 사람 이외에는 어느 누구도 결국 하지 못하고 말았다.

지금 조용히 그 당시를 회고하여 볼 때, 그들은 당시 우리들이 생각하는 것처럼 무능력한 것이 아니었고, 우리들이 그들에 대한 기대가 너무 컸다는 것을 인정할 수밖에 없다. 그들의 주위 환경이 불리했던 까닭이다. 그들의 그러한 운명의 필연적인 반동의 10년간은 선거법 개정 문제로 인한 흥분이 가시고 국민이 진정으로 원하던 몇 개의 의회제도 개혁만이 신속히 실현되어서 권력이 그 자연적 방향으로 다시 기울어져 현상유지를 일삼는 사람들의 수중으로 돌아가고 있는 시대였다. 국민들은 휴식을 원했고 개혁의 분위기를 현상 타파에 대한 새로운 활동력으로까지 추진하려는 시도에 호응하는 생각은 다른 어느 때보다도 희박했다. 국민 전체가 이와 같은 기분으로 있을 때, 의회의 결의로 정말 큰 일을 수행하기 위해서는 무척 위대한 정치적 지도자의 힘을 기대할 수밖에 없었다. 누구도 그와 같은 대지도자가 못 된다고 해서 책망할 수는 없는 일이다.

아버지와 나는 어떤 유능한 지도자가 나올 것, 어떤 철학적인 학식과 세속적 재능까지 겸비한 사람으로서 그 산하에 가담할 용의가 있는 젊은 무명의 여러 인사들에게 용기를 불어넣어 줄 수 있는 사람, 즉 그와 같은 젊은 인사들을 각기 재능에 따라 진보한 사상을 대중 앞에 제시하는 일에 이용할 수 있는 사람, 다시 말해 하원의 의단으로 하여금 대중을 계발하고 대중에게 추진력을 주기 위한 연단이나 교단으로 삼을 수 있는 사람, 그리고 휘그당(자유당)으로 하여금 그의 시책을 당의 시책으로 받아들이지 않을 수 없게 하든가 아니면 개혁파의 지도권을 그들의 수중에서 빼앗을 수 있는 그런 사람이 출현하기를 기대하였다. 그와 같은 지도자는, 만약 나의 아버지가 의회에 들어갔다면 기대할 수도 있었을 것이다. 그와 같은 사람이 없었기 때문에 학식 있는 급진파는 한낱 휘그당의 좌익으로 타락하고 말았다.

나는 만약 그들이 그들의 주장을 위하여 웬만큼만 노력을 했다면 급진파의 전도는 양양했으리라 확신하고 {지금 생각하면 그것을 지나치게 믿었던 것 같지만} 이 때부터 1839년까지 그들 가운데 몇 사람에게는 개인적 감화를 통하여, 또 저서를 통하여 그들의 머리 속에는 사상을, 마음속에는 의욕을 불어넣어 주느라고 무던히 애썼다. 이 노력은 찰스 불러 및 윌리엄 몰즈워스 경에게는 각각 다소의 효과를 올렸다. 그러나 두 사람은 다 귀중한 공헌을 했지만, 불행하게도 도움이 된다고 생각할 사이도[1] 없이 나의 손이 미치지 못하게 되었다. 결과적으로 나의 시도는 수포로 돌아갔다. 그것이 성공할 수 있는 기회를 얻으려면 나와는 다른 입장이 필요했다. 결국 자신이 의회의 의석을 차지하고 있으면서 급진파 의원들과 날마다 의견을 교환할 수 있는 사람, 남을 깨우쳐 지도적 입장에 세우는 것이 아니고, 자신이 선도적 입장에 서서 남더러 따라오라고 외칠 수 있는 사람이 아니고서는 할 수 없는 일이었다.

글을 써서 할 수 있는 일이라면 나는 했다. 1833년의 1년간을 통해서 나는 폰블랭크와 함께 《익재미너》 지에서 같이 분투하였다. 폰블랭크는 당시 휘그당 내각을 반대하며 급진주의를 위하여 열심히 투쟁을 계속하고 있었다. 1838년 의회의 회기 중에 나는 신문 논설풍의 시사 평론을 {'신문노트' 란 제목으로} 《만들리 리포지토리》 지에 발표했다. 이것은 설교자이며 정치 연설가로서 평을 받은 뒤 올드험 선출 의원으로 이름을 떨친 폭스(윌리엄 존슨 폭스, 1786~1864)가 경영하던 잡지로서, 그 당시 나는 그와 알게 되어 주로 그를 위하여 잡지에 기고했다. 나는 이 외에도 몇 개의 글을 이 잡지를 위해 썼지만, 그 중 가장 주목할 만한 한 편 {시의 이론에 관한 것} 은 《논설집》 중에 재수록되어 있다. 합치면 {신문에 발표된 것은 제외하고서도} 1832년부터 1834년에 걸쳐 내가 발표한 글

1) 두 사람이 요절했다는 사실을 일컫는 것 같다. 불러는 1848년 42세로, 몰즈워스는 1855년 45세로 사망했다.

은 큰 책이 한 권 될 만한 분량이다. 그 속에는 플라톤의 《대화편》 몇 개를 해설을 붙여 발췌한 것도 들어 있다. 이것을 발표한 것은 1834년이지만 집필은 수년 전에 한 것이다. 그 후 여러 기회를 통해 알게 된 일이지만, 그 때까지 내가 쓴 다른 글들은 알지 못하는 사이 여러 사람들에 의해 널리 읽혀졌으며 저자의 이름도 꽤 알려졌던 모양이다.

또한 이즈음의 나의 저작에 대해 끝맺는 데 한 가지 덧붙이고자 하는 것은, 1833년에 나는 마침 그 무렵 《영국과 영국인》을 완결시키고 있던 불워〔소설가〕의 요청으로 {이것은 당시로서는 일반 사람의 사고방식보다 무척 앞선 작품이었다} 벤담 철학의 비평적 해설을 썼다는 것이다. 그 일부를 그는 그의 본문 속에 채택하였고, 나머지 부분은 {정중한 감사의 말을 곁들여} 부록으로 인쇄에 회부했다. 이 글에서 하나의 체계적 철학으로 본 벤담의 학설에 대한 나의 평가의 호의적인 일면과 더불어 비호의적인 일면의 일부도 처음으로 인쇄된 셈이다.

그런데 얼마 안 가 '철학적 급진파'에 대하여 종래 내가 해온 것보다 유효한 도움과 동시에 자극을 제공할 수 있어 보이는 기회가 찾아왔다. 나는 그 때부터 아버지의 집에 자주 드나들었다. 의원뿐만 아니라 다른 급진론자들 사이에서 때때로 화제로 올라 있었던 계획의 하나로는, 당초 《웨스트민스터 리뷰》 지가 본래 의도했던 것을 수행하기 위하여 철학적 급진론의 기관지를 하나 만들려는 것이었다. 계획은 계속 진전되어 기대할 만한 금전의 출자나 주필의 선정 따위가 토의될 단계에 이르렀다. 얼마 동안은 아무런 성과도 나오지 않았지만, 1834년 여름이 되어 그 자신이 열렬한 학자요 엄정한 형이상학의 사상가인 동시에, 재력은 말할 것도 없고 필봉으로서도 이 주의(主義)에 도움을 줄 수 있는 윌리엄 몰즈워스 경이 명목상으로는 고사하면서 실제상으로 내가 주필이 되는 것을 조건으로 승인함으로써 평론지를 하나 창간할 것을 자발적으로 제안해 왔다. 이러한 제안을 거절할 수는 없어 그 평론지는 처음에는 《런던 리뷰》의 이름으로, 후에는 몰즈워스가 《웨스트민스터 리뷰》를 소유주인 톰슨 장군으로부터 사들여 두 개를 하나로 합친 결과 《런던-웨스트민스터 리뷰》의 이름으로 창간되었다.

이리하여 1834년부터 1840년까지, 평론지를 해나가는 것이 내 여가의 대부분을 차지하게 되었다. 처음에 이 잡지는 전체적으로 보아 결코 나의 주장을 대변하지는 못하였다. 피치 못하게 동료들에게 많은 양보를 할 필요가 있었기 때문이다. 이 평론지는 '철학적 급진파'의 발표 기관지로 창설되었던 것인데, 그 파의 대부분과 나는 지금에 와서야 많은 본질적 문제에 대하여 의견을 달리하고, 더욱이 그들 사이에서 내가 가장 중요한 인물이라 주장할 수도 없었다. 기고자로서 아버지가 협력해 주시는 것을 우리들은 모두 절대로 필요하다고 생각하였고, 아버지 또한 최후의 병환으로 집필할 수 없게 될 때까지 주로 이 잡지에 집필하셨다. 아버지가 자기 논문의 주제와 주장을 논술하는 데 있어서 발휘한 강력한 과감성으로 인해 처음 이 잡지의 논조와 색채에 어느 필자보다도 결정적으로 그의 영향이 많아지는 결과가 되었다. 나 역시 아버지의 논문에 대해서 주필로서의 통제를 가할 수 없었고, 또 때로는 그의 글을 싣기 위하여 내 글의 일부를 희생시키지 않으면 안 되었다.

이와 같이 종래의 《웨스트민스터 리뷰》 지의 주의 주장이 거의 그대로 새로운 평론의 근본이 되었다. 그리고 나는 그들 주의 주장과 함께 다른 사상이나 다른 주장을 도입하여 우리 파의 다른 멤버들의 사상과 함께 나 자신의 뉘앙스를 띤 견해도 정당하게 발표되도록 힘썼다. 주로 이와 같은 목적에서 나는 이 잡지의 각 논문마다 필자 이름의 첫 글자를 적어 넣거나 혹은 다른 서명을 명기하게 하여 각 논문이 개개 필자만의 의견임을 표시하고, 주필에게는 각 논문을 본지의 목적에 위배되지 않고 게재할 가치가 있다고 인정한 점에 대해서만 책임을 한정시킨다는 것을 이 사업의 특색 중 하나로 삼았다.

나는 '철학적 급진주의'와 구파와 신파를 조정하려는 나의 계획을 자신이 최초로 하는 집필의 선택을 통해 실천에 옮길 수 있는 기회를 얻었다. 자연과학의 어떤 특정한 분야에 있어서는 우수한 학자이지만 철학의 영역에까지는 침입하지 않았어야 할 사람인 세지위크 교수〔유명한 지질학자, 1785~1873〕가 그 얼마 전에 〈케임브리지의 여러 연구를 논함〉이란 글을 썼다. 가장 눈에 띄는 특징은 로크와 페일리를 공격하는 형식으로 분석적 심리학과 공리주의 윤리학을 형편없이 공박한 일이었다. 이 문장은 나의 아버지나 그 밖의 사람들에게 큰 분노를 일으켰는데, 나는 이 분노가 당연한 것이라고 생각하였다. 그리고 나는 이 때야말로 한편으로는 부당한 공격을 배격하는 동시에 다른 한편 하틀리의 사상이나 공리주의에 대한 옹호론에 있어서 내가 나의 옛 동지들과 생각이 다른 점을 나 개인의 견해로써 체계를 세운 몇 개의 견해를 첨가해서 넣을 수 있는 좋은 기회라고 생각했다. 이 시도는 어느 정도는 성공했지만, 당시 이 문제에 대해서 내 생각을 발표한다는 것은 아버지와의 관계에 있어서도 발표 기관의 여하를 불문하고 나로서는 고통스러운 일이었다. 더욱이 아버지가 기고하고 있는 《리뷰》 지에서는 도저히 불가능한 일이었다.

하지만 아버지는 그와 아주 다르다고 내가 믿고 있던 사고방식에 대해서 실제로는 그처럼 반대하고 있지 않았다는 느낌이 든다. 그는 몹시 논쟁을 좋아하는 기질이 있어서 무의식적으로 과장함으로써 자기의 올바른 견해를 부당하게 오해받았다. 따라서 논적을 눈앞에 두지 않고 생각할 때는, 일견 아버지는 부인하는 듯한 상당량의 진리도 받아들일 용의가 있었던 것처럼 생각되었다. 아버지는 이론 속에는 넣을 것 같지 않던 생각도 실제면에서는 적지 않게 받아들이는 것을 나는 이따금 느꼈다. 그가 아마도 이 당시에 써서 발표한 《매킨토시 단상》[2]은 그 몇몇 부분에 대해서는 나도 크게 탄복했지만, 전체면에서는 읽어서 유쾌한 것보다는 오히려 고통을 느꼈다. 그러나 오랜 뒤에 다시 읽어 보면 그 속에 논술한 견해는 거의 전부가 대체로 옳다고 생각되었다. 매킨토시의 쓸데없는 말에 대해서 아버지가 몹시 싫어한다는 것을 공감할 수 있었지만, 다만 그것을 혹독하게 공격하는 것은 단순히 현명치 못하다는 데 그치지 않고 공평성마저 결여되어 있다고 아니할 수 없다.

단 한 가지 그 당시 좋은 경향이라고 내가 생각한 것은, 토크빌의 《아메리카의 민주주의》를 아버지가 몹시 호의적으로 받아들인 일이었다. 사실 그는 토크빌이 민주주의의 단점에 대하여 말한 것보다 그 장점에 대한 의견에 더 많은 말과 사색을 기울였다. 그러나 정치문제를 다루는 방법에서 아버지와는 정반대의 방식, 즉 순연역적이 아니고 전적으로 귀납적이며 분석적인 취급 방식의 전형적인 저작을 아버지가 높이 평가하였다는 것은 나를 크게 기쁘게 만들었다. 그리고 그는 상술한 두 개의 평론지를 합친 후의 창간호에 내가 발표한 논문을 인정해 주었다. 그것은 《논설집》에는 〈문명〉이라고 제목을 달아 재수록한 논문으로서, 거기에 나의 새로운 견해를 많이 집어넣는 동시에 또한 당시의 정신적·도덕적 여러 경향을 결코 아버지께서 배운 일이 없는 근거나 방법으로 강력히 비

---

2) 매킨토시는 스코틀랜드의 철학자·법률학자이며 국회의원도 지냈다.

판했던 것이다.

그러나 아버지의 생각이 장차 어떤 형식으로 전개되어 나갈지, 그리고 우리들의 사상을 세상에 퍼뜨리는 데 있어 나와 아버지가 과연 영구히 협력해 갈 것인지에 대한 생각은 모두 중단될 운명에 놓여 있었다. 1835년의 1년간을 통하여 아버지의 건강은 쇠진 일로에 있었고, 그 증상이 폐결핵으로 되면서 최후의 허약한 단계에 이르기까지 질질 끌어오다가 1836년 6월 23일 종내 세상을 떠나고 말았다. 돌아가시기 수일 전까지만 하더라도 그의 지력은 조금도 쇠퇴하는 기색이 보이지 않았다. 일생을 통해 관심을 쏟아 왔던 사물이나 사람에 대한 관심도 줄지 않았고, 또한 종교에 대한 아버지의 신념도 임종이 임박했다고 해서 조금도 동요되지 않았다. 그와 같이 강하고 견고한 정신을 가진 사람이 그런 동요를 일으킨다는 것은 있을 수 없는 일이지만, 죽음이 임박했다는 것을 안 후에 아버지의 최대 만족은 태어나던 그 당시의 세상보다도 나은 세상을 만들기 위해 자기는 무엇을 공헌하였는가를 생각하는 것이었다. 또한 가장 유감스러운 일은 더 오래 살 수 없는 것, 더 많은 시간을 갖고 일하지 못한 것인 듯싶었다.

이 나라의 문필사에 있어서나 또는 정치사에 있어서도 아버지가 차지했던 위치는 혁혁한 것이었다. 아버지를 거의 문제삼지도 않고, 또 그보다 훨씬 못한 사람들만큼도 기억하고 있지 않은 것은 아버지의 진가에 의하여 이득을 본 그 시대의 사람들에게 결코 명예스러운 이야기는 아니지만, 아마도 이렇게 된 데는 주로 두 가지 원인이 있다고 본다. 첫째는 아버지에 대한 관심은 응당 아버지보다 앞선 벤담의 명성 속에 너무도 매몰되어 있었다는 것이다. 그러나 아버지는 결코 벤담의 단순한 추종자나 혹은 제자가 아니었다. 오히려 반대로 아버지 자신은 그 시대의 가장 독창적인 사상가의 한 사람이었기 때문에, 아버지보다 한 세대 앞서 나타난 가장 중요한 독창적 사상의 일군을 가장 빨리 이해하고 채택한 선각자였다. 아버지의 생각과 벤담의 생각은 본질적으로 그 구조가 달랐다. 아버지에게 벤담의 장점 전부가 구비되어 있지 않은 것처럼 벤담에게도 아버지의 장점이 다 있었던 것은 아니다. 벤담이 인류에 공헌한 바와 같이 아버지도 그에 못지 않게 위대한 공헌을 했다고 찬사를 요구한다는 것은 자못 우스운 일이라 하겠다. 아버지가 인간 사상의 하나의 큰 부문에 혁명을 일으키거나 혹은 그 분야를 창조했던 것은 아니다. 그러나 아버지의 업적 중에서 벤담의 업적에서 얻은 부분을 모두 계산에 넣지 않고, 벤담이 손도 대지 못한 분석적 심리학의 영역에서 아버지가 성취한 부분만 생각해 보더라도 그는 모든 정신과학 및 사회과학의 궁극적인 기반인 가장 중요한 사색 분야에서 가장 위대한 사람들 중의 한 사람으로 후세에 이름을 남기게 될 것이고, 또한 그 학문 발달 도상의 중요한 단계의 하나를 마련한 인물이 될 것이다.

명성을 당연히 받아야 할 것을 제대로 못 받게 한 둘째 이유는 아버지의 의견 대부분이 부분적으로는 그 자신의 노력에 의하여 오늘날 일반적으로 채택되고 있는 것이 적지 않음에도 불구하고, 전체 면에서 생각해 볼 때 그의 정신과 현대의 시대 정신 사이에는 뚜렷한 대립이 보인다는 점이다. 브루터스가 로마 최후의 사람이라고 불렸듯이〔셰익스피어 《시저》 5막 3장 99행의 구절〕, 아버지는 18세기 최후의 사람이었다. 그는 18세기의 사고나 감정의 경향을 19세기에 지속시켰다. 물론 수정이나 개선을 가하지 않은 것은 아니지만, 19세기 전반의 큰 특징이었던 18세기에 대한 반동에는 그것이 좋은 방면이든 나쁜 방면이든 가담하지 않았다. 18세기는 위대한 시대이며 강하고 용감한 사람들의 시대였지만, 아버지는 그러한 가장 강하고 용감한 사람들과 벗이 될 수 있는 사람이었다. 저작을 통해서, 개인적인 인격을 통해서 그는 자기 세대의 사람들에게 빛의 큰 중심이 되었다.

만년에 그는 영국의 지적 급진파의 지도자였고, 그의 위치는 마치 볼테르가 프랑스의 자유 사상가들에게 차지했던 것과도 같았다. 그의 저서의 최대 주제로 되어 있던 '인도'와의 관계에서 그가 건전한 정치가 정신의 창조자가 되었던 것은 그의 조그마한 공적의 하나에 불과하다. 아버지가 쓴 글은 문제의 여하를 불문하고 귀중한 사상으로서 무엇인가를 그 분야에 첨가하지 않은 것이 없었고 씌어진 당초에는 몹시 유익한 서적이었다. 지금은 벌써 임무를 다했다고 볼 수 있는 《경제학 요강》만을 제외하고는 아버지의 저서의 어느 하나라도 완전하게 후세의 저작으로 인해 바뀐다든가, 각 분야의 학생들에게 필요 없는 책이 된다든가 하는 일은 앞으로 당분간은 없을 것이다.

의지와 성격의 단순한 힘만으로 남들의 신념과 결의에 큰 영향을 주는 점이나, 또는 인류의 자유와 진보를 촉진하기 위하여 그 힘을 여지없이 행사하는 점에서나, 아버지를 감당할 사람은 내가 알고 있는 한 아버지 외의 남성에게는 한 사람도 없고, 여성으로서는 단 한 사람 남아 있었을 뿐이다〔이것은 이미 나온 테일러 부인을 가리킨다〕.

아버지가 그와 같은 점으로 명성을 떨치게 된 여러 장점을 나 자신 충분히 구비하지 못한 점을 통탄하면서도, 이제 나는 아버지 없이 무엇을 완성시킬 수 있는가를 시험해 보는 수밖에 없었다. 그리고 《런던 리뷰》만은 국민들 가운데 자유를 생각하고 민주주의를 갈망하는 사람을 위하여 유효한 영향력을 확정지으려는 나의 가장 큰 하나의 희망을 위한 도구였다. 아버지의 도움을 빼앗긴 반면, 나는 이것을 보상하는 대가로서 그 때까지 자기를 억제하고 소극적으로 굴던 태도를 팽개쳐 버렸다. 아버지 이외의 급진적인 집필자나 혹은 정치가 중에서 나 자신의 의견과 틀리지만 경의를 표하지 않으면 안 되는 사람은 찾아볼 수 없었다. 나는 몰즈워스로부터 전면적인 신임을 받고 있었기 때문에 그 후 나 자신의 의견이나 생각을 전적으로 내세웠다. 만약에 그로 인하여 종래의 동지들로부터 지지를 못 받는다 하더라도 나를 이해하고 '진보적' 사상에 공감하는 모든 집필가들에게 《런던 리뷰》를 개방할 것을 결심했다. 그 결과 칼라일이 이 때부터 《리뷰》에 이따금 집필하게 되었고, 조금 뒤에 스털링도 기고하여 주었다. 그런데 개개의 논문이 집필자 개인의 견해를 표명한 것에는 변함이 없지만, 잡지의 전체적인 논조는 상당히 내 견해와 일치하게 되었다.

잡지의 경영면에 관해서는 내 밑에 협조자로서 로버트슨이라는 스코틀랜드 청년 한 사람을 두었다. 이 청년은 재주와 지식도 있고, 매우 근면하며, 기획의 재능도 활발한 데다 잡지의 다량 판매를 위한 복안도 풍부했기 때문에 이 청년의 능력에 나는 많은 희망을 걸고 있었다. 그래서 몰즈워스가 1837년 초에 손해를 보면서까지 잡지를 해나가는 데 싫증이 나서 손을 떼었으면 한다는 생각을 토로했을 때 {그는 적지 않은 금전상의 손해를 보면서도 그의 할 일을 훌륭하게 담당하였다} 나는 나 자신의 금전상의 이해에서 본다면 실로 경망스런 일이었으나, 로버트슨을 크게 신뢰하고 이 사람의 계획에 충분한 시련의 기회를 줄 때까지 나 자신의 돈으로 그 잡지를 계속해 나갈 것을 결심했다. 계획안은 잘 들어맞았다. 따라서 나는 거기에 대해서 내 생각을 바꿀 필요가 한 번도 없었다. 그러나 어떤 명안을 갖고 하더라도 급진적인 민주주의 평론지가 주필이나 부주필의 급료와 집필자들에 대한 넉넉한 고료를 포함한 모든 비용을 충분히 감당해 나갈 수 있으리라고는 생각하지 않았다. 나 자신은 물론이고 자주 기고해 주던 다른 몇몇 사람들도 몰즈워스가 경영하던 그 무렵과 마찬가지로 무보수로 노력을 제공한 사람은 있었다. 그러나 원고료를 받고 기고하던 사람들에게는 여전히 《에든버러 리뷰》나 《계간 리뷰》에서 주는 보통 수준의 고료가 지불되고 있었다. 이것은 매상금에서는 도저히 나올 수 없는 일이었다.

같은 1837년, 이런 일을 한창 하면서 나는 논리학의 집필을 다시 시작했다. 실은 이 일은 귀납법을 시작하는 데서 중단해 버리고는 5년간이나 손을 대지 않았다. 나는 차츰 귀납법의 난관을 극복하는 데 제일 부족한 점은 자연과학의 전 영역에 대한 포괄적인 문제인 동시에 정확한 대관(大觀)이라는 데 착안했고, 더욱이 그것을 다 감당해 내기 위해서는 장구한 기간의 연구가 필요할 것이라고 우려하고 있었다. 여러 과학의 개념이나 방법을 내 앞에서 일목요연하게 보여 줄 책이나 그 밖의 다른 어떤 지침을 나는 하나도 모르고 있었으며, 따라서 사소한 사실에서부터 내가 할 수 있는 한 그것을 혼자의 힘으로 이끌어 내는 수밖에 딴 방법이 없을 것 같았다.

그런데 나에게는 다행히도 휴얼 박사가 이 해 연초에 《귀납적 여러 과학의 역사》라는 책을 출판했다. 나는 열심히 그것을 읽고, 내가 원하던 바에 아주 가까운 것을 그 속에서 발견했다. 이 책의 철학에는 그 대부분은 아니더라도 상당히 많은 부분에 이의를 제기할 만한 여지가 있다고 생각되었다. 그러나 나 자신의 머리로 판단할 만한 기초가 되는 자료가 있었으며, 저자는 이들 자료를 뒤에 보는 사람들의 노고를 덜고 몹시 쉽게 이해할 수 있게끔 가장 정교하게 정리하고 있었다. 나는 여러 해 동안 기대해 왔던 것을 수중에 넣은 셈이었다. 휴얼 박사에 의해 싹이 튼 사상의 자극을 받아서 J. 허셸의 《물리학 연구 강화》를 다시 읽은 나는, 이제서야 처음으로

이 저서에서 큰 도움을 발견하고, 자신의 머리가 완성시킨 진보의 정도를 알아볼 수 있었다. 다시 말해 수년 전에 같은 저서를 읽고 비평까지 시도하였으나 그 당시에는 거의 얻은 바가 없었던 것이다.

이리하여 나는 논리학 문제에 대한 사색과 집필을 완성하는 데 열중했다. 이 일에 바친 시간은 보다 다급한 일을 하는 시간에서 틈틈이 빼내지 않으면 안 되었다. 나는 당시 《런던 리뷰》에 글을 쓰곤 하는 사이에 겨우 고생하여 짜낸 두 달 동안의 여가가 있을 뿐이었다. 그 두 달 동안에 나는 이 저서의 3분의 1, 그것도 가장 어려운 3분의 1의 제1고를 탈고했다. 전에 써 둔 것을 3분의 1로 보아 나머지 부분도 3분의 1밖에 되지 않았다. 이 때 내가 쓴 것은 추리에 관한 이론의 남은 부분{추리 과정의 원리와 논증 과학}과, 귀납법 편(篇)의 대부분으로 되어 있었다. 그것을 다 썼을 때 참으로 곤란한 문제는 모두 해결한 것 같아서 이 책의 완성은 이젠 시간 문제라고 생각했다. 이만큼 진전이 되었을 때 나는 《런던 리뷰》의 다음 호에 대한 두 편의 논문을 쓰기 위해 일시 그 글을 중단하지 않으면 안 되었다. 그것을 탈고한 뒤 다시 앞서 문제로 돌아갔는데, 그 때 처음으로 콩트의 《실증 철학 강의》가 눈에 띄었다. 정확히 말해 이 책이 아직 두 권밖에 나오지 않았을 때, 그 두 권이 눈에 띈 것이다.

나의 귀납법의 이론은 실질적으로는 콩트의 저서를 알기 전에 완성되어 있었다. 내가 콩트와는 다른 길을 통하여 그곳까지 도달한 것은 잘된 일이 아닌가 생각한다. 그 결과 내 논문에서는 그의 논문과는 달리 분명히 귀납의 과정을 마치 추리의 경우의 삼단논법처럼 엄밀한 법칙과 과학적 검증으로 정리되어 있기 때문이다. 콩트의 연구 방법으로서는 늘 정확하고 깊은 데가 있었지만, 증거의 조건이란 점에 대해서는 정확히 규정지어 보려고도 하지 않았고, 그 조건을 올바르게 이해하고 있지 않은 것은 그가 쓴 글을 읽어 보면 명확한 일이다. 나는 귀납법을 다루는 데 특히 이러한 점을 문제로서 검토해 보려고 나 자신에게 제시한 것이다. 그렇지만 나는 콩트로부터 많은 것을 배웠다. 이것들은 훗날 내가 고쳐 쓸 경우 나의 각 문장을 퍽 풍부하게 만들어 주었다. 또한 좀더 처음부터 사색하지 않으면 안 될 부분에 대해서도 그의 저서는 본질적인 면에서 많은 도움이 되었다.

그 후 각 권의 책이 계속해서 나옴에 따라 나는 그것을 탐내어 열심히 읽었지만, 사회학을 다룬 부분에 이르렀을 때에는 여러 상반되는 착잡한 감정이 일어났다. 제4권에서 나는 실망했다. 거기에 수록된 사회적인 문제에 대한 그의 의견에는 내가 긍정하지 못할 여러 가지가 있었다. 그러나 그의 일관된 역사관을 수록한 제5권은 나의 열의를 다시 불러일으켰다. 그리고 그것은 제6권 마지막 편에서도 크게 감퇴하지는 않았다.

순전히 논리학적인 관점에서 본다면, 내가 그에게 배운 유일의 주요한 사고방법은 역사가 통계학과 같은 복잡한 여러 문제에 적용할 수 있는 것으로서 연역법을 거꾸로 한 사고방법이었다. 이 방법이 보통 연역법과 다른 점은 보통의 그것은 물리학의 연역적 여러 부문에 있어 자연의 순서에서 볼 수 있는 것처럼 일반적 추리에 의하여 결론에 도달하고, 특정의 경험에 의해 그 결론을 검증하는데, 이 방법은 먼저 특정의 경험을 서로 대조함으로써 개괄적 결론을 얻어 나중에 그들 결론이 알려진 일반적 원리로부터 자연적으로 이끌려 나올 것인지 아닌지를 확인한다는 점이다. 이 사고방법은 콩트에게서 발견될 때까지 나는 전혀 모르고 있던 것으로, 콩트가 나타나지 않았던들 나는 {언젠가는 도달한다 하더라도} 적어도 이처럼 빨리는 도달하지 못했을지도 모를 일이다.

나는 오랫동안 콩트의 저서의 열렬한 찬미자였음에도 불구하고 그와의 서신 연락은 무척 후에나 시작되었다. 그리고 최후까지 그를 직접 만나지 못했다. 수년 동안 서신은 자주 교환하였지만, 그러는 동안에 편지로 논쟁이 시작되어 서로의 열의는 식어 가고 있었다. 서신을 멀리한 것은 내 편이 먼저지만, 아주 끊어 버린 것은 그 편이 먼저였다. 내가 그에게 아무런 이익도 갖다 주지 못했고, 또한 그가 나에게 던져 준 이익도 단지 서적을 통한 것뿐이라고 나는 느꼈는데, 아마 그도 동감이었을 것이다. 그러나 만약 문제가 그것만이고, 두 사람의 견해 차가 단순히 학설의 차에 불과했더라면, 우리의 교제가 두절되지는 않았을 것이다. 그러나 두 사람의 차이는 주로 각자의 견해 중에서도 가장 강렬한 감정과 결부되어 있는, 각자의 포부의 방향을 완전히 결정하려는 여러 점에 있었다.

예컨대 그의 주장 중에는 인류의 대다수는 인생의 모든 실제적 부문의 지배자까지도 포함해서, 정치적 · 사회적 문제에 대한 그들 의견의 대부분을 얻은 문제에 있어서 그들 자신으로서는 도저히 발밑에도 따르지 못할 만큼 훌륭한 전문적인 연구를 쌓은 권위 있는 사람들의 의견에 필연적으로 기대지 않으면 안 되며, 그것은 마치 자연과학적인 문제의 입장과도 같다고 주장한 데에 나는 전폭적으로 찬성했다. 이 교훈은 상술한 콩트의 초기 저서에서 강하게 인상받은 것이었다.

또한 그의 대저서 중에도 중세의 속권(俗權)과 교권(敎勸)을 분리하여 교권이 뚜렷이 별개의 조직을 가짐으로써 근대 유럽 여러 나라가 얼마나 역사적인 혜택을 입었는가를 훌륭하게 해명하고 있는 부분은 내가 가장 찬탄하는 점이다. 이전에는 성직자들이 마음대로 차지했던 도덕적 · 지적 지배권이 마침내 철학자들의 수중에 옮겨가지 않을 수 없다는 점, 철학자들 사이에 충분한 의견의 일치가 이루어지고 또한 다른 점에서도 그들이 그와 같은 지배권을 갖는 것이 타당하다고 본다면 당연히 그렇게 되리라는 점 등, 나는 그에게 찬성했다. 그렇지만 그가 이 사고 방향을 전진시켜서, 그 철학자들이 일종의 통제력 있는 계급조직을 편성하여 과거 카톨릭 교회가 소유했던 것과 거의 같은 인간의 정신적 지배권을 부여받아야 한다{세속적 권력은 전혀 부여하지 않고}는 실제적인 방법을 제창했을 때, 그리고 그와 같은 영적(靈的) 권위를 보다 나은 정치를 위한 유일의 보증이요, 현실의 압제를 막는 유일의 방패로 보고, 이에 따라 국가에서의 전제제도나 가정에서의 그것도 이익은 있을지언정 전혀 해는 없을 것이라고 생각하고 있는 사실을 알았을 때, 논리학자로서는 거의 의견이 일치되어 있는 우리들도 사회학자로서는 이 이상 일 보도 함께 나갈 수 없다는 것은 이상한 것도 아니다.

콩트는 후일 그의 마지막 저서《실증주의 정치체계》에서 아마 이그나티우스 로욜라만은 제외하고, 대개 지금까지 인간의 두뇌로부터 짜낸 가운데 가장 완전한 영적 및 세속적 전제정치의 체계를 수립하는 데 있어 상기한 학설을 그 극한점까지 추진해 갔다. 정신적 방면의 교사나 지배자들의 조직체에 여론을 파악하도록 하여, 그 사회의 모든 구성원의 온갖 행동, 그리고 인간으로서 가능한 모든 사상을 남의 이해에 관계되는 한도만이 아니라 자기만에 관한 문제에 대해서도 포함시켜, 그 통제된 여론을 다루도록 한 체제였다. 이 저서가 같은 여러 문제를 취급한 콩트의 그 때까지의 여러 저작에 대해 느낀 여러 점을 많이 개선시켰다는 것은 정당하게 인정해야 할 것이다. 하지만 사회철학에 대한 기여라는 점에서는, 이는 사회에 대하여 효과적인 도덕적 권위를 유지할 수 없다는 종래의 사고방식에 종지부를 찍은 점밖에는 없다. 사실 콩트의 이 저서는 인도주의적 교훈말고는 어떤 종교도 인정하지 않음에도 불구하고, 이 책은 사회 전체가 일치하여 인정하는 이상, 어떤 도덕적 신념이라도 그 사회 개개의 구성원의 모든 행위와 모든 생활에서 생각만 해도 놀랄 정도로 엄중하고 강하게 다룰 수 있다는 확고부동한 확신을 던져 주고 있다. 이 책은 사회나 정치에 대해서 생각하는 사람들에게 인간이 한 번 그 사색 도중에 자유나 개성에 대하여 가치를 잘못 판단하면 어떻게 되는가를 보기 좋게 경고하고 있는 것이다.

이야기를 나 자신으로 돌리자면, 그 평론지는 그 후에도 잠시 동안은 집필 및 집필을 전제로 하는 사색에 내가 틈을 낼 수 있는 시간의 거의 전부를 차지했다. 《런던-웨스트민스터 리뷰》 지에 쓴 논문으로서 《논설집》에 재수록된 것은 내가 쓴 것의 4분의 1도 못 되지만, 이 잡지의 경영에 들어가 보면 나는 두 가지의 큰 목적을 갖고 있었다. 그 하나는 철학적 급진론을 파당적 벤담주의란 비난으로부터 막는 데 있었다. 나는 한편으로는 벤담주의와 나의 아버지에게 공통적으로 훌륭한 특징을 이루었던 표현의 정확성, 의미의 명확성, 미문조의 문구(文句)나 애매한 개괄적 의론을 경멸하는 태도 따위를 유지해 가면서, 다른 한편으로는 급진적 사고에 보다 넓은 기반과 보다 자유롭고 온화한 성격을 부여할 것을 원했다. 즉 벤담의 사상 중 모든 영구적인 가치가 있는 것은 승인하고 채택하면서 더욱이 벤담보다 나은 가장 완전한 급진적 철학이 있다는 것을 밝히기를 원했다. 나는 이 첫째 목적에 있어서는 어느 정도 성공했다.

내가 시도한 또 하나의 일은 의회 이외의 교양 있는 급진파 사람들을 의욕적인 행동으로 고무 격려하여 적절한 수단만 쓰면 그렇게 되리라고 나는 생각했지만——그들이 정권을 잡을 만한, 적어도 휘그당과 공동으로 정권을 잡기 위한 조건을 지령할 만한 강력한 정당이 되도록 그들을 편달하는 일이었다. 이 시도는 처음부터 다소 공상적인 것이었다. 그것은 첫째 시기가 나빴고, 개혁열이 퇴조하면서 보수파 세력이 맹렬하게 규합하고 있던 까닭이다. 그러나 그보다도 더 큰 원인은 오스틴이 교묘하게 말한 것처럼 "나라에는 그러한 인물이 없었다"는 것이다. 의회의 급진파 중에는, 지적인 급진적 정당이 성립되면 그 유능한 당원이 될 자격을 구비한 사람이 몇몇 있었지만, 그와 같은 정당을 조직하고 지도할 만한 사람은 하나도 없었다. 내가 그들에게 호소하고 권고한 데 대한 응답은 얻지 못했다.

한 번쯤은 급진론자가 대담하게 공세를 취하여 성공할 것 같은 기회가 있었다. 서람 경이 내각이 그의 마음에 들 만큼 자유주의적이지 못하다는 이유로 {세간에서는 그와 같이 생각했다} 내각에서 물러났던 것이다. 경은 그 후 내각으로부터 캐나다 반란의 여러 원인을 조사하여 그것을 제거하는 임무를 부탁받고 일을 시작함에 있어 급진파의 조언자를 자기 주위에 두려는 의향을 보였다. 그런데 경이 최초에 취한 방책의 하나로서 그것은 의도에 있어서나 결과에 있어서 훌륭한 방책이었는데, 그것이 정부에 의해 비난받고 역전되어 경은 그 직을 사임하고 공공연하게 각료들과 대립하는 입장에 섰다. 이 때 경이야말로 토리당[보수당]에게 미움받고 휘그당으로부터도 최근에 중상을 당한 중요 인물이기 때문에, 그는 급진 정당을 만들고 스스로 당수가 될 가능성이 있었다. 정당전략의 가장 초보적인 개념이라도 가진 사람이라면 누구나 이러한 기회를 이용하여 무엇을 해보려고 하는 것이 당연한 일이다. 서람 경은 정적으로부터는 맹렬한 공격을 받고 겁많은 친구들로부터는 버림을 받아 그야말로 사면초가 상태에 놓여 있었고, 그를 옹호하려는 사람들은 어떻게 할 바를 몰랐다. 경은 실패하여 면목을 잃고서 귀국하게 되는 것 같았다.

나는 처음부터 캐나다의 사정을 잘 알고 있었다. 나는 경의 옹호자 중의 한 사람이었으며, 그의 정책은 거의 내가 생각한 정책과 같았으므로 나는 당연히 그를 옹호할 입장에 있었다. 나는 평론지에 성명서를 써서 공포하고, 경을 위하여 몹시 고자세를 취하며, 단순히 무죄방면이 아니라 찬양과 영예를 그에게 주어야 한다고 주장했다. 그 후 얼마 뒤에 서람 경은 나에게, 자기가 영국에 도착했을 때 거의 개선장군처럼 환영을 받은 것은 이 논문 덕택일지도 모른다고 과장된 인사를 했다. 하지만 그 말 가운데는 약간의 진리가 있었다고 나는 믿고 있다. 나는 나의 그 문장이 중대한 시기에 입각하여 결과를 크게 좌우하게 된, 다시 말해 때를 만난 언사라고 믿는다. 그리고 그것은 산꼭대기에서 건드린 돌이 오른쪽으로 굴러가느냐 왼쪽으로 굴러가느냐 하는 판가름의 손놀림과 같은 것이라고 믿는다.

정치가로서의 서람 경에게 걸었던 모든 희망은 얼마 안 가 사라졌지만 캐나다에 대한 정책, 일반적으로 영국의 식민지 정책에 관한 이 주장은 관철되었다. 찰스 불러가 웨이크필드의 지혜를 빌어 기초한 서람 경의 보고서는 새로운 국면을 전개시킨 것으로, 완전자치에까지 언급한 동 보고서의 권고는 그 후 2, 3년 내로 캐나다에서 실시되었다. 더욱이 다소나마 중요 지역이라고 볼 수 있는 유럽인종의 대부분의 식민지에도 차츰 적용되어 가고 있었다. 이러한 결과를 가져온 데 대해서는 가장 중대한 시기에 서람 경 및 그 후원자들의 명성을 유지해 가는 데 성공했던 점으로, 나의 공헌이 적지 않았다고 말할 수 있으리라 생각된다.

내가《런던 리뷰》지를 경영하고 있던 중 신속하게 여론에 앞장선다는 것이 어떤 효과를 나타내는가의 좋은 실례가 또 하나 있다. 칼라일의《프랑스 혁명》의 초기의 평판과 성공은 내가 나의 평론지에 쓴 것으로 인해 상당히 급속화되었다고 나는 믿는다. 이 책이 출판되자마자 옹졸한 비평가들〔판단 법칙이나 비판의 방법 따위를 이 책은 처음부터 무시하고 있었다〕이 이 책에 대한 비판이나 대중에게 그릇된 인상을 갖게 하는 시간을 주기 전에 나는 그 서평을 집필 공표하고 이 책이야말로 모든 기성의 법칙을 초월하고 스스로 법칙을 세운 천재적인 작품의 하나라고 찬양하였다.

이 경우와 앞서의 서람 경의 경우 내가 쓴 글이 사회에 준 감동은 어떤 의미에서는 나의 문장이 명문이기 때문이라고는 생각지 않는다. 특히 한쪽의 글〔칼라일에 대한 서평의 경우〕을 나는 졸문이라고 생각한다. 어느 경우에든 누구나 독자를 가지고 있는 사람이라면, 마침 그와 똑같은 시기에 그와 같은 견해를 표명하고 그 견해에 대한 상당한 근거를 다소나마 분명히 논술했다면, 그와 같은 결과를 가져왔을 것이라고 나는 믿어 의심치 않는다. 그러나 어느 편이든《런던 리뷰》지를 통하여 급진 정치에 새로운 생명을 불어넣고자 하는 내 희망이 완전히 깨어진 후, 찬양을 받을 만한 주장과 또는 사람에게 직접 성원을 보내려고 하던 나의 성실한 시도를 돌이켜 생각해 볼 때, 이 두 가지는 여전히 나를 기쁘게 하는 것이다.

급진적 정당을 조직해 보려던 마지막 희망이 사라진 후, 나로서는 이 잡지를 해나감으로써 소비되는 시간과 돈의 무거운 부담을 청산하려는 시기였다. 이 잡지는 내 논설의 발표기관이라는 나 일개인의 목적을 어느 정도 달성시켜 주었다. 덕분에 나는 전과는 변화된 나의 사고방식을 출판 형식으로 많이 발표하여, 내 초기의 저서에서 볼 수 있던 편협된 벤담주의로부터 분명히 나를 분리시킬 수 있었다. 이 일은 몇몇 순문학적인 논문까지 포함해서 내가 쓴 모든 문장 전체의 일반적인 어조에 의하여 이루어졌다고 하지만, 특히 도움이 된 것은 벤담과 콜리지의 철학적 평가를 시도한 두 개의 논문(《논문집》에 수록)이었다.

첫째 논문에서 나는 벤담의 장점을 공정하게 충분히 인정하면서 그의 철학의 과오나 결함이라고 생각되는 점을 어느 정도 지적했다. 이 비판의 골자가 나는 전적으로 옳다고 생각하지만 그것을 그 시기에 발표한 일이 옳았는지 아닌지에 대해서는 그 후 때로는 의문스럽기도 하다. 나는 가끔 벤담의 철학을 진보에의 방편으로 생각했을 때, 그 해야 할 역할을 완수하기 전에 어느 정도 세간의 신용을 잃어버린 것처럼 생각되었다. 그렇게 되고 보니 그 성가를 낮추는 데 한몫 낀 셈이 되어 사회발전에 공헌하는 것이 아니라 오히려 해를 초래했다고 생각되었다. 그러나 지금 와서 생각하면, 반동의 또 반동이 벤담주의의 장점을 인정하는 방향으로 움직이는 것처럼 보이므로, 그 결점을 지적한 나의 이 비판을 나는 대단히 만족스럽게 전망하고 있다. 특히 한편으로 나 자신이 벤담의 철학의 근본원리에 대한 변호론을 써서 보충하고 있으므로 더욱 그러하였다. 이 변호론도 전자와 함께 논문집에 재수록되어 있다.

콜리지론에서 나는 18세기의 소극적〔부정적〕인 철학에 대한 유럽의 반동의 특징을 밝히려 하였다. 여기에서 만약 단 하나의 논문만을 생각한다면, 마치 벤담을 논평했을 때 그 단점만을 강조한 것처럼 이번에는 그 장점만을 부당하게 내세우는 따위의 과오를 범하고 있는 것처럼 생각될지도 모른다. 양쪽 다 내가 벤담의 논설이나 18세기 철학의 지지할 수 없는 부분에 맹렬히 반기를 들었기 때문에 실제로 눈에 띌 정도는 아니었지만, 반대 방향으로 조금 처지는 일이 있을지도 모른다. 그러나 콜리지론에 관한 한, 나는 급진파 및 자유주의자를 위하여 쓴 것이요, 다른 학파에 각각의 주장이 따로 있다는 것을 알리는 것이 그와 같은 사람들에게 제일 이익을 준다는 점을 더욱 강조하는 것이 나의 임무였다는 것이 내가 할 수 있는 변명이다.

그 콜리지론을 게재한 호가 내 소유하에 있던《런던 리뷰》지의 최종 호였다. 1840년 봄에 나는 이 잡지를 힉슨(Hickson)에게 넘겼다. 그는 나의 이 잡지 경영 시대에 이따금 몹시 유능한 기고를 무보수로 해준 한 사람이었다. 양도의 조건은 단 한 가지, 변경을 분명히 하기 위해서《웨스트민스터 리뷰》지의 이름으로 되돌아간다는 것뿐이었다. 그 잡지 이름 밑에서 힉슨은 10년간 경영했지만, 그 방침은 잡지에서 얻은 순이익만을 기고자에게 분배하고 자기는 집필자 및 편집자로서 보수를 받지 않고 노력을 제공한다는 것이다. 이와 같이 원고료를 싸게 한 결과 기고자를 얻기 힘드는 곤란한 일이 생겼으나, 그는 급진사상과 진보파의 기관지인 이 잡지의 성격을 어느 정도 유지해 왔다는 점에서 크게 감사해도 좋을 것으로 생각된다.

나 자신도 이 잡지에 대한 기고를 전적으로 끊었던 것이 아니고 때때로 원고를 기고했지만 이 잡지에만 국한되는 것은 아니었다. 그 이유는《에든버러 리뷰》지 쪽이 발행 부수가 많으므로, 또한 내가 하고 싶은 말이 있었기 때문에 이 편이 적당한 발표 기관이라고 생각되면 이 때부터 원고를 그 쪽으로 돌리기로 했던 것이다. 그리고《아메리카 민주주의》의 마지막 편이 마침 그 때 출판된 것을 기회로, 이 책에 대한 평론을 써서《에든버러 리뷰》지에 기고하였다. 이 문장은 나의《논설집》의 제3권의 첫머리에 수록되어 있다.

제 7 장 1840~1870년

그 후 내 생애의 내력 · 《논리학 체계》의 완성 · 《경제학 원리》의 출판 · 결혼 · 동인도 회사에서 사직 · 《자유론》 출판 · 《대의정치의 고찰》 · 아메리카의 남북전쟁 · 해밀턴 철학의 검토 · 의회생활 · 그 후의 나의 생활

이 때부터 나의 생애에 대하여 말할 가치가 있는 것은 아주 좁은 범위를 벗어나지 못할 것이다. 나에게는 이후부터는 특기할 만한 정신적 변화는 없기 때문이다. 다만 정신적 성장은 계속해서 있었지만, 그것은 체계를 세워서 말하기에는 부족하다. 만약에 이런 성장이 정녕 있다고 치면 그 성장의 결과는 나의 각 저서를 보는 것이 제일 빠를 것이다. 그러한 의미에서 이후의 기사는 대충 간추려 쓰려고 한다.

《런던 리뷰》 지와 인연을 끊음으로써 생긴 여가를 나는 우선적으로 《논리학 체계》를 완성시키는 데 이용하였다. 이에 앞서 1833년 7월과 8월에 나는 틈을 내서, 제3편의 최초의 초고에서 아직 미완성인 부분을 써 나가고 있었다. 인과율, 또는 그곳에서 필연적으로 나오는 계통적인 여러 규칙 이외에도 자연율인 논리학 체계를 세워 보려고 생각하고 있을 때 나는 한낱 편의상의 구별이 아닌 자연계의 현실로서의 유(類)라는 것을 인정하지 않을 수 없었다. 이것은 제1편을 쓰고 있을 때에는 생각하지 못한 것으로, 이 때문에 제1편의 몇 장(章)은 수정하거나 보충할 필요성이 생겼다. 언어와 분류를 취급한 편(篇), 그리고 〈오류의 분류〉의 장(章)은 그 해 가을에 탈고했고, 나머지 부분은 1840년 여름에서 가을에 걸쳐 초고를 완성했다. 1841년의 4월부터 연말까지는 할애할 수 있는 모든 시간을 전적으로 이 저서의 첫머리부터 다시 쓰는 작업에 충당했다.

나의 저서는 모두 이와 같은 방법으로 썼다. 그리고 언제나 적어도 두 번은 전문을 다시 고쳐 쓰곤 했다. 전권의 초고를 우선 끝까지 써 놓고, 그 후 전체를 다시 한 번 고쳐 쓰곤 했다. 그렇지만 두 번째 집필할 때에는 첫 원고 중에서 문장이나 문장의 일부 가운데 다시 써서 보다 좋은 것이 안 나올 것으로 생각되거나 나의 의도에 꼭 맞는 것은 모두 그대로 두었다. 이처럼 두 번씩 원고를 쓰는 방법이 나에게 매우 유익하다는 것을 발견했다. 이것은 최초의 구성의 신선함과 힘찬 맛, 오랜 기간에 걸쳐 생각한 결과로부터 오는 정확성과 완전성을 더욱 함께 지니는 점으로 해서, 다른 어떤 집필 방법보다도 우수하다. 뿐만 아니라 나 자신의 경험으로 보아 문장이나 표현의 세부에 들어가서 주의를 기울여야 할 때 필요한 인내심은, 한 번 문제의 전부를 머리에 생각해 보고, 말하고 싶은 말은 모두 실질적으로, 비록 불완전한 형식으로라도 어쨌든 종이에 기록해 두는 편이 훨씬 노력을 덜 들일 수가 있다.

최초의 초고를 쓸 때, 내가 될 수 있는 한 결함이 없는 것만을 만들어 보려고 몹시 주의를 기울이는 것은 배열 문제였다. 만약 이것이 서투르면 사상을 연결시키는 실마리가 완전히 헝클어지고 만다. 이것이 바로 되지 않은 사상은 순서 배열이 바르지 못하며, 첫째 원고가 처음부터 이와 같은 결함을 갖고 있으면 마지막 손질을 하기 위한 작업은 거의 아무런 소용도 없게 된다. 논리학을 쓰고 있는 동안에 휴얼 박사의 《귀납적 여러 과학의 철학》이 발간되었다. 이것은 나에게 매우 다행한 일로서, 같은 문제를 반대 입장의 인물이 충분히 취급하여 준 것은 내가 몹시 바라고 있었던 일이다. 나는 명확한 반대론에 대하여 나의 학설을 옹호하고 그 학설을 반대하는 이론과 전적으로 대조하면서 자신의 생각을 보다 충분히, 보다 변화 발전시켜 더욱 명료하고 힘있게 기술할 수 있었다. 휴얼 박사와의 논쟁도 콩트로부터 얻은 많은 자료와 함께 원고를 다시 쓰는 과정에서 비로소 이 책에 수록되었다.

1841년 말 원고를 인쇄에 돌릴 정도가 되었으므로 나는 그것을 머레이(Murray)에게 넘겼다. 머레이는 그것을 그 계절 호에 출판하기에는 시기가 늦도록 붙들고 있다가 뒤늦게야 거절해 왔다. 그 이유는 애초에 충분히 말할 수 있는 이유에 지나지 않았다. 그러나 그 결과 같은 원고가 파커(Parker)에게 넘어가게 되어, 그는 1843년 봄에 이 책을 출판하였기 때문에 나로서는 이 때의 거절을 유감스럽게 생각할 필요는 없다. 나는 원래 그렇게 많이 팔릴 것이라곤 생각하지 않았다. 때마침 논리학이란 명칭과 추리의 형식, 법칙, 오류 등의 연구는 훼이틀리 대감독에 의하여 부활되어 있었고 휴얼 박사의 저서에 의하여 내가 취급한 그 이외의 부분, 즉 귀납법의 이론에 대한 관심도 환기되고는 있었다. 그러나 이와 같은 추상적인 문제를 취급한 논문이 일반의 흥미를 끈다는 것은 도저히 기대할 수 없는 일이었다. 고작 학구적인 사람을 위한 책인데, 이와 같은 문제의 학구자라는 것은 적어도 영국에는 극소수일 뿐더러 그 소수가 주로 나와는 반대의 형이상학파, 본체론학파(本體論學派),

선험적 이론 학파에 정신을 잃고 있었다.

그런 까닭에 나는 이 저서에 대해 독자나 찬성자는 기대하지 않았고, 단순히 자신이 우수한 철학이라고 생각하는 전통을 중단시키지 않고 후세에 전한다는 이외의 실제적 효과는 거의 기대하지 않았다. 내가 이 저서에 대해 즉각 다소나마 주목을 끌 것을 기대했다면, 그것은 주로 휴얼 박사의 논쟁을 잘하는 버릇에 기대한 것뿐이었다. 이 사람은 그 때까지의 면으로 보아 틀림없이 내 책 가운데 자신의 논설을 공격한 부분에 대해 즉시 글로 응수해 옴으로써 다소는 나의 저서가 사람들의 눈을 끌게 될 것이라고 생각했다. 과연 휴얼 박사가 답변하기는 했지만, 그것은 1850년의 일로서 그때 내 책의 제3판에서 겨우 나는 그에게 답변할 수 있을 따름이었다.

어떻게 해서 이 저서가 이와 같은 종류의 노작으로서 그렇게 세상 사람들에게 받아들여졌는지, 어떤 부류의 사람들이 그것을 읽었다고는 결코 나도 말하지 못하지만, 그처럼 많은 사람들이 사게 되었는지 여지껏 나도 확실히 모르고 있다. 다만 그 당시부터 사색하고 그것도 자연스러운 사색이 여러 방면, 특히〔어떤 때에는 내가 그것을 가장 생각지도 않았던 부분〕 각 대학에서 부활의 징조를 보여 준 많은 증거와 종합하여 생각해 보면, 이 현상도 부분적으로는 이해할 수 있다.

나는 이 저서가 철학 사상에 다소나마 눈에 띌 발자취를 남겼다는 착각에 도취된 일은 한 번도 없다. 인간의 인식 및 인식 능력에 대해서는 아직도 당분간은 독일식이나 혹은 선험적 사고방식이 이 나라〔영국〕에서나 유럽 대륙에서나 그와 같은 것을 탐구하는 사람들 사이에서 지배적일 것이다〔차츰 그 도수가 쇠퇴해 갈 가능성도 없지 않으나〕. 그러나 나의 《논리학 체계》는 모든 인식은 경험에서 발단하고, 모든 도덕적 · 지적인 여러 성질은 주로 관념 연합에 주어지는 방향으로부터 발생한다는 독일 학파와는 정반대의 사고방식의 교과서, 즉 이것은 당시에는 몹시 갈망하고 있던 것인데, 이것을 제공한 것이다.

논리학 과정을 아무리 분석해 보아도, 가령 증거의 기준을 정한다 하더라도 그것만으로 오성(悟性)의 활동을 인도하거나 올바르게 하는 데 이바지할 수 있는가에 대해서, 나는 누구 이상의 과대한 평가는 하고 싶지 않다. 다른 어떤 필요조건과 결합되면 나는 그것들이 크게 유용하다고 생각되지만, 이러한 문제에 대한 올바른 철학이 얼마만큼의 실제적 가치를 갖든 그릇된 철학이 미치는 여러 폐단은 아무리 역설해도 절대로 지나친 과장은 아니다. 정신 밖에 있는 진실이 관찰이나 경험의 힘을 빌리지 않고 직관 혹은 의식에 의해 인식된다는 생각은, 현재에 그릇된 여러 학설이나 좋지 못한 여러 제도의 큰 지적 뒷받침이 되고 있다고 나는 생각한다.

이러한 이론의 힘을 빌어서, 그 기원이 까마득하여 어떻게 발생했는지 알 수 없는 뿌리깊은 신념이나 강렬한 감정도 모두 도리에 의하여 자기의 정당성을 입증하여야 할 필요가 없게 되고, 자기의 정당성에 대한 증인은 자기만이 충분한 증거요 존재 이유가 된다고 떳떳이 행세하고 있는 것이다. 이와 같이 편리한 것이 모두가 뿌리 깊게 박혀 있는 편견을 신성화하는 도구로서 고안된 적은 없다. 도덕, 정치, 종교 등의 사회에서 그 그릇된 철학이 갖고 있는 가장 강한 점은 이것이 수학이나 동계의 물리학의 여러 부분이 제공하는 증거를 습관적으로 끌어내곤 한다는 점에 있다. 그러나 이것을 이와 같은 분야에서 추방한다는 일은 견고한 요새로부터 추방시키는 것처럼 곤란한 일이다. 그와 같은 시도가 한 번도 효과를 올린 적이 없었기 때문에, 직관파는 나의 아버지가 그 《인간 심리의 분석》

에서 그와 같은 것을 쓴 이후에도, 외견상으로는 또한 출판된 제작에 관한 한에서는 전적으로 보아서 의론에 이기고 있었다.

수학이나 물리학의 진실이 제공하는 증거의 참된 성질을 분명히 하려는 시도에서 나의 《논리학 체계》는 직관파 철학자들에게는, 전에는 그들이 난공불락이라고 생각하고 있던 그 싸움터에서 대결하고 그들의 증거가 경험보다도 더 깊은 곳에서 유래한다는 증거로서 흔히 이용하던 이른바 필연적인 진리라는 특성에 경험과 관념 연합을 토대로 하여 독자적인 설명을 하였다. 과연 이것이 효과적으로 이루어졌는지 아닌지는 아직 그들의 판정을 기다리지 않으면 안 될 것이고, 만약 그것이 효과적으로 판정되었다 하더라도 인간의 편견이나 편협에 그렇게도 깊게 뿌리박힌 사고방식에서 단순히 이론적으로 밑받침만을 제거한다는 것은 그 사고방식을 극복하는 데 있어 불과 얼마 안 되는 전진뿐이다. 그러나 단 한 발자국 전진했다 치더라도 그것은 없어서는 안 될 아주 소중한 일 보 전진이다. 왜냐하면 편견에 대항해서 승리를 거두는 데 있어서 철학을 갖고 대항하지 않으면 안 되는 이상, 편견된 주변에는 철학은 있을 수 없다는 것을 명확히 하기 전에는 영구히 편견적인 견해를 타파하고 승리로 이끌어 나갈 수 없는 까닭이다.

이제 덧없는 정치문제에 관해서는 적극적으로 관여할 것도 없고, 기고하는 사람들이나 그 밖의 사람들과 개인적인 서신 왕래를 포함한 문필 활동으로부터도 완전히 해방된 나는 어린애 같은 허영심의 시대를 넘어서 모든 사색벽(思索癖)이 강한 인간에게 보편적인, 극소수의 사람에게만 한정시키는 교제 방향으로 몸을 맡길 수 있게 되었다. 지금 영국에서 행해지고 있는 일반적인 사교라는 것은 지금의 사교계를 그와 같은 것으로 만들고 있는 본인들에게 있어서까지 실로 싱거운 일로서, 그와 같은 풍습이 아직도 계속된다는 것은 어떻든 간에 결코 즐거운 것은 아니다. 각자의 의견이 일치되지 않는 문제를 진지하게 토론한다는 것은 모두 버릇없는 일로 취급되고 있으며, 18세기 프랑스 사람들이 몹시 자랑으로 여긴 사소한 것도 부드럽게 이야기하는 기술을 양성한다는 것은 이 나라 국민성에 쾌활하고 상냥한 점이 결여되어 있기 때문에 도저히 가망성이 없다. 결국 사교계의 유일한 매력은 사회의 고위층에 도달치 못한 사람들에게는 조금이라도 높은 지위에 올라가는 데 다소라도 도움을 얻을 수 있지 않을까 하는 희망에 있다. 또한 이미 고위층에 있는 사람들에게는 사교란 주로 풍습에 따른 것이며, 그들의 지위에 수반되는 형식적인 의무에 따른 것이라고밖에는 생각지 않는다. 사상도 감정도 아주 평범한 사람이라면 몰라도 그렇지 않는 한, 그와 같은 사교계는 무엇인가 개인적 목적에 필요하다고 생각하지 않는 한, 전혀 아무런 매력도 없는 것임에 틀림없다.

그러므로 오늘날 조금이라도 진정으로 높은 지성을 갖춘 대부분의 사람은 극히 조금밖에는 사교계와 접촉하지 않으며, 전적으로 그러한 사교계로부터 은퇴한 것으로 생각될 수 있을 정도다. 그 반면 다소나마 정신적으로 우수한 사람으로서 그냥 사교를 계속하는 사람들은 예외없이 그것으로 인하여 몹시 타락되고 있다. 시간을 낭비하는 것은 물론이지만 감정의 힘이 약해져 가며, 그들이 출입하는 사교계에서는 침묵을 지켜야만 되는 문제에 대해서는 진지하게 생각지 않게 되고 가장 고상한 일을 비현실적인 혹은 적어도 실현의 가망성이 없는 환상이나 의론에 지나지 않는다고 보게 된다. 가령 많은 사람들로부터는 다행히도 보다 높은 원리를 그대로 간직한다 하더라도 옛날에 친한 사람이나 문제에 관해서는 그들이 사귀고 있는 사람들로부터 공감을 얻을 수 있을 것 같은 느낌이나, 판단하는 방법을 부지불식간에 채택하게 되는 것이다.

높은 지성을 갖고 있는 자가 지도적 입장으로 사교계에 들어가면 별 문제가 아니겠지만 절대적으로 비지성적 사교계 따위에 발을 들여놓을 것은 못 된다. 높은 목적을 갖고 있는 사람으로서 그와 같은 사회에 들어가서 안전하게 있을 수 있는 것은 앞서 말한 바와 같은 사람에게만 한정되는 것으로, 그렇지 못한 사람은 가령 지적인 향상심에 불타는 사람이라 하더라도 될 수 있는 한 일상적인 교우관계는 지식·지성·정서의 정도에서 자기와 비등한 사람을, 될 수 있으면 자기보다 나은 사람을 선택하는 것이 훨씬 바람직하다. 그뿐만 아니라 인간의 품성이 이루어지는 것도 결심이 서는 것도 그 사람의 사고방식의 비교적 조그마한 기본적인 점에서 결정된다고 볼 때 참으로 진지한 사람인 경우, 상술한 여러 점에 대해서 신념과 감정을 일치시키는 것이 다소나마 우정이라 불리는 모든 것에 대해 어느 세대에서도 절대적으로 빼놓을 수 없는 필요조건이 아니겠는가. 이와 같은 사정이 한덩어리가 되어, 내가 현재 자발적으로 사귄 친구의 수는 몹시 적었다.

그처럼 수가 적은 친구 중에서 맨 처음으로 손꼽을 만한 사람은 전에 말한 바 있는 저 비할 데 없는 그 친구였다. 그 때 그녀는 대체로 한 조용한 시골에서 어린 딸과 함께 살았고, 처음 남편이었던 테일러의 런던 집에는 가끔 있었을 뿐이었다. 나는 이 두 처소에 비슷하게 방문했지만, 그녀가 대체로 테일러와 별거생활을 하고 있을 때에 내가 자주 방문한 사실이나 또한 두 사람이 때때로 함께 여행한 사실 등에 대해 항간에서 그릇된 해석을 가하더라도 아무렇지도 않게 그것을 무시해 버리는 그녀의 강한 성격에 나는 크게 감사하지 않으면 안 된다. 하기야 그 밖의 점에 대해서는 이 몇 해 동안의 우리들의 행동은 진상 이외의 다른 어떤 추측도 손톱 만큼의 근거가 있는 것은 아니었다. 당시 우리 두 사람의 관계는 단순히 강한 애정과 무엇이든지 털어놓을 수 있는 친밀감 이외의 아무 것도 아니었다. 물론 우리가 사회의 습관이 이처럼 아주 개인적인 문제에 대해서까지 구속하는 힘을 가진 것이라고는 보지 않았지만, 그러나 어떤 의미에 있어서나 그녀의 남편이나 또는 그녀 자신에게 오점을 남길 만한 행동은 일체 주의할 의무가 있다고 생각했던 것이다.

나의 정신적 발달의 제3기라고 해도 좋을 시기에 내 정신적 발달은 그녀의 것과 나란히 이루어졌다. 이 때 나의 견해는 더욱 넓어지고 더욱 깊어졌으며, 보다 많은 것을 알게 되고, 또 그 전에 이해했던 것을 더욱 철저하게 이해하기에 이르렀다. 이제 벤담주의에 대한 나의 다소 지나친 반동에서 완전히 되돌아설 수 있었다. 이러한 반동의 절정에 있었을 때 나는 아주 많은 점에서 사회 일반의 사상과는 근본적으로 다른 신념을 가진 자로서 어울리지 않을 정도로 확실히 사회 일반의 견해를 옳다고 보았고, 또 그러한 사회 일반의 견해에서 일어나고 있던 피상적인 개선책에 찬성하고 만족하려 하고 있었다.

지금 와서 생각해 보면 도저히 옳다고 할 수 없는 일인데, 그 때 나는 내 사상 가운데 비교적 결정적으로 이단적인 부분을 주장하는 것이야말로 어떻든 사회를 개조하는 데 도움이 되는 것이라고 생각했다. 뿐만 아니라 우리들 두 사람의 그 당시의 의견은 가장 극단적으로 벤담주의를 신봉하고 있던 때의 내 의견과 비교해도 배교가 되지 않을 정도로 이단적이었다. 그 전의 나는 구파(舊派)의 경제학자들과 조금도 다름이 없을 정도로 사회 기구를 근본적으로 개혁할 가능성은 내다보이지 않았다. 현재 이해되고 있는 의미에서의 사유 재산, 재산상속이란 것이 법률상 변경의 여지가 없는 제도란 것을 그네들도 생각했고 나도 생각했다. 따라서 그러한 제도에서 오는 불평등한 것을 완화시키는 방법으로 장자 상속권이나 한사 상속제(限嗣相續制)를 폐지하는 것 이외에는 생각하지 못하였다. 어떤 사람은 나면서부터 부유하고, 압도적인 대다수는 나면서부터 가난하다는 사실이 갖고 있는 불법성, 즉 그것에 대하여 완전한 대책이 있든 없든 이것이 불법이란 것에는 틀림없었다. 이것을 제거하는 데 근본으로 파고들어가야 한다는 생각은 당시의 나에게는 단순한 공상으로만 생각되지 않았고, 또한 교육의 보급으로 자발적인 가족계획〔산아 제한〕을 해서 그로 인하여 가난한 사람의 소득이 많아질 것이라고 기대할 따름이었다. 간단하게 말해서 나는 민주주의자였지만 결코 사회주의자는 아니었다.

부부가 된 우리들은 내가 독신 때와 비교해 보면 민주주의자로부터는 무척이나 거리가 멀어졌다. 그것은 교육이 여전히 너무 불완전하여 대중의 무지(無知), 특히 방종과 잔인성을 우리들은 우려하고 있었다. 그것이 우리들이 전진하는 궁극적인 이상은 저 멀리 민주주의의 영역을 넘어서 확실히 사회주의라는 일반적인 호칭 속에 우리들을 밀어넣었던 이유였다. 우리들은 대개 사회주의 체제에 내재하고 있다고 생각되는 개인에 대한 사회의 포학성(暴虐性)을 정면으로 배척해 왔지만, 사회가 다시는 놀고 먹는 사람과 근로자의 두 계급으로 나뉘게 되지 않는 시대를 기대했다. 즉 일하지 않은 자는 먹지 말라는 규칙이 단순히 빈곤한 사람만이 아니라 여러 사람에게 고루 적용될 시대, 노동의 생산물 분배가 현재는 아주 심한 정도로 출생이라는 우연한 조건에 의하여 행해지고 있지만 이제는 누구나가 인정하는 정의의 원칙에 의하여 행해지는 시대, 그리고 인류가 자기 자신만의 이익이 아니라 자기가 속한 사회와 공유하게 될 이익을 얻으려고 분투 노력하는 것이 이미 불가능하지도 않고 또 불가능하다고 생각되지도 않는 시대를 대망하고 있었다.

장래의 사회문제는 어떻게 하면 개인의 활동의 최대한의 자유를 지구상의 원료의 공동소유와 결부시키며, 또 합동노동의 이익에 만인이 평등하게 참여하는 것과 조화시킬 수 있는가 하는 것이라고 우리는 생각했다.

우리는 바로 어떤 제도에 의하여 이러한 목적들이 가장 유효하게 달성될 수 있는지, 또 얼마나 가까운 혹은 얼마나 먼 시기에 그것들이 실행 가능한 것이 되겠는지에 대해서 이미 앞을 내다볼 수 있다고 주제넘게 생각하지는 않았다. 이러한 사회적 변혁을 가능하게 하거나 바람직한 것이 되게 하려면 현재 노동계급을 구성하고 있는 교양없는 대중에게 있어서나 이들의 고용주들 대다수에 있어서 똑같은 정도의 성품의 변화가 일어나야 한다는 것을 우리는 똑똑히 깨달았다. 이 쌍방의 계급이 지금까지의 좁은 이해관계에 얽매여서 하는 목적이 아니라 보다 고결한, 적어도 공공의 사회적 목적을 위하여 일하고 협력한다는 것을 실행에 의해 배우지 않으면 안 된다. 그런데 그와 같은 능력은 항상 인류에게 존재하고 있었고 소멸하지도 않았으며, 장차 소멸한다고도 생각할 수 없는 일이다. 교육과 습관과 또는 사고방식의 훈련만 있으면 일반적 시민이 만약의 경우에 국가를 위하여 싸우는 것과 같은 정도로 쉽사리 나라를 위하여 밭을 갈고 길쌈질도 할 수 있을 것이다. 물론 일반대중을 이 정도까지 교육시키는 데는 서서히 또한 차츰차츰 여러 대에 걸쳐 체계적인 훈련을 지속하는 것이 필요할 것이다.

그러나 장애물은 인간의 본질적 정신 구조 속에만 있는 것이 아니다. 공동이익을 위한다는 것이 현재 일반인들 사이에 이다지도 미약한 동기에 불과한 것은 본질적으로 그렇게밖에는 될 수 없는 것이 아니고, 사람들의 머리가 아침부터 밤까지 자신의 이익만을 위해서 생각하는 정도로 공동의 이익을 위하여 전념하는 습관이 없기 때문이다. 만약 매일의 생활 속에 공동의 이익이란 것이 현재 사리사욕만을 위하는 정도까지 일상생활에 의해 활동하게 되고, 더욱이 배후로부터는 남의 눈에 띄려는 욕망과 수치를 두려워하는 기분으로 박차를 가하게 되면, 그것은 평범한 사람들에게서도 가장 벅찬 노력과 가장 영구적인 희생을 낳게 할 수가 있다. 현재 사회환경의 일반적 성격을 이루고 있는 뿌리깊은 이기심이 이토록 깊이 뿌리박고 있는 까닭은 현존하는 제도 전체의 경향이 그것을 조장하는 방향으로 향해 있기 때문이다. 그것도 개인이 보수를 받지 않고 공공의 이익을 위하여 무엇을 하도록 요구되는 기회가 옛날의 비교적 작은 사회에 비해 오늘날 훨씬 적어졌기 때문에, 몇 가지 점에서 현대의 새로운 제도가 옛 제도에 비교하여 이런 경향이 한층 더 농후하다.

이런 고찰을 했다고 해서 사회적 활동에 있어서 개인의 이익이 갖는 매력을 무엇으로도 그것에 대신하여 주지도 않고 또는 줄 가능성도 없는데, 성급히 그것을 없애 버리려는 어리석음을 간과하지는 않았다. 다만 우리들은 모든 현행 제도나 사회 기구를 언젠가 오스틴에게서 들은 말로 표현하면, '한낱 잠정적인' 것으로 보고 협동소비조합 같은 선발된 사람에 의한 모든 사회주의적 실험을 최대의 기쁨과 흥미를 가지고 환영했다. 그와 같은 실험은 그것들이 성공하든 안 하든 간에 그에 참가했던 사람들에게 직접 사회 전체의 이익을 지향하는 동기에 기반을 두고 행동하는 능력을 양성시킬 것이다. 또한 자기들이나 남에게 어떤 결함이 있으면 그와 같은 행동이 되지 않는 것인지를 깨닫게 하는 점으로 인해 그 사람들에게 가장 유익한 교육이 될 수 있을 것이었다.

이러한 의견은 나의 《경제학 원리》에서 개진되었다. 초판에서는 그처럼 명료하고 충분하다고는 말할 수 없으나, 재판(再版)에서는 조금 상세하고, 3판에서는 애매한 점이 없을 정도로 되어 있다. 그와 같은 차이는 첫째, 시대의 변화로부터 생긴 것이었다. 초판이 집필되어 인쇄소에 송부된 것은 1848년의 프랑스 혁명보다 전이었기 때문에 그 사건 이후로는 사회도 새로운 학설을 받아들이게 되어서 이전 같으면 세상이 크게 떠들썩할 학설도 온건하다고 생각하게 되었다. 초판에서는 사회주의의 난점이 강력히 논술되어 그 때문에 그 전체의 논조는 반사회주의적인 것 같았다. 그런데 그 후 1, 2년 사이에 나는 유럽 대륙의 사회주의적 사상가들의 저술을 연구하고, 그 논쟁의 대상이 되는 넓은 영역에 걸친 여러 문제에 대한 사색과 토론에 많은 시간을 할당한 결과, 이 문제에 대해서 초판에서 논술한 대부분이 삭제되고 더욱 진보적인 의견을 표명하는 논의나 반성이 대신 들어갔다.

《경제학 원리》는 《논리학 체계》에 비해서, 아니 그 때까지 내가 쓴 어느 주요한 저작에 비해서도 훨씬 단시간에 완성시킨 것이다. 시작한 것이 1845년 가을이고, 1847년 말 전에 인쇄에 회부시켜도 좋은 상태였다. 이 짧은 2년간에 6개월은 이 작업을 중지하고, 《모닝 크로니클》 지에 (이 잡지는 뜻밖에도 나의 목적에 열심히 협력해 왔다) 아일랜드의 황무지에 자작 소농제(自作小農制)를 실시할 것을 주장한 수편의 논문을 집필한 기간이 있었다. 그것은 1846년부터 1847년에 걸쳐 겨울의 기근이 있었던 무렵으로, 긴박한 곤궁이 아일랜드 사람들의 눈앞의 빈곤을 구조하는 동시에 그 사회적 · 경제적 조건을 영구히 개선하는 데는 이것밖에 없다는 나의 사고책에 대하여 세상 사람들의 주목을 집중시킬 기회를 제공했다고 나는 생각했다. 그러나 나의 제안은 너무 새롭고 친밀감이 없는 것이어서, 그와 같은 방책은 영국에서는 전례가 없는 데다가 보기 힘든 모든 사회 현상 (딴 데서는 흔해빠진 일도) 에 대한 영국의 정치가나 대중들의 대단한 무지로 인해 나의 노력은 완전한 실패로 돌아갔다. 황무지에 대하여 말하자면 결단성 있는 수술을 해서 소작인들을 지주로 만들어 주면 되는 것을, 의회에서는 그들을 빈민으로서 부양하는 구빈법(救貧法)을 가결했다. 만약 그 후의 아일랜드가 전부터 낡은 폐단과 이 의심스러운 대책과의 합동작용으로 인해서 꼼짝 못하게 여러 가지 난국에 빠지지 않았다면, 그와 같은 구제를 받게 한 것은 기근에 의하여 시작되고 외국으로의 이민에 의하여 계속된 아일랜드의 인구감소라는 뜻밖의 놀라운 사실이었다.

《경제학 원리》의 급속한 성공은 이와 같은 책을 대중이 원하고 있었고, 받아들이려는 용의가 있다는 것을 명확히 했다. 1848년에 처음 출판되어서 초판 1000부는 일년 이내에 매진되었다. 같은 부수의 다음 판이 1849년 봄에 나오고, 3판 1250부는 1852년 초에 나왔다. 처음부터 늘 권위 있는 저서로서 인용 언급되었는데, 그것은 이 책이 단지 추상적 이론의 책이 아니고 동시에 응용면도 취급하여 경제학을 고립된 학문으로 다루지 않고 큰 전체의 일환으로 다루었고, 다른 모든 부문과 밀접한 연결하에 사회 철학의 일부문으로 취급하였기 때문이다. 경제학 그 자체의 특수한 영역 내에서의 결론도 일정한 조건부로서만 올바른 것이고, 그것들은 직접 경제학 자체의 범위에는 들어가지 않는 여러 가지 원인에서 오는 간섭이나 반작용에 제약을 받음으로써, 다른 여러 부문을 고려하지 않고는 경제학이 실제적인 지도 이론의 성격을 지닐 자격은 없는 것이다.

사실상 경제학은 여태껏 인류에게 자체의 입장에서 충언(忠言)을 줄 만한 일은 실행하지 못했다. 하긴 경제학밖에 모르는 (따라서 실은 경제학을 잘 모르는) 자가 조언한답시고 빈약한 지식으로 이러한 큰 일을 할 수밖에 없었던 때도 있었다. 그러나 경제학에 대한 수많은 감정적 반대자들, 그리고 감정의 탈을 쓰고 사실은 이해관계에 골몰하는 더욱 많은 반대자들은 경제학에 대한 다른 여러 가지 부당한 비난 이외에 이상과 같은 것을 세상 사람들에게 교묘하게 선전하고 있다.

이런저런 일로 해서 나의 《경제학 원리》는 그 속에 표현된 사상이 대부분 극히 자유로운 것임에도 불구하고 현재로서는 그 방면에 대한 가장 인기있는 것이 되어 이 중요한 연구 분야인 경제학의 반대자들을 무장 해제시키는 데 공헌했다. 경제학의 해설서로서 이 책은 어느 정도의 가치를 가지며 또한 이 책이 제시하는 여러 가지 응용면에서의 가치 등은 물론 다른 사람들의 판정을 기다릴 수밖에 없다.

이 이후 꽤 오랫동안 나는 큰 저서를 하나도 내지 않았다. 하지만 신문이나 잡지에는 여전히 때때로 기고하고, 또한 일반 사람들이 흥미를 가질 만한 문제에 대한 나의 편지 (그 대부분은 전혀 알지 못하는 사람들과 한 것이다) 는 상당한 분량에 이르렀다. 이 여러 해 동안에 나는 인간생활 · 사회생활의 몇 개의 근본문제에 대해서 언젠가는 출판할 목적으로 여러 가지 에세이를 썼고 혹은 쓰기 시작했지만, 그 중 몇 개에 관해서는 나는 이미 엄한 호라티우스의 격언[1] 따위는 벌써 초월하고 있었다. 사회의 움직임은 날카로운 관심을 갖고 주목했지만, 그것은 결국 나에게 큰 용기를 불어넣어 주지는 못했다. 1848년 이후 유럽의 반동과, 1851년 12월의 소갈머리 없는 찬탈자[2]의 성공은 프랑스와 대륙에서의 자유 혹은 사회 개혁

---

1) "무엇을, 누구에 관해, 누구에게 그대로 말할 것인가에 대해 이따금 유의해 보라"는 구절을 가리키는 것이다.

2) 루이 나폴레옹이 이 해 2월 쿠데타로 헌법을 폐지하고 임기 10년의 대통령이 되고, 이어 이듬해 황제 나폴레옹 3세가 된 사실을 가리킨다.

에 대하여 그 때까지 있었던 모든 희망에 종지부를 찍는 듯했다.

영국에서는 나의 젊은 시절의 대부분의 견해가 차차 일반 사람들에게 인정되어 나의 생애를 통해 주장한 여러 제도의 개혁도 그 대다수가 달성되든가 혹은 달성을 위하여 전진하고 있는 것을 나는 당시부터 그 이후에까지 보아 왔다. 그러나 이 변화에는 내가 전에는 도무지 예상할 수 없을 만큼 인류의 행복에 있어 실로 적은 이익밖에 따르지 못하였다. 이것은 인간의 운명의 참된 개선의 기초가 되는 것, 다시 말해 인간의 지적 또는 도덕적 상태에는 거의 진보다운 진보는 보지 못하였기 때문이다. 뿐만 아니라 같은 시기에 작용하고 있었던 인간을 타락시키는 여러 원인이 개선의 추세와 상쇄되고도 남음이 있지 않았나 하는 의문마저 느낄 정도였다. 그릇된 의견의 다수자를 올바른 의견으로 전환시키려고 해보아도 다시 그릇된 생각을 저지르게 되는 사고의 습관성은 조금도 변하지 않는 경우도 있다는 것을 나는 경험에서 배웠다. 예를 들면 영국의 대중은 나라가 자유무역으로 전환되었어도 경제학의 여러 문제에 대해서는 옛날과 조금도 변함이 없이 무지하며 분별력도 없고, 더욱이 고상한 문제에 들어가면 사고방식이나 감상방법에서 보다 나은 습관이 붙었다든가, 오류를 범하지 않을 만한 준비가 다소나마 되었다고는 도무지 말할 수 없는 상태였다. 약간의 잘못에서 탈피되었다고 해도 지적·도덕적 의미로서 그들의 정신의 일반적 훈련은 조금도 변함이 없었다.

나는 지금은 확신하고 있지만, 인간 운명의 커다란 개선은 그들의 사고방식의 근본적인 구성에 커다란 변화가 없기 전에는 절대로 불가능하다. 지성이 뛰어난 사람들에게는 종교·도덕·정치 등의 방면에서의 옛날 의견은 아예 신용을 상실하고, 그 문제에 관하여 다소나마 발전된 의견이 자라는 것을 강력히 방해할 만한 생명은 유지하면서 선(善)을 만들어 낼 만한 힘의 태반을 이미 상실하고 있다고 해도 과언이 아니다.

세상에서 철학을 중히 여기는 사람들이 벌써 종교를 믿지 못한다든가, 혹은 그 성격을 근본적으로 변화시킬 만한 정도의 수정 없이는 믿을 수 없다는 단계에 이르렀을 때에는, 강한 확신이 존재하지 않으며 지성은 마비되고 절조는 차츰 문란해져 가는 하나의 전환기가 시작된다. 그 전환기는 사람들의 신념의 기초에 어떤 새로운 활기를 주어 결과적으로 종교적인 것이든 단순한 인간적인 것이든 간에 모두가 믿을 수 있는 어떤 신념이 생길 때까지는 끝나는 일이 없다. 그리고 모두가 이와 같은 상태가 되었을 때에는 모든 사색도 저작도 그와 같은 활기를 촉진시키는 데 도움이 되지 않는 한, 눈앞의 것은 차치하고라도 거의가 아무런 가치도 없는 것이다. 당시의 국민 정신 상태를 겉으로 보아서는 이 같은 방향에 대한 어떤 경향을 말해 주는 걸 전혀 보지 못했으므로 인간의 진보발전에 대한 머지 않은 장래에 대한 나의 전망은 비관적이었다. 최근에 와서 자유로이 무엇을 생각해 보려는 정신이 일어나서 영국도 차차 정신적으로 해방되어 갈 것 같은 밝은 빛이 보이게 되고, 다른 유럽 여러 나라에서는 정치적 자유에 대한 움직임이 다행히도 부활되어 가고 있는 것과 때를 같이하여 현재 세계의 정세는 전도가 유망한 모습을 띠게 되었다.

위에 논술해 온 시기로부터 현재까지의 사이에는 내 사생활에서 가장 중요한 몇 개의 사건이 일어났다. 그 첫째는 1851년 4월의 나의 결혼이다. 상대 여성은 비길 데 없는 훌륭한 사람으로 그녀와의 친구 관계는 서로가 그 이상 더 가까운 관계가 되리라고는 두 사람 다 꿈에도 예상치 않았던 몇 해 동안, 그녀의 우정이 나에게 행복과 성장의 최대 원천이 되었다. 나의 일생의 어느 때라도 그것이 실행 가능성만 있었다면 이와 같은 두 사람의 생활을 완전히 결합하도록 열망했을 터이지만, 나 자신 진심으로 존경했고 그녀가 다시 없이 사랑한 사람이 갑자기 죽음으로써 이렇게 우리가 결합되느니보다는 차라리 영원히 이러한 특권을 갖지 않게 되기를 얼마나 바랐던가. 하지만 이 사건이 1849년 7월에 일어나서, 나는 전화위복으로 나 자신 최대의 행복을 얻게 된 것이다. 이것은 이미 오랫동안 있어 온 사고와 감정 및 집필상에 있어서의 협력관계를 더하게 되었다. 이후 7년 반 동안에 걸쳐서 그 행복은 나의 것이었다. 겨우 7년 반! 그 손실이 얼마나 컸고 또 지금까지도 큰지를, 나는 아주 조금이라도 어떻게 전해야 할지를 모르겠다. 그러나 나는 그녀의 소원을 알고 있으므로 여생을 가장 보람 있는 것이 되게 하며, 또 그녀를 생각하고 그녀의 모습을 간직함으로써 힘을 잃지 않고 그녀가 목적하는 바를 성취하도록 노력하고자 한다.

두 사람[3]이 그 사고와 사색을 완전히 일치시킬 때, 지적 · 도덕적

---

3) 이 때부터 재래판과 컬럼비아 대학판은 그 기술(記述)의 순서에 약간 차이가 있다. 본역(本譯)에서 이 부분은 재래판을 따랐으나(그쪽이 한결 조촐하게 정리되어 있는 것 같다) 컬럼비아 판에서는 다음과 같다.

① 여기 "이 두 사람이……" 하는 구절 앞에 이 책 215페이지의 원주 뒤 "내가 결혼생활을 시작했을 때와……"에서 217페이지 끝의 원주 앞까지 들어간다(이 원주는 컬럼비아 판에는 없다).

② 그 뒷부분에 재래판에 없는 다음의 1절이 있다(역자 서문에서 문제의 삭제 부분이라고 한 것은 이 1절도 포함하고 있다).

"상기 기술을 중단한 몇 년 후, 다시 펜을 잡은 지금, 내 자전적 스케치를 시도하는 것은 내 지적 발전에 본질적으로 도움이 되어 준 사람들이다. 나의 저작 또는 그 밖의 모든 공적 성질의 작업에 기여한 사람들에 대한 나의 부채를 기록해 두려는 것이 주목적이었으므로, 이 기록을 불완전한 상태로 두어서는 안 되겠다는 나의 소원에서였다. 여기까지의 부분에서는 나의 아내에 관한 기록에 마땅히 갖추어야 할 정확하고 소상한 내용을 갖추지 못하고 있다. 그리고 아내가 죽은 뒤에도 그녀 못지 않게 감사를 드려야만 할 그 밖의 인사들로부터 조력을 받고 있다."

인 중요한 문제를 모두 일상생활에서 늘 토론하고, 일반 독자를 상대로 한 저작 중에서도 보통과는 달리 깊이 파고들어 가면서 두 사람이 같은 원리로 출발하여 힘을 합해 추구하는 과정을 거쳐 공통의 결론에 이르렀을 때, 사상의 독창성을 문제삼음에 있어 누가 펜을 드는가 하는 것은 대수롭지 않은 문제다. 정말 문장에는 조금밖에 기여하지 않는 편이 사상면에서는 가장 많은 공헌을 할 수 있을지도 모르는 일이다. 그리하여 그 결과로 나온 저서는 두 사람의 공동 저작이요, 따라서 각자가 쓴 부분을 가려 낼 수 없는 것이 보통이어서 이 부분은 누가 쓰고 저 부분은 누가 썼다고 꼬집어 말할 수가 없을 것이다. 이런 넓은 의미에서 우리가 결혼생활을 한 여러 해 뿐만 아니라, 이에 앞서 우리가 친하게 교제하던 여러 해 동안에도 내가 발표한 모든 저술은 내 것이라고 할 수 있는 동시에 그녀의 업적이라고도 할 수 있다. 그리고 해가 가면 갈수록 그녀의 기여는 증가 일로에 있었다. 그러나 어떤 때는 그녀에게 속하는 것을 가려 낼 수도 있고 지적할 수도 있는 그녀의 정신이 내 정신에 영향을 끼친 것은 두말할 나위 없지만, 이상과 같이 합동해서 낸 저술 속에 있는 가장 가치 있는 사상과 특성, 즉 중요한 결과를 가장 많이 가져오게 하고, 그 저작 자체의 성공이나 명성에 가장 많은 공헌을 한 것과 같은 사상은 그녀가 시작한 것이며 그녀의 머리에서 흘러나온 것이었다.

그런 사상과 특성 가운데 나한테서 나온 것이라고는 내가 나 이

③ 그 다음이 여기서 "두 사람이……"에서 이 책 215페이지의 "내가 결혼생활을 시작했을 때……"의 앞까지임.

④ 이 책은 218페이지의 "돌이킬 수 없는 그 손실을 입은 뒤……"에서 시작하는 짧은 1절이 222페이지의 "그 후 오래지 않아서 나는……"의 앞에 들어간다.

전의 사상가들에게서 얻어 자신의 사상체계에 합쳐 넣음으로써 내 것으로 만든 사상밖에는 없다. 내 문필생활의 대부분 기간 동안 내가 그녀에 대해 맡았던 역할은 꽤 이른 시절부터 나의 사상적 영역에서 나 자신이 맡을 수 있는 제일 유효한 역할이라고 생각했던 것, 명확히 말하자면 독창적 사상가들의 해설자의 역할이자 그와 같은 사람들과 대중 사이에 다리를 놓아 주는 역할이었다. 그것이 내가 늘 말하는 추상적인 학문(논리학, 형이상학 게다가 경제학이나 정치학의 원리적 이론과 같은)의 방면은 별도로 하고, 독창적 사상가로서의 자기 재능에 대해서는 늘 겸양했다. 그러나 누구에게서나 배우려는 의욕과 능력에 있어서는 대부분의 같은 연배의 사람들보다 훨씬 낫다고 스스로 생각했다.

아무리 새로운 사상이든, 혹은 아무리 낡은 사상이든 어쨌든 모든 사상을 위한 변호론을 나처럼 철저하게 검토하는 습관을 가진 인간은 거의 볼 수 없었다. 비록 그것이 틀린 의론이라 치더라도 그 밑바닥에는 진리가 없지 않으리라는 생각과 그리고 어느 경우를 막론하고 한 사상을 그럴싸하게 보이게 하는 것을 파고들면 진리에 이바지하는 바 있으리라고 생각한 나의 확신에서 나온 습관이었다. 그런 의미에서 나의 이런 방면이야말로 내가 특히 노력해야만 하는 의무를 지닌 활동 영역이라고 생각하고 있었다. 그것도 내가 콜리지주의자들, 독일의 사상가 및 칼라일의 사상을 알게 되면서, 그네들의 사상이 내가 어렸을 때부터 받아 온 교육에서 얻은 사고방식과 정반대되는 것임에도 불구하고 그 사상들 속에는 오류도 많이 있지만 진리 또한 적지 않다는 것을 확신하게 됨에 따라 나는 더욱 그러한 사명감을 갖게 되었다. 그들은 그들의 진리를 초월한 신비주의적인 술어로 표현하는 버릇이 있어서 그 진리를 이런 술어 속에 가두어 놓고 그것을 공개할 생각도 갖고 있지 않았으며, 또 그것을 어떻게 공개할지도 알지 못했기 때문에 이렇지 않았던들 그것을 받아들일 수 있었던 정신의 소유자들에게도 그 진리가 가려져 있었다.

나는 그 진리를 그들의 오류로부터 가려 내어 철학상 나 자신의 편에 있는 사람들에게도 이해될 수 있고 또 반감을 사지 않을 용어로 설명할 수 있을 것이라고 생각했다. 이 정도로 말하면, 가장 뛰어난 정신능력을 가진 사람, 즉 그 천재적 소질이 사상면에서 성장 발전하여 나보다 훨씬 앞서 계속 여러 진리를 발견한, 그러나 그 진리들 속에서는 다른 사람들의 경우처럼 오류가 혼합된 것을 전혀 찾아볼 수 없었던 사람들인 그들과 친밀한 지적 교제를 가졌을 때, 내 정신적 성장의 거의 전부가 그 여러 진리를 동화하는 것이었고, 또 내 지적 방면 사업의 가장 귀중한 부분이 여러 진리와 나 자신의 사상 체계를 연결시키는 다리를 놓고 길을 트는 것이었음은 쉽게 믿을 수 있는 일이라고 생각한다.*

* 나의 정신적 성장의 각 단계 중에서 내가 그녀에게서 얻은 바가 많았던 점은 이 문제에 대해서 아무것도 모르는 사람이 생각하는 것 같은 점은 결코 아니다. 가령 법률적·정치적·사회적·가정적 모든 관계에 있어서 남녀간에는 완전히 평등하여야만 한다는 나의 강력한 확신은 그녀로부터 차용했고 또는 배웠는지도 모른다고 상상하는 사람도 있을 것이다. 이것은 사실과는 거리가 먼 것이다. 그러한 신념은 내가 정치문제에 대해서 깊이 생각한 결과의 하나인 것이다. 그리고 내가 그러한 확신을 갖게 된 바로 그것이 그녀가 나에게 흥미를 가지게 한 무엇보다도 큰 원인이라고 나는 믿는다. 사실대로 말한다면, 내가 그녀를 알기 전에 이 견해는 이미 내 마음속에 있었다. 그러나 그것은 추상적 원리에 지나지 않았다. 나는 남자가 다른 사람들에게 법률상 예속해야만 할 이유가 없다면 여자들도 꼭 마찬가지여야 한다고 생각하였다. 여자의 권리도 남자의 권리에 조금도 뒤떨어지지 않게 보호되어야 하며, 그렇게 된다면 인간을 제약하는 법률제정에도 여자가 평등한 발언권을 갖지 않

나의 저서 중에서 아내의 도움이 현저하게 나타난 최초의 것은 《경제학 원리》였다. 《논리학 체계》는 문장의 비교적 상세한 점을 제외한다면 아내보다 나은 점은 없다. 문장을 들고 보면 나의 저작은 그 대소를 불문하고 아내의 정확하고 명철한 비판*에서 매우 많

고서는 결코 그러한 보호는 획득되지 않는다는 것이 나의 생각이다. 다만 나의 저서 《여성의 해방》 가운데 쓰여 있는 것처럼 여성이 실제적으로 어떤 다방면에 걸쳐 법률적으로 무능력하다는 인식은 주로 아내에게서 배웠던 것이다. 아내의 인간성에 대한 보기 드문 지식이나, 도덕적·사회적 영향에 대한 깊은 이해력이 없었던들 나는 현재 내가 가지고 있는 견해는 물론 갖고 있다고 하더라도, 부녀자가 열등한 지위를 가짐으로써 생기는 여러 가지 결과가 현존 사회의 뭇 죄악이나 인류 진보의 모든 장해와 어떤 모양으로 얽히는가 하는 데 대해서는 아주 불충분한 개념밖에는 갖지 못했을 것이다. 나는 참으로 이 문제에 대하여 그녀의 가장 뛰어난 사상을 어떻게 신통치 못하게 표현했는가, 만약 그녀가 이에 관한 그녀의 사고 전부를 자신이 집필한다든가 혹은 그녀가 더 오래 살아서 나의 불완전한 서술에 대하여 정정을 가했다면 (살았으면 틀림없이 이것을 했을 것이다), 어떻게 하든 이 보잘것없는 논문은 면목을 일신(一新)했을 것이라고 나는 뼈저리게 느끼고 있다.

* 《논리학 체계》를 준비함에 있어, 내가 조금이라도 직접 도움을 받은 단 한 사람은 그 후에 마땅히 그의 철학상의 저작으로 유명해진 베인(Bain)이었다. 그는 인쇄에 회부되기 전의 원고를 주의깊게 검토하여 과학에서 많은 실례나 예증을 추가해 보충하여 주었다. 나는 이 실례의 대부분과 또 그가 내 논리학에 있어서의 견해를 확증하느라고 써 준 몇 가지 공평한 비판을 그 자신의 표현과 거의 다름없는 말로 이 책에 첨가했다.

내가 콩트에게서 얻었다는 것은 대개 그 저작인 《실증철학 체계》 중에서 그 때까지 출판되어 있었던 부분에서만이었다. 그리고 이미 이 자서전 속에서 말한 것으로 미루어 짐작할 수 있는 바와 같이, 내가 그의 저작에서 얻은 이익량은 그 때 남들이 주장한 정도로 많지는 않다. 이 책의 기본적인 학설은 전부 제1권에 포함되어 있다. 그러나 제1권은 내가 콩트의 논문을 보기 전에 사실상 완성되어 있었다. 내가 그이에게서, 특히 〈가설〉의 장(章) 및 대수학의 이론에 대한 견해는 많은 귀중한 사

은 도움을 받고 있다. 《경제학 원리》 가운데 다른 어느 장에서보다도 여론에 가장 큰 영향을 준 〈노동계급의 장래의 예측〉이란 1장은 전적으로 아내 덕분이며 보다 앞선 것으로, 이 저서의 최초의 초고 때 그 장은 없었다. 아내는 그와 같은 장이 필요하고, 그것이 없으면 전체가 어딘가 불완전하다고 지적하면서 나에게 그것을 쓰게 했다. 그 장의 비교적 개론적인 부분이나 노동계급의 정당한 생활조건에 관한 두 개의 서로 대립하는 설을 논술한 부분은, 전적으로 아내의 사고방식을 해설한 것이고, 때로는 언어까지도 그녀의 입에서 나온 것이다. 경제학의 순수한 이론적인 부분은 내가 아내에게서 배운 것은 아니다. 그러나 이 책을 조금이라도 과학적이라고 가장한 재래의 모든 경제학 해설서와 구별하여 그 재래의 책에 불만족한 사람들에게 경제학에 대해서 호의를 갖게 하는 데 많은 도움을 준 그 전체의 논조는 주로 아내의 힘에 의한 것이다.

이 논조가 어디서 왔느냐 하면 그것은 주로 부(富)의 생산의 여러 원칙〔이것은 대상 자체의 성질에 기초를 둔 완전한 자연법칙이었다〕과, 그 분배의 방식〔이것은 몇몇 조건 밑에서 인간의 의지에 의해 결정되는〕과의 사이에 당연한 구별을 한 데서부터 생겼다. 보통 경제학자들은 이 두 가지를 같은 경제법칙의 이름 밑에서 혼동하여, 인간의 노력에 의해 깨뜨려지거나 변경될 수는 없다고 생각하고, 우리들의 지상의 생존에 따르는 불변하는 여러 조건에 의존하는 것과 실은 특정한 사회 기구의 필연적 결과에 불과하며 따라서 그 기구가 변하면 마땅히 변하는 것과의 쌍방에 같은 필연성을

고방식을 배웠다. 그러나 논리학 방법의 응용면에 대한 나의 사고방식에 그의 덕분으로 다소나마 근본적인 개선을 가하여 놓은 것은 최종편의 〈정신 과학의 이론〉 부분뿐이다. 이 개선에 대해서는 이미 이 자서전의 처음 부분에서 대충 논술했다.

인정하려고 한다. 일정한 제도와 습관이 이미 주어지면 노임과 이윤 및 지세는 일정한 원인에 의하여 결정된다. 그러나 이 파(派)의 경제학자들은 여기서 이 중요한 전제는 떼어 버리고 이 원인들이 사람의 힘으로는 어떻게 할 수 없는 내재적 필연성에 의하여 생산물의 분배에 있어서 노동자 및 자본가들, 그리고 지주들의 수중에 들어가는 몫을 결정짓는다고 논한다.

나의 《경제학 원리》가 이 원인들이 예상하는 여러 조건하에서 어떻게 작용하는가를 과학적으로 이해하려고 착안한 점은, 여러 선배 경제학자들의 저서보다 못하지 않다. 그러나 그것은 이 조건들을 최종적인 것으로 다루지 않는 점에서 새로운 기틀을 세웠다. 경제법칙은 자연의 필연성만으로 되는 것이 아니고, 그와 현존하는 사회 기구와의 결합에 의해 이루어지는 것이므로 마땅히 그것은 일시적인 것이며, 사회 개량의 진도에 의해 크게 변화를 받는 것으로 이 책은 다루었다. 실은 나의 이와 같은 견해는 생시몽 학파 사회주의자들의 의견을 고찰함으로써 나의 머리를 일깨워 주는 사고로부터 그 일부가 우러난 것이지만, 그것이 이 책의 전체에 걸쳐 생기를 불어넣어 주는 강한 지도원리가 된 것은 아내의 자극에 의한 것이었다. 아내가 나의 저서에 어떤 공헌을 해주었는지에 대한 대충은 이 실례로써 증명될 것이다. 추상적인 순 이론적인 부분은 대개 내 고유의 것이었지만, 더러 인간적인 요소는 아내에게서 나온 것이고 철학을 인간 사회나 진보의 필요성에 적용하는 모든 문제에 있어서 사색의 대담한 점으로 보나 실제적 판단의 조심스러운 점으로 보나 나는 그녀의 제자였다. 왜냐하면 한편으로는 그녀가 장차 올 세상의 형편을 예측하는 데 있어, 그녀 없이 나 혼자서 하게 될 경우보다 훨씬 더 용감하고 선견지명이 있었기 때문이다.

그런데 이러한 예측에 있어서는 오늘날 보편적 원리와 흔히 혼동

되고 있는 한정된 법칙 중 많은 것이 실제에 적용될 수 없는 것이 되고 만다. 나의 저서, 특히 《경제학 원리》 가운데 종래의 사회주의자들이 주장하고 경제학자들로부터는 일반적으로 맹렬한 기세로 부정되어 온 것 같은 미래의 여러 가지 가능성을 고찰하고 있는 각 부분 따위는 아내가 없었더라면 전혀 쓰지 못하였든지 혹은 보다 소심하고 더욱 한정된 형의 암시에 그쳤을 것이다. 그러나 이렇게 그녀가 한편으로는 나로 하여금 인간 문제를 사색하는 데 있어 좀 더 대담하게 했으며, 다른 한편으로는 그녀의 실제적인 두뇌와 또 현실의 여러 가지 장애를 거의 확실하게 식별하는 판단력은 내 내부의 그야말로 공산적인 경향을 온통 억제해 주었다. 그녀의 정신은 모든 관념에 구체적 형상을 부여했고, 어떻게 하면 이 관념들이 현실 생활에서 활동하게 될까 하는 것을 마음에 그렸다. 그리고 인류의 현재 감정과 행위에 대한 그녀의 지식은 잘못에 빠지는 일이 거의 없었으므로, 조금이라도 실제로 적용될 것 같지도 않은 제안이 있으면, 그 약점을 보지 못하고 넘긴 적은 거의 한 번도 없었다.*

내가 결혼생활을 시작했을 때와 그것을 끝내게 된 비극과의 기간 사이에 외부적으로 나타난 내 생활에서 일어난 중요한 일은 {처음으로 우리 집안이 전염병에 걸렸던 일과, 그 결과 건강을 회복하느라고 6개월 이상이나 이탈리아, 시칠리아 및 그리스를 여행한 것을 제외하고는}, 동인도 회사에서의 내 지위에 관한 것이었다. 1856년

* 《경제학 원리》를 최초로 세상에 내놓았을 때, 증정용의 약간의 부수에는 이 책이 아내에게서 입은 도움이 얼마나 많은가를 명기한 몇 줄의 사사(謝辭)를 권두(卷頭)에 달았다. 그 이외의 판에 이런 자구(字句)가 없는 것은 첫째로 아내가 세상에 알려지는 것을 좋아하지 않았기 때문이다.

에 나는 이미 33년 동안이나 근무해 온 부서의 장으로 승진했다. 이 때 임명된 인도 통신 심사부장의 지위는 동인도 회사 본국 근무원 가운데 소장 다음가는 지위로 인도의 여러 정부 기관과의 육·해군 및 재정 관계만 제외하고서는 전 통신을 모두 감독하는 임무를 띤 것이었다. 나는 이 지위가 없어질 때까지 그 자리에 있었다. 그것은 2년 남짓한 세월이었다. 그 후 의회는, 꼬집어 말하자면 팔스톤(Palmerston) 경이 영국 왕권하의 인도 통치의 일부분으로서의 동인도 회사를 폐지하고 인도의 행정을 영국 의회의 2류 내지 3류급 정객들의 쟁탈물이 되게 했다. 동인도 회사는 물론 그 자신의 정치적 생명이 끊어지는 데 대해 항거했는데, 나는 이 항거의 중심인물이었다. 그리고 이 변혁의 어리석음과 폐해에 관한 내 의견에 대해서는 내가 그 회사를 위해서 쓴 공개장과 청원서 및 내 저서 《대의 정치론》의 마지막 장을 읽어 보면 잘 이해가 갈 줄 안다.

나 개인으로는 이 변혁으로 이득을 보았다고 생각했다. 왜냐하면 나는 인도에 내 생애의 충분한 양을 바쳐 일했고, 또 넉넉한 보수를 받고 퇴직하는 것이 그렇게 나쁘지도 않았기 때문이다.

이 변혁이 수행된 후, 초대 인도 사무장관이 된 스탠리(Stanley) 경은 인도 정무 심의회(印度政務審議會)의 평의원이라는 명예스러운 직위를 맡아 달라고 청해 왔다. 그리고 이 심의회가 처음으로 그 공석을 메우지 않으면 안 되게 되었을 때, 심의회 자체로부터 다시 이 청을 해왔지만 새로운 제도하의 인도 통치의 여러 조건으로 보아, 나는 거기에 참여함으로써 공연히 마음만 상하고 시간만 낭비하는 것밖에 없다고 생각되었다. 그 후 일어난 모든 사건은 내가 이 청을 사절한 것을 조금도 후회하지 않게 했다.

내가 사무소 근무를 그만두기 직전의 2년 동안, 나와 아내는 《자유론》을 함께 저술하고 있었다. 나는 처음 이것을 1854년에 짧은 에세이로 계획하고 집필한 바 있었다. 이것을 다시 써서 한 권의 책으로 만들어 보려는 생각이 일어난 것은 1855년의 1월, 로마 의 사당의 돌계단을 올라가고 있을 때의 일이었다. 나의 저서 중에서 이 작품만큼 주의깊게 저술된 것은 없고 또 이만큼 엄밀하게 수정한 것도 없다. 늘 하던 대로 두 번 원고를 다시 쓰고, 그 후 우리는 그것을 그대로 옆에 두고 가끔 꺼내서 문장 하나하나를 다시 읽어 생각해 보고 비판하면서 새로 전부 고쳐 썼다. 그 최후의 수정은 나의 퇴직 후 첫 해인 1858년 겨울에서 1859년 겨울까지 예정되어서, 우리들은 그 겨울을 남부 유럽에서 지내기로 작정했다. 그 희망과 다른 모든 희망은 전혀 예상하지 않았던 아내의 죽음이라는 쓰라리고 원통한 일로 좌절되고 말았다. 즉 두 사람이 함께 몽펠리에로 가는 도중 아비뇽(Avignon)에서 아내가 갑자기 폐충혈(肺充血)로 쓰러진 것이다.

그 때 이후로 나는, 그녀가 아직도 내 곁에 있다는 것을 느낄 수 있는 가장 좋은 생활방법을 취함으로써 나의 사정이 허락하는 한 마음을 위로하려 하였다. 나는 그녀가 묻힌 데서 될 수 있는 대로 가까운 곳에 조그마한 집을 하나 사서, 그곳에서 그녀의 딸{나와 함께 슬픔을 당한 자이며, 이제는 다른 무엇보다도 나의 위로가 되는}과 함께 1년의 대부분을 살고 있었다. 내 인생의 목적은 오직 아내가 목적으로 삼았던 것이며, 나의 연구나 일도 그녀가 협력하고 혹은 찬성했으며 그리고 아내와 뗄래야 뗄 수 없는 밀접한 관계가 있는 것뿐이다.

아내에 대한 추억은 나에게는 하나의 종교요, 그녀가 옳다고 시인한 것만을 기준삼아서 가치 있는 모든 것을 수습해 가며 나의 생활을 규제하려고 노력하고 있다.*

돌이킬 수 없는 그 손실을 입은 뒤 최초에 내가 마음 쓴 일 중 하나는 그 대부분이 지금은 돌아간 아내의 손에 의해 작성된 그 논문을 인쇄 출판해서 아내의 영전에 바치는 것이었다. 나는 이 논문에는 단 하나도 수정하거나 보충하지 않았으며, 앞으로도 결코 안 할 생각이다. 그녀의 손에 의한 최후의 손질은 못하였지만, 그녀를 대신해서 내가 해볼 생각은 없다.

《자유론》은 내 이름으로 나온 다른 어떤 책보다도 더 직접적으로, 또 문자 그대로 우리들의 합작이었다. 그 속의 어느 한 문장이라도 두 사람이 몇 번이든 퇴고하고 여러 가지로 검토해 내용이나 표현에서 우리가 발견한 잘못을 조심스럽게 수정하지 않은 것이 없기 때문이다. 이 저작이 결국 그녀의 최후의 수정을 못 받았음에도 불구하고, 단순한 문장의 표본으로서 그 전후를 통해 나의 작품을 전부 능가하고 있는 것은 바로 이 때문이다. 그 내용에 관해서는 특별히 어느 부분 혹은 어느 요소가 그녀의 것이라 해야 할지 분간하기 어렵다. 이 책에 표명되어 있는 전체의 사고방식은 확실히 그녀의 것이었지만, 나 자신도 전적으로 감화되어 있었기 때문에 당연히 같은 생각이 우리들 쌍방의 머리 속에 떠올랐던 것이다. 그러나 그것이 이처럼 나에게 물들었던 것은 그녀의 영향이 컸다. 나의 정신적 발전의 도상에서 나는 사회적으로나 정치적으로 지나친 간섭주의적 경향에 쉽사리 빠질 수 없었던 시기가 있었다.

한편 이에 극단적으로 반대되는 반동으로 흐르는 나머지 내가 현재보다 철저하지 못한 급진주의자나 민주주의자가 되었을지도 모를 시기가 있었다. 다른 많은 시점에서와 마찬가지로 어느 때에도

---

* 이상은 1861년 혹은 그 이전에 집필했거나 수정했다. 이하는 1870년의 집필이다〔이것은 헤런 털러의 주(註), 컬럼비아 대학판에는 없음〕.

그와 같은 예는 많았다. 그녀는 나를 새로운 진리로 이끌기도 하고 과오에 빠지지 않게도 했으며, 또한 내 입장이 옳을 때에는 나로 하여금 그 입장을 지켜 나가도록 하여 나에게 무척 많은 도움을 주었다. 나는 누구에게서나 기쁘게 열심히 배우고 또 낡은 사상과 새로운 사상을 서로 조화시킴으로써 새로이 얻게 된다는 견해를 받아들일 마음을 항시 갖고 있었다. 때문에 그녀의 건실한 힘이 없었던들 결국은 새로운 것에 유혹되어 앞서의 의견을 지나치게 고치려는 결과를 초래했을 것으로 믿는다.

나의 정신적 발전에 있어서 제일 그녀가 고마운 점은, 여러 가지 사상의 상대적 가치에 대한 그녀의 평가가 공정했다는 것이다. 그 때문에 나는, 얼마 전에 깨달은 진리를 내 사상 속에서 그 당연한 위치보다도 중요한 자리에 놓고 보려는 오류에서 벗어난 예가 적지 않다.

《자유론》은 내가 쓴 다른 어떤 것보다도 오랜 생명을 가지게 될 것 같다〔아마 《논리학 체계》는 예외일지도 모른다〕. 그것은 아내와 나의 공동작업이 이른바 모든 한 개의 진리를 말한 철학의 교과서처럼 되어 있고, 더욱이 그 진리는 현대 사회에 계속되어 일어나는 변혁과 더불어 차츰차츰 강한 물결처럼 명확히 되어 오는 경향이 있기 때문이다. 그 진리는 결국, 성격적 형태에는 여러 가지가 있고, 더군다나 인간의 성격이 헤아릴 수 없는 서로 대립하는 방향을 향해 발전하도록 충분한 자유를 주는 것이 개인이나 사회에 중요하다는 것이다. 이 진리의 근거가 얼마나 깊은가 하는 것은 피상적으로 관찰하면 그러한 교훈이 별로 필요할 것 같지 않아 보였던 시기에도 그것을 제창하여 깊은 감명을 준 사실로 미루어 무엇보다 잘 알 수 있는 일이다.

사회적 평등 및 여론 정치의 필연적인 발달은 인류에게 사상 및 행동의 획일(劃一)이란 억압적인 멍에를 짊어지게 하지 않을까 하고 근심하는 것은 앞으로의 경향보다 현재의 사실을 더 치중해서 보는 사람들에게는 아무 쓸데없는 걱정이라고 생각되었을지도 모른다. 왜냐하면 사회 제도에서 일어나고 있는 점차적인 혁명은 지금까지 새로운 사상의 발달에 결정적으로 유리했고, 또 세상 사람들로 하여금 지금까지보다도 훨씬 더 편견 없는 태도로 새로운 사상을 경청하게끔 해오고 있기 때문이다.

그러나 이것은 낡은 사상과 감정이 흔들리고 있는데도 새롭고 보다 우세한 학설이 아직 나타나지 않은 전환기에 속하는 하나의 특성이다. 이런 시기에 조금이라도 정신활동을 하는 사람이라면 그들의 낡은 신념은 버렸지만, 그들이 아직 간직하고 있는 신념이 수정되지 않은 채 그대로 지탱될 수 있을까 미심쩍어 하면서 자연히 새로운 사상에 열심히 귀를 기울이게 되는 것이다. 그러나 이러한 사태는 반드시 일시적이어서 다른 국면으로 넘어가게 마련이다. 즉 어떤 특정한 사상과 학설의 체계가 얼마 안 가 그 주위에 대중을 규합하여, 그 체계에 들어맞도록 사회 제도와 행동 양식을 조직한다. 교육은 이 새로운 신조를 여기까지 이끌어 온 여러 정신적 과정을 겪지 않은 새 세대에 주입한다. 그리고 차차 이 새로운 신조는 그것이 물리친 낡은 신조가 그렇게도 오랫동안 휘두르고 있었던 것과 똑같은 강제성을 갖게 된다. 이 유쾌한 힘을 현실적으로 행사할 수 있는가의 여부는 인류가 그 때까지 이것을 휘두르면 반드시 인간성의 발전을 방해하고 위축시키고야 만다는 것을 깨닫게 되는가 깨닫지 못하게 되는가에 달려 있는 것이다. 《자유론》의 교훈이 그 최대의 가치를 발휘하게 되는 것은 바로 이 때다. 그리고 이 교훈이 그러한 가치를 오랫동안 유지해 가지 않을까 염려되는 것이다.

독창성이라는 점에서 이 책은, 사상을 가진 모든 사람이라면 공유재산인 진리도 독자적인 방식으로 생각하고 독자적인 표현방법으로 표현한다는 의미에서라면 그것은 가지고 있지 않다. 그 중심 사상은 여러 시대에 걸쳐 고립적 사상가에게만 한정되어 있기는 했지만, 문명이 시작된 이래 어느 시대에나 인류가 전혀 갖지 않은 적은 없었던 사상이다. 최근 몇 세대만 두고 보더라도, 페스탈로치(Pestalozzl)의 노력과 천재에 의해 유럽에 퍼진 교육과 교양에 관한 중요한 사상의 흐름 속에는 이것이 뚜렷이 포함되어 있으며, 빌헬름 폰 훔볼트(Wilhelm Von Humboldt)가 이 사상의 무조건적인 주장자였던 것은 이 책에서도 언급한 바 있다. 그러나 훔볼트만이 그 나라에서 고립되어 있었던 것은 결코 아니다. 이 세기〔즉 19세기〕의 초기를 통하여 개성 존중의 주장과 도덕적 성격을 독자적으로 발전시켜야 한다는 학설은 독일 사상가의 어느 한 파(派) 전체가 과장될 정도로까지 제창하였다. 또한 독일의 전 저작가들 중에서 가장 대표적인 괴테는 이 파나 저 파에도 속하지 않았지만, 그 저작에서는 전체를 통해서 도덕감이나 인간 처세관에 대한 뚜렷한 신념이 서 있었다. 괴테의 견해는 내가 보는 견지에서는 종종 옹호할 수 없는 것도 있지만, 그러나 그 견해는 자기 발전의 권리와 의무에 관한 학설 가운데 용납할 수 있는 것이면 무엇이든지 옹호하려고 계속 바라고 있다.

우리나라〔즉 영국〕에서는 《자유론》이 저술되기 전에 개성론이 윌리엄 매콜리(1812~1888)에 의하여 《개인주의의 원리》란 제목하에 최고의 역작으로서 일련의 저서 가운데 때로 피히테를 연상케 하는 힘찬 웅변조의 문장으로 열렬히 주장했다. 또한 뛰어난 미국 사람인 워렌(Warren)은 '개인의 존엄'을 기초로 하나의 사회 체제를 생각해 내곤 몇 사람의 추종자를 얻어, 실지로 '새 마을'의 조직에까지 이르게 되었다. 그 마을이 지금 존재하고 있는지는 잘 모르겠지만, 이 마을은 사회주의자의 계획에 의한 것처럼 외관상으로는 닮은 데가 있지만 원칙에 있어서는 정반대되는 것이다. 모든 개성이 발전할 수 있는 평등한 자유를 강요하는 것을 제외하고는 그 사회 안에서 개인에 대한 그 어떤 사회의 권위도 인정하지 않은 것이다. 내 이름으로 출간된 《자유론》은 그 속에 있는 주의 주장이 어느 것에 대해서도 그 독창성을 내세우지 않으며 또 그 주의 주장의 역사를 저술하려 했던 것은 아니다. 그러므로 나 이전에 이러한 주의 주장을 한 저술가들 가운데 내가 언급하는 것이 마땅하다고 생각하는 유일한 저술가는, 이 책의 표제를 제공해 준 홈볼트[4]였다. 그러나 어떤 구절에는 워렌 일파로부터 '개인의 존엄'이라는 글구를 인용하고 있다. 여기서 말한 선배들 각기의 학설이나 사고방식과 내가 책에서 서술한 그것과의 사이에는 세부에 들어서면 많은 차이가 있다는 것은 다시 말할 필요도 없다.

그 후 오래지 않아 나는 정치적 정세에 자극을 받아 팜플렛 《의회 개혁 소감》을 써서 출판했다. 그 일부는 수년 전 유산되어 버린 선거법 개정안의 하나가 제출된 기회에 집필하여 그 당시 아내의 찬성과 수정을 얻은 것이다. 그 중요한 특색은 무기명 투표에 대한 반대 (이것은 우리 두 사람이 같이 가졌던 사상의 변화인데, 그녀가 나보다 조금 더 먼저 이 변화를 가졌다) 와 소수파 대표에 대한 요구였다. 물론 그 당시는 거스 마샬(Garth Marshall)이 제창한 누가투표권(累加投票權)[5] 이상의 것을 요구하는 사람은 없었다.

---

4) 《자유론》의 첫머리에는, "이 책에서 전개되는 모든 의론이 직접 목적하는 위대한 지도원리란 인간이 절대적으로 다채다양한 발전을 수행하는 것이 절대적으로 필요하다는 것이다"라는 홈볼트의 《정치영역과 의무》 중의 구절을 인용하고 있다.

1859년의 더비(Derby) 경과 디즈렐리(Disraeli) 내각의 선거법 개정안의 논의에 도움이 되도록 할 목적으로 제3의 안목(眼目)의 참고가 될 것을 첨가했다. 그 전처럼 재산을 참작하여 주는 것이 아니라 고등교육을 받았다고 입증되는 사람에게 복수의 투표권을 주자는 주장이었다. 이것은 국민의 중대한 관계를 결정하는 데는 모든 남녀가 발언권을 가져야만 한다는 어찌할 수 없는 주장과, 뛰어난 지식에 기초를 둔 의견에는 당연히 그에 해당하는 대우를 받아야 한다는 사고방식을 절충시키는 수단으로써 생각해 낸 것이었다. 하지만 이 안은 거의 절대로 오류에 빠지는 일이 없는 나의 상담자인 아내와 한 번도 토론해 보지 못한 것이요, 따라서 그녀가 여기에 대해서 같은 생각을 가졌는지는 나로서 전혀 알 길이 없다.

내가 지금까지 관찰해 온 한은, 여기에 대해 찬성하는 사람을 나는 한 사람도 보지 못했다. 선거권에 어떤 불평등을 원하는 사람은 누구나 재산 관계로 원하는 것이지, 지성이나 지식 때문에 원하는 것은 아니기 때문이다. 만일 이 안이 언젠가 그것에 대해서 반대하는 강렬한 감정을 극복하는 날이 온다면, 그것은 오직 계통이 선 국민개교육(國民皆教育)이 확립되어서 정치적으로 귀중한 지식이라고 하는 여러 단계가 정확히 결정되어 확인이 된 후에야 올 것이다. 이렇게 되지 않는 한, 그것은 언제나 강렬하고 아마 결정적인 반대를 받을 것이다. 그러나 이렇게 되는 날에는, 그 안은 필요가 없을지도 모른다.

《의회 개혁 소감》의 공간(公刊) 후 얼마 안 가 나는 헤어(Hare)의

---

5) 모든 유권자는 후보자 수와 같은 수의 투표권을 가지고 그것을 어느 한 사람에게 집중하거나 몇 사람의 후보자에게 나누어 주어도 하등 상관이 없다는 방식이다.

굉장한 비례대표제도의 생각을 알았다. 그것은 현재와 같은 형태로 그 때 처음으로 공표되었던 것이다. 나는 이 위대하고 현실적이며 동시에 철학적인 사고방식이야말로 대의정치제도에 임하는 최선의 개혁이라고 생각했다. 그것은 또한 대의정치의 최대의 결함, 그리고 전에는 대의제도에 고유한 것으로 생각되었던 결함을 깨끗이 제거해 주는 것이었다. 이 결함이란 우연히 여러 지방에서 의견이 고르지 않게 분포됨으로써 소수파가 의회에 들어가는 기회를 얻을 때를 제외하고는 다수당이 그 의원 수에 비례하는 권력만을 가질 뿐만 아니라 게다가 모든 권력을 장악하고 또 가장 강한 정당이 약한 정당들을 모두 배제하면서 자기네 주장만을 국회에서 밀고 나아갈 수 있는 일이다. 이러한 큰 폐단에 대해서 그 때까지는 아주 불완전한 대책밖에는 있어 보이지 않았다.

그런데 헤어가 제창한 제도는 근본적인 시정책을 제공하는 것이었다. 그것은 참으로 정치기술에서의 위대한 발견이었다. 이에 따라 나뿐만 아니라 그것을 받아들인 모든 사려깊은 사람들에게도 같은 생각이라고 믿지만, 인간사회의 전도에 대한 새롭고도 낙관적인 희망을 품게 해주었다. 모든 문명사회가 명백히 호불호간에 지향하고 있는 정치형태를 그 궁극적인 가치에 제한을 가하거나 혹은 의혹을 내포하고 있다고 보이는 가장 큰 결함으로부터 이 안이 해방시켜 준다고 생각했던 까닭이다.

물론 소수 의견은 소수 의견으로 멈추어 있는 한 표결에서는 지고, 또한 지는 것이 마땅한 일이다. 그러나 어떤 투표자의 집단도 그것이 일정한 수에 도달하면, 또한 자기가 선택한 대표를 입법부에 보낼 수 있는 제도가 된다면, 소수 의견 역시 억누를 수 없게 된다. 개개의 독립된 의견이 국민의회에 버젓이 진출하여 거기서 그 의견을 반영시킨다. 이것은 현재와 같은 형태의 대의제 민주주의에서는 흔히 일어날 수 없는 일이다. 그리하여 입법부는 개성이 뚜렷한 여러 가지 주장을 제거함으로써 그저 큰 정당들과 종교단체들의 신조를 대변하는 사람들만으로 구성되지 않고, 국내에서 가장 우수한 사람들이 정당과는 별도로 그들의 개인적 탁월성을 아는 선거인들에게 선출되어 대폭 참가하게 될 것이다.

다른 면에서는 이해력이 있는 사람들도 충분한 검토를 하지 않은 까닭에 헤어의 안을 그 기구가 너무 복잡하다 하여 반대하게 될지도 모른다. 그러나 이 안이 메우려 하는 결함을 느끼지 못하는 사람이나 이 안을 한낱 이론적인 기교 내지 공론이요 아무런 가치 있는 목적에도 이바지하지 못하며, 실제적인 사람들이 주시할 만한 것이 못 된다고 포기해 버리는 사람은 누구나 장래의 정치를 감당할 수 없는 무능한 정치가라고 하지 않을 수 없다. 그러나 이런 사람이 현재 장관으로 있든가 앞으로 장관이 될 야심을 품고 있는 경우엔 사정이 다르리라고 본다. 왜냐하면 자기의 양심이나 혹은 자기의 이익 때문에 어떤 개선책을 공공의 시책으로 채택하고 수행하게 되는 그 날까지는 그냥 계속하여 이 개선책을 덮어 놓고 반대하고, 거기에 대하여 적의까지 표시하는 장관들이 수두룩함을 우리들은 잘 알고 있다.

만약에 나의 팜플렛 출판 이전에 헤어의 생각에 대하여 알게 되었더라면, 나는 반드시 이 팜플렛 속에서 그 제도를 소개했을 것이다. 이렇게 하지 못했기 때문에 나는 《프레이저》 지에 주로 이 목적을 위한 논문을 하나 썼다(이것은 내 잡문집에 재수록되어 있다). 이 논문 속에 나는 헤어의 저서에 관한 논문과 함께 시사문제를 논한 다른 두 저서에 대한 서평도 포함시켰다. 이 두 저서 가운데 하나는 나의 젊은 시절의 친구 존 오스틴이 쓴 팜플렛이었는데, 이 사람은 그 노년기에 이르러 앞으로 의회를 더 개혁하는 일에 대해서는 전적으로 반대하는 입장을 취하고 있었다. 또 하나의 저서는 로리머(Lorimer)가 쓴 것인데, 부분적으로는 잘못된 데가 있었으나 전체적으로 유능하고 힘찬 저서였다.

같은 해 여름 동안 나는 특히 나에게 부과된 하나의 의무를 완수했다. 꼭 그 때에 제2권을 간행하여 완성시켰는데, 베인의 인간 심리에 대한 깊이 있는 논문을 《에든버러 리뷰》 지에 하나를 써서 세상에 주지시키는 데 도움을 주는 일이었다. 또한 나의 짧은 글의 선집(選集)을 만들어 출판했다. 《논설 · 논고집》의 처음 두 권이었다. 수록 논문의 선정은 내 아내가 생전에 해두었던 것인데, 그것을 다시 간행할 생각으로 그녀와 함께 수정 작업을 막 시작했을 따름이었다. 그러나 그녀의 판단과 지도를 더 이상 받을 수 없게 되어, 나는 수정 작업을 더 해나갈 생각일랑 포기해 버렸다. 그래서 그 당시의 내 견해와 맞지 않게 된 부분을 삭제한 것을 제외하고는 그 전에 있던 그대로 그 논문들을 다시 출판했다.

이 해 내 문필 활동의 마지막은 《프레이저》 지에 실린 〈불간섭 방침에 대하여〉라는 제목을 붙인 나의 에세이였다. 내가 이 에세이를 쓴 것은 대륙에서 널리 영국에 대하여 가해지고 있던 비난, 즉 영국이 외교정책에 있어 유달리 이기적이라는 비난에 대해서 영국을 변호하는 한편, 영국의 정책은 영국의 이해관계를 돌보기만 하면 된다는 영국 정치가들이 툭하면 말하는 소극적인 소리와 바로 그 당시 수에즈 운하를 반대하고 있던 팔머스톤 경의 행동이 그러한 비난에 박차를 가하고 있다는 것을 영국 사람들에게 경고하고 싶었던 때문이다. 나는 이 기회를 이용해 국제적 도의의 참된 원칙과 시대나 정세변화에 따라 국제도덕에 마땅히 가해져야만 하는 적당한 수정에 관해서 내가 오랫동안 품어 오던 생각(그 중 어떤 것은 인도에 관한 나의 경험에서 생겼고, 또 어떤 것은 그 당시 유럽 대중의 큰 관심을 사고 있던 국제문제로 인해 생겼다」 을 발표했다. 이 문제는 1848년 프랑스의 임시정부에 대한 브로암 경 및 다른 몇몇 사람이 공격의 화살을 퍼부었을 때 이 공격을 반박하는 글 속에서 내가 이미 그 정부를 변호하고 논한 바 있었다. 이 글은 그 당시 《웨스트민스터 리뷰》 지에 실렸고 지금은 《논설집》에 재수록되어 있는 것이다.

지금 나는 나머지 생애를 순수한 문필생활로 고정시키려고 작정했다. 그러나 무엇보다도 정치, 그것도 단순히 정치 이론이 아니고 정치의 실제에 관한 것을 계속 쓰는 것이 문필활동이라 할 수 있는지는 자못 의심스럽지만 이런 방면의 문필활동은 계속하기로 했다. 그리고 나는 내가 주로 관심을 쏟고, 그 앞길을 염려하여 쓰고 있던 내 조국의 주요 정치 무대로부터 몇백 마일 떨어진 곳에서 그 해의 대부분을 보내고 있었다. 그러나 깊이 생각해 보면, 근래에는 교통이나 통신이 용이하게 되었기 때문에 어느 정도 편안한 환경에 놓이게 된 정치론 집필자에게는 정치활동의 현장으로부터 떨어져 있는 불리한 모든 조건이 없어졌을 뿐만 아니라, 그 불리한 점이 도리어 이익으로 전환되었다고도 할 수 있다.

신문이나 잡지가 나오는 즉시, 그리고 규칙적으로 받아보게 됨으로써 나는 아주 일시적인 정치 현상까지도 뒤지지 않고 따라갈 수 있었으며, 세상 여론의 실태나 동향에 대해서도 서로 소식을 통하는 여러 사람과 개인적으로 접촉해서 얻는 것보다는 훨씬 더 정확한 견해를 얻을 수 있었다. 왜냐하면 누구든지 사회적 교제는 특수한 범위 내지 계급에 국한되어 있는 것이므로 이런 통로로부터는 이런 사람들이 받은 인상밖에 오지 않기 때문이다. 그리고 이른바 사교계가 요구하는 것에 열중하여 시간을 낭비하고 따라서 여론의 기관과 널리 접촉하는 시간을 갖지 않는 사람들은 일반 민심의 동향이라든가 혹은 활동적이고 교육받은 사회 일부의 일반적 경향에 대해 신문을 읽고 있는 은자(隱者)보다도 훨씬 무식하다.

물론 자기 나라로부터 너무 오래 떠나 있는 것—즉 사람과 사물을 그 한가운데서 보는 생생한 인상을 가끔 새롭게 하지 못하는 것—은 여러 가지 불리한 점을 가지고 있다. 그러나 멀리서 편견에 사로잡히지 않고 심사숙고하는 가운데 내리게 되는 판단은 실제에 적용하는 데 가장 신뢰할 만한 것이다. 나는 두 개의 위치를 번갈아가며 잡아 봄으로써 양쪽의 장점을 모두 얻을 수 있었다.

그리고 내 최선의 사상을 나에게 일깨워 준 사람은 이미 없어졌지만, 나는 고독한 사람은 아니었다. 아내가 남겨 둔 딸로서 나에게는 양딸이었는데 {양딸 헬런 테일러는 아내가 지니고 있던 많은 예지를 이어받았고, 아내의 고귀한 성격에 이르러서는 전적으로 그 전부를 이어받고 있었다}, 이 딸이 날로 성장하고 원숙해 가는 여러 가지 재능은 그 날부터 오늘까지 내 아내가 품었던 것과 똑같은 위대한 목적을 위하여 바쳐져 왔다 {그 이름은 이미 그녀의 어머니보다도 더 널리 알려져 있다. 더욱이 그녀에게 별다른 일이 없는 한, 그녀의 장래는 오늘보다도 더욱더 그 명성이 알려질 것은 의심할 필요도 없다. 그녀의 나에게 대한 직접적인 협력이 얼마만큼 귀중한 것이었는가는 후에 다시 말하겠지만, 그녀의 뛰어난 독창적인 판단이 얼마만큼 나에게 혜택을 주었는가 하는 것은 나로서는 도저히 그대로 전할 재간이 없다}.

생각건대 나처럼 큰 손실을 받은 뒤 인생의 제비뽑기에서 또 한 번 행운의 당첨을 한 사람은 확실히 지금까지 나밖에 없었음이 틀림없다 {보기 드문 자질을 구비한 새로운 동반자, 새로운 자극과 충언과 또한 교훈까지 주는 사람을 얻었으므로}. 누구든지 현재나 혹은 앞날에 나와 내가 한 일에 대해서 생각하고자 하는 사람은 모두 내 업적이 한 사람의 지능과 양심의 소산이 아니고 세 사람의 지능과 양심의 소산임을 잊지 말아야 할 것이다(더욱이 그 세 사람 중에서 가장 가치가 없는, 가장 독창성이 없는 한 사람의 이름이 그들의 작업에 붙어 있는 것이다).

1860년과 1861년의 저작 가운데 주요한 것은 두 개의 논문이었는데, 즉시 출판할 의도가 있었던 것은 그 중 하나뿐이었다. 그것은 《대의정치의 고찰(*Cons-Ciderations on Representative Government*)》로, 여러 해 동안 사색에 의해서 민중들을 위한 정치 체제로는 이것이 가장 좋다고 생각한 것을 순서 있게 설명한 것이다.

이 저서에서는 정치의 일반이론 중 여기에서 취급하는 특정한 운영면의 기초로 삼는 데 필요한 것과 더불어 순수한 기본적 제도라는 영역 내에서의 현대의 주요 문제에 대하여 나의 충분한 견해를 논술하였다. 또한 차츰 그 필요성이 높아져서 조만간 정치이론가는 물론 실제적 정치 담당자들이 다 같이 주목하지 않을 수 없게 될 몇 가지 문제를 예상하여 제시하고 있다.

그 예측된 가장 중요한 문제는 다수의 국민 대표로부터 이루어지는 집회에서는 본질적으로 부적당한 법률을 '제정' 하는 기능과, 이것이야말로 그러한 집회의 고유의 의무이며 다른 어떠한 기관에 의해서도 충분히 완수할 수 없는 좋은 법률을 '제정' 케 하는 기능을 구별한다는 문제였다. 그러므로 자유주의 국가의 근본제도의 항구적인 일부로서 입법위원회와 같은 것이 필요하게 된다. 이것은 고도의 훈련을 받은 소수의 법률가로 구성되고 의회가 모종의 법률을 제정해야 한다는 것을 의결하면, 그것을 제정하는 작업은 이 위원회에 위양(委讓)된다. 의회에서는 기초된 법안을 통과시키든지 또는 부결시키는 권한을 가지고 있지만 그것을 변경하는 권한은 수정의 제안을 위원회에서 검토하도록 송부하는 것 이외에는 갖고 있지 않다.

모든 기능 중에서도 가장 중요한 입법이란 기능에 대해 여기에 제기되어 있는 문제는 확실히 벤담에 의하여 처음으로 상세히 논술되었다. 그러나 내 의견으로는 벤담 때에는 문제가 꼭 만족스럽게 해결되지는 못하였다고 생각하고 있다. 그리고 근대 정치 기구라는 큰 문제의 한 특정한 입장에서였고, 나라의 정치를 완전히 국민의 의지로 지배하는 일과 유식층의 활동을 가능한 한 최대한으로 발휘시키는 일을 어떻게 결합시키는가가 문제가 되는 것이다.

이 때 쓴 또 한 가지의 논문은 몇 년 후* 《여성의 해방》이란 제목으로 출판되었다. 이것을 쓴 것은 어떻든 이 큰 문제에 대한 내 의견을 내 힘이 미치는 데까지 충분히, 그리고 결정적으로 해명해 두고자 하는 데 있었다. 그러나 남겨 두는 것도 나쁘지 않다는 딸의 제안에 따라 결국 다른 미출간물과 함께 간수하면서 가끔 꺼내어 내가 할 수 있는 한 가필하여 고쳐 가다가 세상에 가장 유익하겠다고 생각될 무렵에 출판하려 하였다.

최종적으로 출판되었을 때 (이것은 딸의 발상에 의한 약간 중요한 사상과 그리고 딸 자신이 쓴 몇 구절이 첨부되어 있지만), 나 자신의 문장 부분에서도 그 중 가장 인상적이고 가장 깊이 있는 부분은 모두 아내의 사상이다. 이 문제는 우리들 두 사람의 머리 속에 매우 큰 자리를 점령하고 있었고, 이 일로 몇 번이고 대화나 토의를 거듭하였다. 그 결과 말하자면 두 사람 공유(共有)의 사상적 재산이 되어 있는 것을 기초로 내가 집필한 것이다.

이로부터 얼마 안 지나 나는 치워 둔 원고 뭉치 속에서 우리 결혼생활의 마지막 1, 2년 사이에 쓴 미발표 글 일부를 끄집어내어 약

---

* 1869년에 출판되었다.

간 가필을 하곤 그것을 '공리주의' 라는 명제를 붙여서 작은 논문으로 정리했다. 이것은 처음에 3부로 나누어《프레이저》지에 연재시켰고 후에 한 권으로 종합해서 재판했다.

그러나 이보다 조금 전에 세계의 정치 정세는 미국 남북전쟁이 시작됨으로써, 극도로 중대한 고비에 다다르고 있었다. 나는 처음부터 이 전쟁을 좋든 나쁘든 간에 상당히 오랜 기간에 걸친 인간사회의 진로의 분기점이 될 운명을 가지고 있다는 것을 직감하고 몹시 격렬한 감정으로 주시해 왔다. 전쟁이 발발하려는 수년 전부터 미국의 노예제도 논쟁에 깊은 관심을 가지고 계속 주목하고 있었으므로, 나는 이것이 모든 단계에 있어서 노예 소유자들의 노예제 실시 구역을 확대시키려는 하나의 침략적 계획이며, 그 배경에는 금리적 이익과 권세를 부리려는 욕망 그리고 자기들의 계급적 특권을 광신적으로 수호해 보려는 심리 등이라고 생각했다.

나의 친구 케인스(Caines) 교수의 명저《노예권력》에 철저하게 강력히 묘사되어 있는 여러 가지 힘이 체계적으로 움직이고 있었다. 만약 이런 노예 소유자들이 승리하게 되면, 그것은 악의 세력의 승리를 의미하는 것이요 그렇게 되면 진보의 적들에게 용기를 주고 반대로 전 문명세계의 아군들을 실망시킬 것이다. 인간이 인간에 대한 압제 중에서도 가장 포학하고 가장 반사회적인 형태에 기초를 둔 무서운 군사력을 가진 하나의 강국이 생기게 되고, 저 위대한 민주주의 공화국의 위신은 오랜 기간에 걸쳐 땅에 떨어지고, 유럽의 특권계급에게는 아마도 유혈을 통해서만 자신들을 위협하는 세력들을 없애 버릴 수 있다는 확신을 주게 될 것이다.

이와 반대로 북군이 사기를 충분히 떨쳐 전쟁을 성공적으로 수행하여 승리하게 되면, 그리고 만일 종전(終戰)이 너무 빨리 오지는 않고 너무 쉽게 오지도 않으면, 일단 종전이 오게 되는 날엔 그것이 아주 철저하고 결정적인 것이 되리라는 것을 나는 인간성의 법칙과 여러 혁명의 경험에서 미리 내다볼 수 있었다. 북부 국민의 대부분은 아직 노예제도를 더 확대하는 데 반대하는 정도밖에는 그 양심이 각성하고 있지 않았고, 또 합중국의 헌법에 대한 충성심 때문에 노예제도가 이미 존재하고 있는 곳에서 연방정부가 그 제도에 간섭하려는 것을 옳게 볼 수 없었다. 그러나 헌법이 무력 반란에 의하여 흔들리게 되는 날에는 그 감정이 달라지고, 이 저주받을 제도를 영원히 매장할 것을 결심하고, 저 고귀한 노예 폐지론자의 일파〔용감하고 일편단심의 사도인 개리슨(Garrison)이 있고, 능통한 변론가로서 웬들 필립스(Wendell Phillips)가 있으며, 다시 자진해서 죽음에 나선 순교자 존 브라운(John Brown)을 가지고 있는 일파〕와 보조를 같이 할 수도 있으리라는 것이었다.

또한 그렇게 되는 날엔 합중국의 온 국민의 마음이 그들의 헌법 중에 자유의 원칙을 깨뜨리는 일 가운데 가장 큰 것인 노예제도 때문에 외국 사람들에게 변명해야 하는 일이 없음으로써 여러 가지 번거로움에서 해방될 것이다. 동시에 사회의 고정된 상태가 몇 가지 여론을 국민에게 덮어 씌우려는 경향이 적어도 한때나마 사라져 국민의 정신은 더욱 개방되어 제도에 있어서나 혹은 사람들의 습관에 있어서 무엇이든 좋지 않은 것은 좋지 않다고 선뜻 인정하게 될 것이다. 이러한 기대는 노예제도에 관한 한, 완전히 현실화되고 그 다른 점에 대해서도 차츰 실현 과정에 있다.

반란이 성공하느냐 실패하느냐에 따라서 이상과 같은 두 개의 결과 중 어느 쪽이 된다는 것이 미리 예상됨으로써, 우리 영국의 상·중류계급의 거의 전부뿐만 아니라 자유주의자로 통하는 사람들까지도 합세하여 맹렬히 남부 세력에 편들어 이른바 도당 결성에 돌입하는 모습을 내가 어떤 기분으로 보고 있었는가는 쉽게 상상이 될 줄 믿는다. 사실 노동계급과 약간의 문학자나 과학자만이 이 열광적인 공기 속에서 유일한 예외였다. 우리나라 권력계급의 머리 속에서 영구적으로 개선된 것이란 얼마나 적으며, 그들이 버릇처럼 내세우는 자유주의적 견해란 것이 얼마나 보잘것없는가 하는 것을 나는 이 때처럼 절실히 느껴 본 적은 없다. 대륙의 자유주의자 가운데는 이와 같은 가공할 과오를 범하는 이가 한 사람도 없었다. 그러나 우리의 서인도 제도의 농원주(農園主)들에게 달려들어 흑인 노예해방을 시키지 않을 수 없게끔 했던 세대는 지나가 버렸고, 그 뒤를 이은 세대는 여러 해 동안의 토론과 폭로를 통해 노예제도가 끔찍한 죄악임을 절실히 느낄 만큼 교육받지 못한 세대였다. 그리고 영국 사람이란 본래 자기 자신들의 섬 밖 세상 일에 대해서는 별로 주의하지 않는 버릇이 있어서 남북전쟁에 이르기까지의 모든 사건을 전혀 모르고 있었기 때문에 전쟁이 터진 후 1, 2년 동안 그 전쟁의 원인이 노예문제에 있다는 것을 일반적으로 믿으려 하지 않았다. 정견(定見)을 가진 의심할 여지 없는 자유주의적 사상을 품은 사람들 가운데서도 그것을 관세에 관한 분쟁으로 생각하거나 흔히 다른 나라에서 일어나, 그들이 동정을 가지고 바라보는 독립을 위한 투쟁과 비슷한 것이라고 보는 사람이 적지 않았다.

이와 같이 비뚤어진 세론에 대하여 항변하는 소수 사람들의 입장에 선다는 것이 나의 의무였다. 항변을 한 것은 내가 처음이 아니다. 휴즈(Hughes)와 러들로(Ludlow)의 명예를 위하여 기억하지 않으면 안 될 것은 이 두 사람이 투쟁 초기에 발표한 글들이 항의의 도화선을 끊었다는 것이다. 브라이트(Bright)가 가장 강력한 연설로 이에 따랐고 이어 브라이트에 못지 않은 인상적인 언론들이 뒤를 따랐다.

내가 이들에 합세하여 펜을 들려고 할 무렵, 마침 1861년 연말이다가왔을 즈음, 영국의 상선에 타고 있던 남부측 사절단 일행이 합중국 관헌에게 체포된 사건이 생겼다. 아무리 영국인이 건망증이 심하다 할지라도 그 당시 영국에서 일어난 감정의 폭발, 여러 순간에 걸쳐 널리 퍼졌던 합중국과의 전쟁 예상, 그리고 실제로 영국에서 시작되었던 전쟁 준비에 관한 모든 기억을 잃어버릴 만큼은 아직 시간이 경과하지 않았다. 이러한 상태가 계속되는 동안은 미국측을 편드는 말에 귀를 기울일 사람이 없었다. 더군다나 나는 그 처사를 부당하다고 보고 영국은 이 처사에 대해 항의해야 한다고 주장한 사람들과 의견을 같이하고 있던 터였다. 미국측으로부터 부인하는 회답이 오고 전쟁이 터질 위험이 없어졌을 때, 1862년 1월 나는 〈아메리카의 항쟁(The Contest in America)〉이란 제목을 붙인 논문을《프레이저》지에 발표했다{그것을 그 시기에 쓰게 된 것은 딸이 몹시 독촉을 해서였고, 그 점에 대해서는 평생 딸에게 감사를 잊지 않을 것이다. 그 이유는 딸과 나는 그리스와 터키에 수개월 동안 여행을 떠나려던 바로 직전이었고, 만약 딸의 설득이 없었더라면 집필은 여행에서 돌아온 후에야 했을 것이다}.

그 때 나의 논문이 집필 발표되었기 때문에 편협하고 고루한 사상의 물결에 압도되지 않을까 하고 생각하던 자유주의자들을 격려하게 되었고, 또 정의에 편드는 여론의 핵심을 형성하게 되었다. 이 여론의 핵심은 처음엔 서서히, 나중에 북부측의 승리가 틀림없어 보이기 시작한 후로는 급속히 증대하였다. 우리가 여행에서 돌아왔을 때 나는 두 번째 논문을 썼다. 이것은 케인스 교수의 저서에 대한 서평으로《웨스트민스터 리뷰》지에 발표되었다. 영국의 지배계급은 국가로서의 미국의 멸망을 노골적으로 희구함으로써 합중국 내에 좀처럼 가시지 않는 분노의 감정을 일으켰는데, 그로 인해 이제 여러 가지 불유쾌한 방식으로 그 보상을 하고 있다. 영국의 지배계급은 소수의 이름 있는 저작가나 논설가가 미국이 최대의 난국에 처했어도 의연히 미국측에 버티고 서서 상술한 나쁜 감정을 다소나마 전환시켰고, 대영제국을 미국 사람들의 전면적인 증오의 대상으로부터 벗어나게 한 데 대하여 마땅히 감사하지 않으면 안 된다.

이상과 같은 의무를 마친 후, 다음 2년 동안의 나의 주된 작업은 정치와는 관계없는 것이었다. 오스틴의 《법률학 강의》가 그의 사망 후 출판된 것은 그를 추모하려는 나의 정당한 경의를 표하는 동시에 옛날 벤담의 학설을 신봉했을 시대에 나 자신 크게 연구의 대상으로 한 이 문제에 대한 생각을 다소나마 발표할 기회를 제공해 주었다.

그런데 2년간의 가장 큰 산물은 《윌리엄 해밀턴[6] 경의 철학의 고찰(*Examination of Sir William Hamilton's Philosophy*)》이었다. 1860년과 1861년에 걸쳐 출판된 이 해밀턴 경의 강의를 나는 1861년 말경에 읽게 되었다. 처음에는 어떤 잡지의 서평이라도 써 볼까 하는 생각으로 읽었는데, 얼마 안 가 서평 정도로는 도저히 충분치 않으며 적어도 한 권의 책을 쓰지 않고서는 거기에 대해서 제대로 다룰 수 없다는 것을 깨달았다. 그래서 나는 그러한 책을 나 자신이 써도 좋으까 하는 것을 고려하지 않으면 안 되었다. 여러 가지로 고려해 보니, 그렇게 하는 것이 좋으리라는 여러 가지 중요한 이유가 있는 것 같았다.

나는 윌리엄 해밀턴의 강의에는 몹시 실망하였다. 물론 읽을 때는 해밀턴에 대한 선입감 따위는 가지고 있지 않았다. 그의 《리드

---

6) 윌리엄 해밀턴(1788~1856)——조금 뒤에 이름이 나오는 토머스 리드(1710~1796)의 설을 이어 대성한 스코틀랜드의 철학자다. 여기서 문제가 되어 있는 그의 《형이상학 강의》는 그의 사후에 제자가 편집한 것이다.

논고(*Note on Reid*)》는 아직 그것이 미완성 상태였으므로 당시에는 잘 읽지 않았지만, 《철학 논의》는 결코 무시하지 않았다. 그리고 심리학적 사실들을 취급하는 그의 일반적 방식이 내가 제일 좋다고 여긴 방식과 달랐음을 알고 있었지만, 그가 후기에 선험주의자들에 반대하면서 전개한 힘찬 변론과 몇 가지 주요한 원리, 특히 인간의 지식의 상대성에 대한 꾸준한 주장은 나로 하여금 그의 사상의 많은 점에 공명할 수 있게 하였고, 또 진정한 심리학이 그의 권위와 명성에 의하여 잃는 것보다 오히려 얻는 것이 많다고 생각했다. 그러나 그의 《형이상학 강의》와 《리드 논고》는 나의 이 환상을 무산시켜 버렸다. 그리고 이 견지에서 볼 때 《철학 논의》도 그 가치의 대부분을 잃어버리는 것이었다.

나는 그의 생각과 내 생각이 외면상으로 일치해 보이는 여러 가지 점이 실제 일치하는 것이라기보다는 언어 표현상의 일치임을 발견하였다. 즉 그가 인정했다고 내가 생각한 중요한 철학적 원리들이 그에 의하여 거의 아무런 의미가 없는 것 혹은 전혀 의미가 없는 것으로 처리되거나 그렇지 않으면 지속적으로 간과되고 있었다. 또 그런 원리들과 전혀 어울리지 않는 학설이 그의 저서의 도처에서 주장되고 있었다. 이렇게 해서 그에 대한 나의 평가는 백팔십 도 바뀌었다. 종래 두 개의 서로 대립하는 철학설의 중간에 서서 양쪽의 원리를 조금씩 보충하면서 쌍방의 유력한 공격과 방어의 무기를 제공하는 일종의 중간적 입장을 차지하고 있는 것처럼 보고 있었는데, 갑자기 두 학설 가운데 나에게 그릇된 것으로 생각된 학파의 한 기둥으로 보게 된 것이다. 그리고 이 기둥은 우리나라에서 그가 차지했던 높은 철학적 명성 때문에 그 학파의 으뜸가는 기둥이었다.

그런데 철학의 이 두 학파, 직관파와 경험 내지 관념 연합파와의 다른 점은 단순한 추상적 사변의 문제는 아니다. 여기에는 실제적인 결과가 무수히 다르고, 이 진보하는 시대에 실제적 의견의 모든 큰 대립점의 근본원인으로서 이 문제가 가로놓여 있는 것이다. 실제적 개혁론자는 줄곧 강력하면서도 널리 퍼진 여러 가지 감정의 지시를 받고 있는 사물들이 변혁되어야 한다고 요구하거나, 그렇지 않으면 기성 사실들이 가진 의견상의 필연성이나 절대성에 끊임없이 의심을 품어 보지 않을 수 없다. 그리고 그러한 여러 강력한 감정이 어떻게 생겼으며, 또 어떻게 해서 기정 사실들이 필연적이고 무너뜨릴 수 없는 것으로 여겨지게 되었는가를 밝히는 것은 때로 그들의 논의에서는 불가결한 부분이 되어 있다. 그러므로 실제적 개혁가와 여러 가지 감정 및 정신적 사실을 환경 및 관념 연합에서 설명하는 것을 반대하고 이것들을 인간성의 궁극적 요소로 다루려는 철학파와의 사이에는 자연히 적대적 관계가 있게 마련이다.

이 철학은 툭하면 직관적 진리를 내세우기를 좋아하며, 또 직관을 우리의 이성보다도 더 높은 권위를 가진 자연이나 신의 음성이라고 보는 철학이다. 특히 나는 인간의 성격의 모든 두드러진 차이를 천생 타고난 것이요, 그 대부분이 도저히 제거될 수 없는 것으로 보려는, 그리하여 개인이나 인종이나 남녀 두 이성 사이의 거의 모든 차이가 오직 환경의 차이로 말미암아 생길 수 있을 뿐더러, 또한 자연의 환경으로 말미암아 생긴다는 것에 대한 여러 가지 분명한 증거를 무시하려 하는 현대 일반의 경향이야말로 큰 사회문제들을 합리적으로 다루려는 태도에 대한 큰 방해물 중 하나요, 인류의 개선에 대한 가장 큰 장애의 하나임을 오래 전부터 느끼고 있었다.

이 경향은 18세기의 철학에 대한 19세기의 반동을 특징지우고 있던 직관적 형이상학에 그 근원을 두고, 보수파 세력 일반에게는 물론 인간의 게으름에 안성맞춤인 경향이었을 뿐더러, 그것을 뿌리째 뽑아 버리지 않는 한 필연코 비교적 온건한 형태의 직관철학에 의해서 진정으로 시인받는다는 것은 지나친 무리임에 틀림없다. 이 철학은 반드시 온건한 형태로서만은 아니지만 거의 1세기 반에 걸쳐 유럽의 사상계를 지배해 왔다.

나의 아버지의《인간심리의 분석》, 나 자신의《논리학 체계》, 베인 교수의 위대한 논문 따위는 보다 나은 양식을 다시 도입하려고 시도했으며, 후에 그것은 거의 예측대로 성과를 거두었다. 그러나 내가 이보다 조금 전부터 생각한 것은 두 개의 철학을 비교만 해서는 부족하며, 이 두 철학 사이에 직접 맞서는 것이 필요하며, 단순한 해설적 저작과 함께 논쟁적인 저작이 나오지 않으면 안 된다는 것이었다. 그리고 그러한 논쟁이 유익하다고 보이는 시기가 이미 와 있었다.

그래서 나는 윌리엄 해밀턴의 여러 저작과 명성을 이 나라에서의 직관주의 철학의 큰 요새요, 또 그 인물이 두드러지게 개성적이며 인간적인 장점과 정신적 재능을 많이 갖추고 있음으로써 더욱 두려워할 만한 요새라고 보았기 때문에, 그의 가장 중요한 학설을 전부 철저히 검토하고 철학자로서의 그의 성가를 평가해 보는 것은 곧 철학에 대한 하나의 참된 공헌이 되지 않을까 하고 생각했다. 이와 같은 나의 결의를 한층 더 강하게 만든 것은 적어도 윌리엄 해밀턴의 제자의 한 사람, 그 중에서도 가장 유능한 한 사람의 저술 속에서 해밀턴의 독자적인 학설이 가장 심하게 부도덕한 것으로 나에게 생각되어지는 종교상의 한 견해 때문이었다. 즉 그것은 인간의 힘으로는 절대로 알 수가 없는, 또 우리가 인간들에 관해서 말할 때 동일한 명칭을 가지고 부르는 것과는 몹시 틀릴지도 모르는, 그러한 도덕적 속성을 가진 신을 엎드려 숭배하는 것이 우리들의 의무라고 하는 종교관이었다. 그리고 나는 이것을 정당한 근거로 삼고 있다는 사실을 발견했다.

작업이 진전되어 감에 따라, 이 일이 윌리엄 해밀턴의 명예에 던져 주는 손해는 내가 애초에 예상한 이상으로 컸다. 그것은 해밀턴의 저작의 여러 부분을 서로 비교 검토하는 과정에서 자연히 명확하게 밝혀지는 모순의 수가 거의 믿을 수 없을 정도로 많은 탓이었다. 그러나 사실을 정확히 그대로 지적하는 것은 나의 의무며, 나는 결코 여기서 물러서지 않았다. 나는 늘 이 비판의 대상인 철학자를 아주 조심스럽고 공정하게 다루려 하였다. 그리고 나의 부주의로 그에 대하여 한 자리라도 그릇된 판단을 내리면 그의 많은 제자와 숭배자들이 내 과오를 시정해 줄 것도 잘 알고 있었다. 예상했던 대로 이들 가운데 많은 사람이 나에게 응수해 왔다. 그 중에서 어떤 이는 아주 세밀하게 논진을 폈고 또 어떤 이는 허술하게 이론을 전개하였다. 그리고 그들은 내가 간파한 것과 오해한 것을 지적했는데, 그와 같은 점은 그 수가 적었고 또 대부분 대수롭지 않은 것이었다. 내가 아는 한 이러한 비판들 중에서 최근판〔현재 나와 있는 것은 제3판임〕이 출판되기 전에 지적된 것은 이 제3판에서 수정하였고, 또 나머지 비판에 대해서도 필요하다고 생각되는 한 답변을 해 두었다.

대체로 보아 내 저서는 사명을 완수한 셈이다. 그것은 윌리엄 해밀턴 경의 약점을 밝혀 내었고 또 그의 너무나 비대한 철학상의 명성을 좀 끌어내려 적당한 데 머무르게 했다. 그 밖에 물(物)과 심(心)의 개념에 대해서 해설적인 두 장과 이 문제에 대하여 약간의 논의를 가함으로써 이 책은 심리학과 형이상학의 영역 내에서 앞서 논의의 대상이었던 몇 가지 문제에도 경우에 따라서 새로운 견해를 밝혀 주었다고 생각된다.

해밀턴에 대한 저서를 완성한 후, 나는 여러 가지 이유에서 특히 나의 책임처럼 느끼던 어떤 일에 착수했다. 오귀스트 콩트의 학설을 해설하여 평가를 가하는 일이었다. 그의 사상을 영국에 소개하는 데 나는 누구보다도 많은 공헌을 하였다. 그리고 주로 내가《논리학 체계》에서 그에 관해 언급한 사실로 인하여 아직 그의 이름을 프랑스에서는 모르고 있던 때에 영국에서는 식자들 간에 그의 책을 읽고 그를 찬미하는 사람이 많았다. 내《논리학 체계》가 저술되고 출판되던 당시만 하더라도 그는 무명 인사였고 이해해 주는 사람이 없는 저자였기 때문에 그의 약점을 비판하는 것은 아주 부질없는 일이며, 오히려 철학사상에 끼친 그의 공헌을 될 수 있는 대로 널리 알리는 것이 당연한 의무로 생각되던 터였다. 그런데 지금 쓰고 있는 이 시기에 이르고 보니 사태는 완전히 변했다. 적어도 그의 이름은 거의 세계적으로 알려져 있으며 그 학설의 개요도 널리 퍼져 있다. 그는 지지자한테서나 반대자들한테서나, 당대 사상계의 대표적 인물 중 한 사람으로 치부되고 있었다. 그의 사상 가운데 비교적 뛰어난 부분은 기왕의 교양과 경향에 그것을 받아들일 만한 마음의 준비가 되어 있는 사람들에게는 맹렬히 침투한 바 있었다.

그리고 이 비교적 뛰어난 부분이 알려져서 그의 후기 저작에서 크게 발전되고, 보충해 넣기도 한 모자라던 부분까지가 다소나마 환영받아 영국과 프랑스, 그 밖의 나라에서 활발하고 열렬한 신봉자를 얻었는데, 그 가운데는 상당히 훌륭한 인물도 있었던 모양이었다. 이러한 여러 가지 원인 때문에 누군가 콩트의 사상의 장점과 단점을 가려내는 작업에 손을 대야만 할 것 같았고, 특히 나 자신이 이러한 일을 해야 할 의무가 있는 것처럼 생각되었다.

그래서 나는《웨스트민스터 리뷰》지에 계속해서 연재한 두 편의

에세이를 통해 이것을 시도했는데, 그 후 《오귀스트 콩트와 실증주의》란 제목의 소책자 한 권으로 묶어 재판되고 있다.

이상의 각 저작이 정기 간행물에 발표되었으나 특히 보존할 만한 가치가 없는 몇몇 글들과 더불어 1859년부터 1865년까지에 걸친 내 문필 활동의 산물의 전부였다. 바로 1865년 초 나는 노동하는 사람들이 자주 나에게 표명한 희망에 따라 내 저작 중에서 노동계급 인사들에게 가장 많이 읽힐 듯한 것을 골라 염가의 대중판을 간행했다. 《경제학 원리》, 《자유론》, 《대의정치》가 그것이다. 나는 이것에 있어서는 금전적 이익을 될 수 있는 대로 희생할 예정이었다. 나는 싸구려 판으로부터 이익을 보려는 생각은 버렸다. 출판사에게는 이익을 반분한다는 종래의 조건으로 그들에게는 손해를 보지 않는 한도에서 최저 가격을 확정한 연후에 나의 몫이 되는 그 반절까지도 포기하고 다시 정가를 싸게 매겼던 것이다. 롱맨(Longman) 합명회사는 훌륭하게도 자진해서 일정한 연수를 정하고 그 이후에는 저작권이나 연판(鉛版)을 모두 나에게 넘겨주며, 또한 일정한 부수를 판 후에는 그 이상의 이익의 반을 나에게 주도록 결정지었다. 이 일정부수란 것 (《경제학 원리》의 경우에는 1만 부였다) 이 얼마 전부터 목표를 돌파하여, 대중판이 근소하나마 뜻밖의 금전적 이득을 나에게 가져다 주기 시작했다. 물론 그것은 보통판에서의 이익의 감소를 보충할 만한 것은 도저히 못 되는 액수였지만.

여기서 내 외적 생활을 요약해 보면, 이제 나의 저술가로서 조용하고 은둔적인 생활이 하원의원이라는 성미에 맞지 않는 직업으로 전환된 시기에 도달했다. 1865년 초 웨스트민스터의 몇몇 유권자들이 나에게 하원의원으로 출마할 것을 권유했지만, 그것이 처음으로 나에게 그런 생각을 갖게 한 것은 아니었다. 또 이 권유는 내가 처음으로 받은 권유도 아니었다. 실은 10년 전 아일랜드의 토지 문제에 관한 내 의견을 토대로 루카스(Lucas)와 더피(Duffy)가 아일랜드의 인민당 이름으로 나를 아일랜드 주에서 후보로 나서도록 권유한 일이 있었다. 이 두 사람의 힘으로 용이하게 실현될 수 있는 일이었지만 그러나 의회에 의석을 차지하는 일과 당시 내가 동인도 회사에서의 지위가 서로 양립할 수 없는 처지에 있었으므로 그 제안을 고려해 볼 수조차 없었다.

내가 동인도 회사를 떠난 후 내 친구 중에는 나를 의회에 보내고 싶어한 사람이 여럿 있었으나, 그런 생각이 실현될 가능성은 전혀 없어 보였다. 이느 선거 단체든지 나같은 견해를 가진 사람을 대표로 선출할 리는 없었다. 또한 선거구에서도 아무런 연관성도 인기도 없을 뿐더러, 그렇다고 해서 어떤 정당의 거수기로서 입후보하거나 또는 큰 돈을 쓸 형편이라면 몰라도 어느 편으로나 선출될 가능성은 거의 없음을 나는 확신하고 있었다.

당시나 지금이나 내가 확고한 확신을 갖고 있는 것은, 입후보자라면 국가의 공무를 맡으려 함에 있어 단 한푼이라도 출비해서는 안 된다는 것이다. 개개의 후보자에게 특별한 관계가 없는 선거비용은 공금으로써 국가나 지방이 부담하지 않으면 안 된다. 각각의 입후보자의 지지자들은 그 입후보자의 주장을 적절히 선거구에 주지시키기 위해 무보수나 기부로써 하지 않으면 안 된다. 만약 유권자 단체의 구성원이나 그 밖의 다른 사람들이 당선되면 유용한 인재라고 생각되는 사람을 합법적인 수단으로 의회에 보내기 위해 각자의 돈을 자진하여 기부한다고 하면 누구도 이의를 제기할 사람은 없겠지만, 그 비용의 전부 또는 조금이라도 후보자들의 부담이 된다는 것은 사실상 자기의 의석을 금전으로 사는 것이므로 본질적으로 잘못된 일이다.

그 비용의 사용방법에 있어서 가장 선의의 해석을 한다 하더라도 공공의 위임을 받아 선량의 자리를 얻기 위해 돈을 내는 사람은 누구나 그 자리를 이용하여 공공의 목적보다도 다른 목적을 추구할지도 모른다는 의심이 당연히 생긴다. 그리고 (이것이 가장 중요한 점인데) 선거비용이 후보자의 부담이 된다면 과중한 비용을 부담할 수 없거나 혹은 부담하려 하지 않는 모든 사람으로부터 국회의원으로서 좋은 활동을 하는 데 도움을 얻지 못하게 된다.

그렇다고 해서 나는 아무 정당에도 속하지 않는 입후보자가 이 좋지 못한 관습을 따르지 않고서는 의회에 진출할 기회가 거의 없을 경우, 그가 돈을 쓴다 하더라도 그 돈이 직접으로나 간접으로 부정 행위에 쓰이지만 않는다면 그것이 반드시 도덕적으로 나쁘다고 말할 생각은 없다. 그러나 이런 출비를 정당화하려면 그는 모름지기 자기에게 열려 있는 다른 어떤 길보다도 국회의원으로서 자기 나라에 대하여 더 이바지할 수 있다는 데 아주 뚜렷한 확신을 가져야만 한다. 나 자신은 이러한 확신을 가지지 못했다. 나는 내 노력을 기다리고 있는 여러 가지 공공의 일을 추진시키는 데 있어, 그저 문필가의 입장에서보다도 하원의원의 의석에서 더 많은 공헌을 할 수 있다고는 도저히 생각되지 않았다. 그러므로 나는 국회의원으로 선출될 것을 바랄 것도 없고, 더욱이 당선되기 위해서 돈을 쓰는 따위는 있을 수 없는 일이라고 느꼈다.

그러나 유권자의 한 단체가 나를 찾아와 그들의 후보자로 추천하겠다고 자발적으로 말했을 때, 사정은 크게 달라졌다. 만약 이쪽에서 잘 타일러 봐서 그들이 나의 견해를 알아주고, 또한 내가 의원으로서 양심적으로 일할 수 있는 유일한 조건을 받아들인 뒤에 그들이 희망을 버리지 않고 고집한다면, 이것은 사회의 일원으로서 시민의 요망을 가볍게 물리쳐 버릴 수 없는 경우의 하나가 아닌가 하고 생각했다. 그래서 나는 비로소 지금까지 어떤 입후보자도 그 선거단체에 대해서 그런 것을 내본 일이 없으리라고 생각되는 아주 솔직한 설명서를 제출하여 그들의 의향이 어느 정도인가를 시험해 보았다.

나는 먼저 그들의 제의에 답하여 공개장을 쓰기를, 나는 의원이 되려는 개인적 의향은 없으며 후보자로서는 선거운동의 비용도 부담해서는 안 된다고 생각한다는 것, 그래서 그 어느 쪽이라도 동의할 수 없다는 것을 밝혔다. 나는 또 당선된다 하더라도 그들의 지방적 이해관계를 위해 내 시간과 내 노력의 일부라도 쓸 것을 약속할 수는 없다고 말했다. 그리고 전국적인 정치 문제에 관해서는 그들이 내 의견을 물은 여러 가지 중요한 문제에 대해서 나는 내가 생각한 바를 숨김없이 전부 그들에게 말했다.

그 중의 하나는 선거권의 문제였으므로, 나는 그들에게 다른 여러 가지 생각과 함께 부녀자도 남자와 똑같은 자격으로 국회의원이 될 권리가 있다는 내 신념을 밝혔다 (이것은 내가 만일 당선되는 경우, 이 신념을 실천에 옮길 의향을 가지고 있었기 때문에 그 밖에 달리 답변할 소리가 없었지만). 이와 같은 생각이 영국의 선거인들에게 부인 참정권의 주장으로 제시된 것은 물론 이것이 처음이었다. 그리고 내가 이것을 제안한 후 당선됨으로써 부인 참정권 운동은 아주 힘차게 진행되었으며 또 유리하게 전개되었다.

그 당시 선거운동에 대해서 일반이 생각하는 것을 모두 무시해 버리는 주장과 행동을 하는 입후보자 (나를 입후보자라고 부를 수 있다면) 가 선출된다는 것은 도저히 생각할 수 없는 일이었다. 어느 저명한 문학자는 전능한 신이라도 이러한 강령을 내걸고는 당선될 가망은 없을 것이라고 말했다고 한다. 그러나 나는 이 강령을 엄밀하게 지키며 돈도 쓰지 않았고 선거운동도 하지 않았다. 다만 입후보 지명일 일주일 쯤 전부터 몇 번 대중 집회에 참석하여 내 정견을 피력하고 또 선거인들의 모든 질문에 답변하였다. 이러한 질문은 선거인이 올바른 판단을 내리기 위해서 당연히 물어 볼 수 있는 것이다. 나의 답변은 물론 내 인사와 마찬가지로 솔직하고 투박한 것이었다. 다만 오직 한 가지 문제, 나의 종교적 견해에 대해서는 처음부터 답변을 하지 않겠다고 선언했다.

이 결정은 그 여러 회합에 모인 사람들에게 완전히 시인되었던 것 같다. 질의를 받은 다른 모든 문제에 대한 나의 솔직한 태도는 내가 어떠한 답변을 했든, 그 답변으로 말미암은 손해보다도 오히려 이익을 훨씬 더 많이 가져왔음이 확실하다. 여기에 대한 증거 중에서 다음 하나는 특히 기록하여 둘 가치가 있다. 앞서 〈의회 개혁 소감〉이라는 팜플렛에서 나는 좀 당돌하게 영국의 노동계급은 거짓을 부끄러워하는 점은 다른 몇 나라의 노동계급과 다르지만, 그러나 일반적으로 거짓말쟁이라고 말한 일이 있었다. 이 문구를 내 적대편의 누군가가 전단에 인쇄해서 노동계급들이 주로 모이는 집회에서 나에게 건네며, 정말 이것을 집필하고 간행했느냐고 질문했다. 그 때 나는 즉석에서 "했소"라고 대답했다. 이 한 마디가 나의 입에서 떨어지자마자 온 회중으로부터 우렁찬 박수갈채가 터져 나왔다. 노동자들은 그들의 표를 얻으려는 사람들로부터 항상 얼버무리는 말과 회피하는 말만을 들어 왔으므로, 그런 말 대신에 그들의 귀에 거슬리는 것을 솔직히 공언하는 것을 보고서 분개하는 것이 아니라 오히려 이 사람이야말로 믿을 수 있는 사람이라고 즉석에서 판단한 것이다. 노동계급을 잘 아는 사람은 경험했을 것이라고 생각하지만, 그들이 사람의 가치를 인정하는 데나 호의를 느끼는 데 제일 중요한 점은 기탄 없는 솔직성이란 것, 이처럼 현저한 실례를 나는 두 번 다시 본 일이 없다.

그와 같은 솔직성은 그들 가운데서 한편으로 몹시 강한 반대의사가 있어도 그것을 짓눌러 버리고, 오히려 다른 장점이 제아무리 많더라도 이 하나가 없는 것이 분명해지면 도저히 감당할 수 없게 된다. 이상과 같이 말한 직후에 최초로 등장한 노동자는 [오저(Odger)였다], 노동계급은 결점을 드러내는 것을 기피하지 않으며, 참된 벗을 구할지언정 아첨하는 자를 원치 않고, 또한 누구든지 노동계급이 고쳐야 한다고 진심에서 믿는 바를 무엇이든지 말해 주는 이가 있으면 그런 사람을 고맙게 여긴다고 했다. 이 말에 대해서 회중(會衆)은 진심으로 반응을 보여 주었다.

가령 내가 이 선거에서 패했다 하더라도, 그 일로 인하여 내가 많은 동포와 접촉하게 되었던 경험을 후회할 이유는 없었을 것이다. 그것만으로도 나에게는 많은 새로운 경험을 주었을 뿐만 아니라, 나의 정치적 견해를 보다 넓게 보급시킬 수 있게 해주었다. 또 전에는 나의 이름을 들은 일조차 없는 여러 곳에서 제법 이름이 나게 함으로써 독자의 수도 늘고, 모름지기 내 저작에 큰 영향을 주었음에도 틀림없다. 이것은 누구나 크게 놀란 일이지만, 나와 대립했던 보수당의 후보와 수백 표의 차로 당선됨으로써 의회에 들어가게 되었을 때의 효과가 더욱 컸음은 말할 필요도 없다.

나는 선거법 개정안을 통과시킨 세 번의 회기 동안 하의원으로 있었는데, 그 동안 휴회 중을 제외하고는 의회활동이 나의 주요한 일이었다. 나는 꽤 자주 발언한 편으로 때로는 준비해 두었던 연설이었고 때로는 즉석에서 했다. 다만 때에 따라 발언했을 뿐, 의회 내 세력을 잡는 것을 주목적으로 하는 사람과는 달랐다. 글래드스턴(Gladstone)이 선거법 개정안에 대해서 성공적인 연설로 하원 전체를 경청시킨 후로는 어떤 일이든지 다른 사람도 나 못지 않게 잘할 수 있거나 혹은 목적을 달성하기에 충분할 정도로 잘할 수 있어 보일 때에는 구태여 내가 참견할 필요가 없다는 생각을 가지고 행동했다. 그래서 대체로 나는 다른 사람들이 할 것 같지 않은 일을 떠맡기로 했기 때문에 내 발언의 대부분은 자유당의 거의 전원이, 심지어는 그 중 진보적인 생각을 가진 사람까지도 나와 의견을 달리하든가 아니면 비교적 무관심한 태도를 취하는 데까지 이르게 되었다.

나의 연설 가운데 몇 가지는, 특히 사형폐지의 동기에 반대한 연설과 중립국의 선박에 실은 적성국(敵性國)의 물자를 몰수하는 권리를 복구시키자는 안에 대한 찬성 연설이 그러했는데, 그 당시 {아마 지금도} 진보적인 자유당의 의견처럼 여겨진 것과는 반대였다. 부인 참정권이나 비례 대표제의 주창도 그 당시 많은 사람들은 나 개인의 망령된 생각이라고 간주했다. 그러나 이러한 의견에 의해 그 후에 시작된 큰 전진과 특히 부인 참정권의 요구에 대하여 영국 방방곡곡에서 나타난 반응은 이러한 운동이 시기를 만났음을 충분히 입증했고, 원래 도덕적으로나 사회적 의무감의 하나로 시작된 것을 오늘에 와서는 한 개인의 공적으로 돌리게 되었다.

또 한 가지, 수도〔런던〕에서 선출된 의원의 한 사람으로서 나에게 주어진 의무는 수도를 위한 자치제 실시를 시도하는 것이었지만, 이 문제에 대한 하원의 너무나 무관심한 태도로 원내에서 나는 거의 아무런 협력이나 지지도 얻을 수 없었다. 그러나 이 문제에 대해서는 실은 내가 아니고 의원 외에 원래 초안자가 있었는데, 그와 같은 적극적이며 지성 있는 한 단체의 사람들에게 나는 대변자의 역할을 했다. 이 문제에 대해 모든 선동을 일삼거나 법안을 기초한 것은 사실 이 사람들로서, 나는 이미 준비되어 있던 법안을 원내에 들고 들어가 그 심의에 할당되어 있는 짧은 시간 동안 그 법안의 토론을 중단시키지 않도록 하는 일이었다. 그 전에도 나는 이턴(Ayrton)을 위원장으로 1866년 회기의 대부분에 걸쳐, 이 문제에 대한 각 방면의 의견을 종합해 보고자 심의를 계속한 위원회에서 적극적으로 활약했었다. 오늘{1870년} 이 문제는 전에 비하면 대단히 다른 위치를 차지하고 있지만, 그것도 이 몇 해 동안 계속되어 온, 더욱이 그 당시는 거의 눈에 뜨일 정도의 효과도 내지 못했던 준비 덕택이라 해도 과언은 아니다. 그러나 문제의 여하를 불문하고 한편으로는 강한 개인적 이해관계가 개입되어서 거기에 대항하는 것으로는 공공의 이익밖에 없다는 따위의 문제는 모두 이와 같은 잠복기를 통과하지 않으면 안 되는 법이다.

내가 의회에 있는 보람은 남들이 할 수 없는, 혹은 하려 하지 않는 일을 하는 것이라는 생각에서 진보적 자유주의에 가해지는 비난에 응전할 때도 의원 중의 진보적 자유주의자의 대부분이 맡으려 하지 않는 따위의 문제가 있으면 앞장서서 옹호하는 역할을 나의 의무로 생각했다. 나의 의회에서의 최초의 투표는 아일랜드의 한 의원이 제출한 아일랜드를 위한 어떤 수정안에 찬성표를 던지는 일이었는데, 이 때 잉글랜드와 스코틀랜드의 표는 나까지 포함하여 단 다섯 표밖에 얻지 못했다. 다른 네 사람은 브라이트(Bright), 맥러렌(Mclaren), 포터(N. B. Potter), 그리고 해드필드(Hadfield)였다.

또한 나의 두 번째 연설*은 아일랜드에 있어서의 '인신 보호법'의 정지를 연장시키려는 법안에 관한 것이었다. 이 때 내가 연설한 영국의 아이레 통치방침에 대한 비난은 지금 생각하면 영국에 대한

---

* 최초의 연설은 우역법안(牛疫法案)에 대하여 로(Lowe)가 브라이트에 답변한 것을 다시 논박한 것이며, 당시 이 연설은 정부안에서 일 개 조항을 삭제하는 데 도움이 되었다는 평이었다. 만약 이 조항이 통과되었더라면, 지주들은 그들의 소를 약간 잃은 손실에 대해 나머지 소의 값이 올랐기 때문에 한 번 배상을 받고 있으면서 다시 이중의 보상을 받게 되었을 것이다.

세론이 옳다고 인정할 정도를 넘지는 못하였다 하더라도, 그 당시는 어느 정도 페니어회[7]의 주장에 대한 노여움이 맹렬할 때였으므로, 어쨌든 페니어회의 회원들이 공격하는 것을 공격하면 그것은 그들을 변호하는 것으로 취급되었다. 이러한 사정으로 나는 하원에서 아주 좋지 못한 평을 받게 되었다. 내 친구 중 여러 사람들이 선거법 개정안에 대한 최초의 일대 논전에서 좋은 기회가 올 것이니 그 때까지 발언을 삼가라고 충고해 준 사람이 한둘이 아니었다. 사실 나 자신의 판단도 이 충고의 취지와 같았다. 이 나의 침묵 기간 중 나는 두 번 다시 일어서지 못했으며, 이젠 저 사람 때문에 골치를 앓을 걱정은 없다고 나름대로 생각하는 사람도 적지 않았다. 그러나 그와 같은 사람들의 무례한 혹평이 반동적으로 작용하여, 선거법 개정안에 대한 나의 연설을 그처럼 성공시키는 데 도움이 되었을지도 모른다.

내가 의회 내에서의 지위를 다시 높이게 된 것은 우리나라의 석탄 공급이 고갈되기 전에 국채를 완전히 상환해야 할 의무가 있다고 강조한 연설과, 또 하나는 몇몇 토리당〔보수당〕의 지도자가 나를 공격하며 나의 저서에서 몇 군데를 인용하거나 또한 몇 군데의 설명을 요구한 것이었다. 특히 《대의정치의 고찰》 중 '보수당은 그 당 구성의 원리로 보아도 가장 어리석은 정당이다'라는 한 구절의 해명을 요구한 데 대한 나의 익살맞은 답변이었다. 그들은 그 때까지 아무런 주목도 끌지 못한 이 일체에 대해 사람들의 주의를 집중시킴으로써, 얻은 것 없이 도리어 '어리석은 당'이라는 별명이 그

---

7) 페니어(Fenia Brotherhood)회는 아일랜드의 독립을 목표로 1858년 재미(在美) 아일랜드인들이 뉴욕에서 결성한 단체의 명칭이다. 아일랜드, 캐나다, 잉글랜드 등지에서 온갖 과격한 행동을 저질렀다.

후 오랜 기간 그들의 머리 위에서 떠나질 않았다. 이렇게 되면 나의 연설에 남이 귀를 기울여 주지 않는다는 근심은 없어졌다. 나는 후에 생각하면 조금 도가 지나쳤다고 생각할 정도로 꼭 필요하다고 생각했을 때 이외에는 등장을 안 할 방침이었고, 당의 큰 문제로 연설하는 것은 필요 이상 삼가기로 했다. 아일랜드의 여러 문제와 노동계급에 관계가 있는 것들을 제외하면 내가 활동한 세 번의 회기 중 마지막 두 번의 회기 동안 중대한 결정적 논전에 내가 기여한 것이란 디즈레일리의 선거법 개정안에 대해서 단 한 번 연설한 것이 유일한 실례(實例)였다.

그러나 나는 방금 말한 두 가지 문제에 대해서 내가 한 역할을 돌이켜 볼 때 그지없이 흐뭇한 만족을 느낀다. 노동계급에 관해서는 글래드스턴의 선거법 개정안에 대해 내가 연설한 첫째 논제는 노동자에게도 참정권을 인정하자는 주장이었다. 그 조금 뒤에 러셀(Russel) 경의 내각이 사직하고 토리당 내각이 그 뒤를 이은 뒤, 노동자들은 하이드 파크에서 집회를 열려다가 경찰의 제지를 받아 군중이 공원의 울타리를 파괴한 사건이 일어났다. 이 때 빌스(Beales)와 그 밖의 노동자 지도자들은 항변하면서 물러갔지만, 계속해서 난투가 벌어져서 많은 애매한 사람들이 경찰에게 폭행을 당하자 노동자들의 분격은 극도에 달하였다. 그들은 다시 공원에서 대회를 열 결의를 보였는데, 이번에는 그들 중 많은 사람들이 무기를 가지고 올 참이었다. 정부측은 이 기도를 막기 위하여 군대를 동원했고, 아주 중대한 사건이 곧 벌어질 것만 같았다.

이 위기에 처하여 큰 불상사를 미연에 방지한 것은 나의 힘이었다고 나는 굳게 확신한다. 의회에서 나는 노동자 편에 서 있었고 또 정부의 행동을 통렬히 공격한 바 있었다. 나는 다른 몇몇 급진파 의원들과 함께 선거법 개정 동맹 협의회 지도자들과의 연석회의에 초청받았다. 그런데 하이드 파크의 계획을 단념하고 집회를 다른 데서 열도록 그들을 설득시키는 임무를 주로 내가 맡게 되었다. 설득해야 할 상대방은 빌스나 딕슨(Dickson) 대령이 아니었다. 오히려 이들은 이미 노동자들을 설득하는 방향으로 힘써 왔으나 지금까지 성공하지 못했음이 분명했다. 끝내 굽히지 않은 것은 노동자들 자신이었다. 그리고 그들은 당초의 계획을 관철할 결심을 단단히 하고 있었기 때문에 나는 최후 수단에 호소할 수밖에 없었다.

나는 그들에게 말하기를, 반드시 군대와 충돌하게 될 행동은 오직 두 가지 조건에서만 옳다고 할 수 있는데, 그 조건의 하나는 사태가 혁명을 일으켜야만 될 정도가 되었을 경우요, 다른 하나는 당신네들이 그 혁명을 성공적으로 완수할 수 있다고 생각하는 경우라고 했다. 한참 토론한 끝에 그들은 결국 나의 이 논의에 굴복했다. 그래서 나는 월폴(Walpole)에게 그들이 계획을 포기하였음을 통고할 수 있었다. 그의 안도감이 얼마나 깊고 그의 감사가 얼마나 열렬했던지 나는 그 때 그의 얼굴을 결코 잊을 수 없을 것이다.

그러나 노동자들이 그만큼 큰 양보를 나에게 해준 이상, 나는 농업회관에서 열린 그들의 모임에 출석하여 연설해 주었으면 하는 그들의 소원을 들어 줄 의무감을 느꼈다. 선거법 개정 동맹이 소집한 집회에 내가 출석한 것은 처음이었다. 나는 앞서부터 시종 이 동맹에 가입하는 것을 사절해 왔다. 그것은 그 동맹의 강령인 성년 남자 선거권과 무기명 투표를 찬성할 수 없었기 때문이었다. 나는 이 입장을 공언한 바 있고 무기명 투표에 대해서는 전적으로 반대했다. 그리고 성년 남자 선거권의 깃발을 내거는 데 대해서는 설마 그것이 반드시 부인을 제외한다는 의도가 들어 있는 것이 아니라는 보증을 얻는다 하더라도 도저히 동의할 수 없었다. 무릇 누구든지 곧 실행될 수 있는 범위를 넘어서 어떤 원리에 입각할 것을 선언한 이상 모름지기 끝까지 철저하게 그 원칙을 지키고 나아가야만 하기 때문이다. 내가 성년 남자 선거권과 무기명 투표에 반대한 것은 이러한 생각에서였다.

내가 이 문제를 이렇게 자세히 설명하는 까닭은 이 경우의 내 행동이 보수당〔토리당〕 및 보수적 자유당 계열 기관지로부터 크게 불쾌감을 샀기 때문이다. 이들은 이로부터 나를 공적 생활의 시련에 있어서 무절제하고 감정적인 자임을 스스로 드러낸 인물이라고 비난했다. 나는 그들이 나에게 무엇을 기대했는지 알지 못한다. 만일 그들이 내가 얼마나 많은 사태로부터 그들을 구출해 주었는가를 안다면 그들은 당연히 나에게 감사해야 할 것이다. 나밖에는 어느 누구도 바로 그 때 그 일을 할 수 없었다고 믿는다. 바로 그 순간 글래드스턴과 브라이트를 제외하고는 노동자들을 제지할 만한 영향력을 가진 사람은 한 사람도 없었다고 나는 믿는 바이다. 그런데 이 두 사람으로부터는 그 때 그 힘을 얻을 수가 없었다. 글래드스턴의 입장에서는 그 이유가 명백했고, 브라이트는 그 때 런던에 없었기 때문에 그 힘을 빌릴 수가 없었다.

얼마 후, 토리당 내각이 공원에서의 대중집회를 금지하는 법안을 의회에 제출했을 때, 나는 거기에 대하여 강력히 반대하는 연설을 했을 뿐만 아니라 꽤 많은 수의 진보적 자유주의자를 규합하여 마치 회기가 끝날 무렵임을 이용해서 서로 도와 가며 이른바 심의 지연전술로 이 법안을 말살하는 데 성공했다. 이 안은 그 후 두 번 다시 제안되지 않았다.

아일랜드의 여러 문제에 대해 나는 확실한 태도를 취할 의무감을 느꼈다. 국회의원들의 대표들이 더비 경에게 달려들어 사형선고를 받은 페니어회 소속의 반란자인 버크(Burke) 장군의 구명 설득에서도 나는 그들의 선두에 선 사람이었다. 교회문제는 1868년 회기 중당의 지도자들에 의하여 대단히 과감하게 처리 해결되어 있었으므로 나로서는 강력히 같은 보조를 취하는 이상의 특별한 일은 할 필요가 없었다. 그리고 토지문제에 있어서도 그다지 진전한 상태는 아니었다. 미신적인 지주 옹호론은 그 때까지 특히 의회에서는 거의 아무런 도전도 없었고, 의원들에 관한 한 이 문제가 얼마나 후진성을 띠고 있었는가는, 1866년 러셀 경의 내각에 의해 제출된 극히 미온적인 법안인데도 그것마저 통과시키지 못한 것은 좋은 증거였다. 이 법안에 대해서 내가 시도한 연설은 나의 가장 조심스러운 연설의 하나로, 그 중 이 문제의 약간의 원칙을 우리편 사람을 자극 안 하도록 또한 반대편을 납득시켜 호감을 끌도록 하는 타산을 갖고 주장하려고 했다. 의회개혁 문제가 의원들의 관심을 잔뜩 빼앗아 이 법안도, 더비 경의 내각이 제출한 그와 비슷한 법안도 결국 통과하지 못하고 말았다. 이 두 의안은 제2독회 이상 넘어가지 못했다.

이러는 동안 아일랜드의 정치적 불만의 징조는 더욱 뚜렷하게 나타났다. 잉글랜드와 아일랜드를 완전히 분리하자는 요구는 험악한 양상을 띠게 되었다. 그리고 만일 아일랜드를 달래 영국에 붙어 있게 할 수 있는 기회가 아직도 있다고 한다면, 그것은 다만 아일랜드의 토지나 사회적 관계에 있어서 지금까지 생각되었던 것보다도 훨씬 더 철저한 개혁을 하는 이외에는 없다고 보았다. 내가 평소 느끼고 생각하던 것을 전부 토로할 수 있는 유익한 기회가 차츰 다가섰다고 나는 생각했다. 그 결과가 나의 '잉글랜드와 아일랜드'라는 제목을 단 팜플렛으로, 이것은 1867년 겨울에 써서 1868년 회기가 시작하기 조금 전에 출판되었다. 이 팜플렛의 주요한 특색은, 한편으로는 양국의 분리가 영국에 있어서 뿐만 아니라 아일랜드에 있어서도 바람직하지 못하다는 것을 논술한 것이요, 다른 한편으로는 현재의 소작인들이 국가에 의한 정당한 조사를 거쳐 사정된 일정한 지가(地價)로 영구적인 토지 보유권을 줌으로써 토지문제를 해결해야 한다는 제안이었다.

팜플렛은 예정대로 아일랜드 이외에서는 인기가 없었다. 그러나 만약 내가 제안한 아래와 같은 방법으로는 아일랜드를 올바르게 취급할 수도 없고 또한 아일랜드 대중을 무마시킬 가망도 없다면, 이것을 제안하는 것은 피할 수 없는 나의 의무였다. 또한 그와 반대로 시험해 볼 가치가 있는 어떤 절충적인 방법이 있다면, 극단이란 말을 듣는 정책을 제안하는 것은 보다 온건한 실험을 방해하는 것이 아니라 오히려 그것을 촉진시키는 진정한 길이란 것도 나는 잘 알고 있었다. 글래드스턴의 아일랜드 토지법안 정도로 소작인에게 많은 양보를 하는 정책이 정부에 의해 제안되거나 혹은 의회를 통과한다는 것은 한결 더 강력한 방안을 모색해 보는 편이 낫다는 생각이었다. 때에 따라서는 정당을 하나 더 만들어도 좋을지도 모른다는 인식에 영국 대중들이 도달하지 못했다고 하면 도저히 생각할 수 없는 일이었다.

어떠한 변혁이든지 영국 국민의, 혹은 적어도 영국 국민이라고 자처하는 상류계급 및 중류계급 사람들로 하여금 그것을 시인하게끔 하는 데에는 먼저 그들이 그것을 중간적인 길이라고 보는 것이 절대 필요한데, 이것은 곧 그들의 특징이다. 그들은 극단적인 견해에 대한 그들의 반감을 털어놓을 수 있는 보다 극단적인 다른 어떤 제안이 있음을 알지 못하면 덮어놓고 무슨 제안이든지 극단적이고 과격한 것이라고 생각한다. 이 때도 그러했다. 즉 나의 제안은 글러먹었다고 비난받았으나, 아일랜드의 토지 개혁안으로서 내 제안보다 덜 과격한 것은 어느 것이나 비교적 온건한 것이라고 생각하기에 이르렀다.

내 제안에 대한 여러 가지 공격은 그것의 본질에 대해서 언제나 아주 그릇된 이해밖에 보여 주지 않았다. 내 제안은 보통 국가가 토지를 모조리 사들여 전부의 지주가 되어야 한다고 제안하는 것으로서 논의되었다. 그러나 사실상 그것은 지주 각자가 새로운 조건 밑에서 자기의 소유지를 그대로 보유하느니보다는 본인이 원한다면 국가에 매도할 수도 있다는 것을 제안했을 따름이었다. 그리고 나는 대부분의 지주들이 단순히 정부의 연금(年金)을 받느니보다 오히려 계속해서 지주로 있기를 택할 것이며, 국가가 그들에게 보상한다고 한다면 종래의 지대(地代) 전액을 기초로 그 보상액이 산출되겠지만, 그것보다 조건을 관대히 하더라도 계속 소작인과의 현재의 관계를 보유하고 싶어하는 자도 적지 않을 것이라는 것을 충분히 예측하고 있었다. 나는 1868년 회기 초에 머과이어(Maguire)의 결의안을 토의하는 자리에서 일어난 아일랜드에 대한 연설에서 분명히 밝힌 바 있다. 이 연설의 속기록에 손을 댄 것은 포테스큐(Fortescue)의 법안에 대한 나의 연설과 함께 붙여서, 내가 한 것은 아니지만 나의 허가를 얻어 아일랜드에서 출판되어 나왔다.

이것들과는 별도로 또 한 가지 몹시 중대한 공적 의무를 나는 이 동안에 의회의 원내, 원외에서 수행하지 않으면 안 될 운명에 놓여 있었다. 자마이카(Jamaica)의 폭풍은 처음 발단이 백인측의 부당한 행동에서 시작되었는데, 바로 그 백인측의 분격과 공포 때문에 마침내 계획적인 반란처럼 과장 전달되었다. 결국은 이것이 동기 또는 구실이 되어 한편으로는 군대의 폭행에 의해, 또 한편으로는 단기간의 폭동이 진압된 후 수주일 동안이나 계속된 소위 군법회의의 선고에 의하여 몇백 명의 무고한 목숨을 빼앗기는 결과가 되었다. 뿐만 아니라 재산의 파괴라든가, 남자는 말할 것도 없고 부인까지도 매질을 하는 따위의 갖가지 잔학한 행위가 수반되었고, 한번 전란이 일어났다고만 하면 잔인 무도하고 야만적인 행위를 어디서나 볼 수 있었다.

그런데 이러한 악행을 행한 자들을 영국에서는 오랫동안 흑인노예제도를 지지하여 온 인간들과 비슷한 치들이 옹호하고 박수갈채를 보내기도 했다. 그리고 관헌이 범했다고 하면 영국인들은 말로 표현할 수 없을 정도로 증오했을 그 어느 악행보다도 더 흉악한 이 관권의 남용에 대해서 영국 국민이 한 마디의 항의도 하지 않고 묵과했다는 불명예스러운 욕을 먹게 될 것만 같았다. 그러나 얼마 후 의분의 감정은 터졌다. 자마이카 위원회란 명칭으로 하나의 유지(有志)들의 회가 조직되어 사정이 허락하는 한 모든 조사와 행동을 하게 되었다. 그리고 전국 각지로부터 가입신청이 쏟아져 들어왔다. 이 때 나는 해외에 있었으나 이 말을 듣자마자 입회를 신청했고, 또 귀국 후 회의 운영에 적극적으로 참여했다. 흑인에 대한 공정한 대우를 생각하는 것도 물론 중요한 일이지만, 그러나 일은 단순히 그것으로 수습될 수 없는 중대한 문제가 개재되어 있었다.

그 문제란 영국의 속령(屬領)을, 아니면 사태에 따라서는 영국 자체를 법률의 통치하에 두게 되는가, 그렇지 않으면 군대의 독재하에 있게 되는가 하는 문제, 즉 겁을 집어먹은 총독이나 혹은 다른 관원이 임명하기만 하면 아무리 철없고 경험이 없고 무자비하고 잔인하더라도 이른바 국법회의 구성을 두세 명의 장교 수중에 넘겨 영국 시민의 생명과 인격을 내맡기는 만행을 자행시키는가 하는 문제였다. 이 문제를 결정하는 데는 오직 법원에 고소하는 길밖에 없었다. 그래서 위원회는 법원에 고소하기로 결정했다. 이 결정으로 말미암아 위원회 의장이 경질되기에 이르렀다. 그것은 의장인 찰스 벅스턴(Charles Buxton)이 총독 에어(Eyre)와 그 밑의 주요 간부들을 법원에 고발하는 것을 아주 부당하지는 않으나 별로 효과가 없는 것으로 생각했던 때문이다. 그런데 다수의 출석으로 열리게 된 위원회의 전체회의는 이 점에 대하여 그와 반대되는 결의를 했으므로, 벅스턴은 계속해서 위원회의 목적과 주의(主義)를 위해서 활동은 하지만 위원회로부터는 탈퇴하게 되었다.

나는 뜻밖에 의장으로 추천되어 선출되었다. 그래서 하원에서 이 위원회를 대표하는 것이 내 의무가 되어 때로는 정부에 대하여 질의하고 때로는 여러 의원들이 묻는 질의에 답변도 하였다. 이 질의들은 때로는 도전적인 것도 있었다. 이 때 내가 한 활동 가운데 특히 중요한 것은, 1866년 회기에서 벅스턴이 막을 연 중대한 토의에서 연설한 것이었다. 이 때 내가 한 연설은 의회에서 내가 한 연설 중에서 제일 걸작*으로 꼽고 싶은 것이다.

2년 이상이나 우리는 투쟁을 계속했다. 그리고 법률상 우리에게 열려 있는 모든 수단을 다해 각자의 형사법원에 고소를 제기하려 했는데, 국내에서도 보수당이 가장 우세한 어느 주(州)의 법원 판사단이 우리들의 소송을 각하했다. 바우 가(街)의 법정에서는 우리들이 성공을 거두었는데, 이것이 고등법원 법원장인 알렉산더 코크번(Alexander Cockburn) 경이 배심원들에게 그 유명한 훈시를 내릴 기회가 되었다. 그것은 판사의 훈시 권한 내에서 이 문제의 법률적 해석을 자유의 원칙에 유리하게 해석한 것이다. 그러나 우리의 성공은 여기에서 끝났다. 그것은 중앙 법원의 대배심원이 우리

---

* 위원회의 가장 적극적인 구성원 가운데는 자유의 원리를 모든 분야에 걸쳐 주장하고, 언제나 충성스럽고 정력적인 하원의원 P. A. 테일러(Tay-Taylor)씨, 그리고 골드윈 스미스(Goldwin Smith), 프레드릭 해리슨(Frederick Harrison), 슬래크(Slack), 카메로프조(Chamerovzow), 섄(Shaen), 몇몇 위원회의 명예 서기장을 지낸 체슨(Chesson)이 포함되어 있었다.

들의 소장(訴狀)을 부결하고 이 사건이 공판에 회부되는 것을 저지하고 말았기 때문이다. 영국 관리들이 흑인이나 흑백 혼혈인에게 권력을 남용했다 하여 형사재판소에 끌어들이는 것은 영국의 중류계급 사람들에게 환영받지 못할 일이었음은 자못 명백하였다.

그러나 우리는 학대받은 사람들을 위해서 정의의 심판을 획득하고자 법률이 허락하는 한도 내에서 온갖 수단을 다하려고 결심한 한 무리의 사람들이 어쨌든 존재한다는 것을 보여 줌으로써 우리의 역량껏 국가의 체면을 보전하게 되었다. 우리는 우리나라 최고 형사 재판관으로 하여금 우리 영국의 법률이 우리가 마땅히 그래야만 된다고 주장한 대로라는 권위 있는 선언을 하게 했다. 그리고 우리는 앞으로 이와 같은 죄과를 범할지도 모르는 사람들에게 비록 그들이 실제로는 형사재판의 유죄판결을 면할지도 모르나 그와 같은 판결을 피하기 위해서는 얼마만큼의 고생과 희생을 면치 못한다는 것을 강력히 경고해 줄 수가 있었다. 장래의 식민지 총독이나 다른 고급 관리들이 이와 같은 과격한 시책을 삼가게 될 좋은 동기가 될 것이다.

나는 호기심에서 이상과 같은 소송절차가 진행되고 있는 동안에 받은, 거의 익명이며 입에 담지 못할 욕설로 된 편지들을 견본으로 보존해 두었다. 그것들은 본국에 사는 야만적인 무리가 자마이카에서의 잔학한 행위에 대하여 공명하고 있다는 것을 보여 주는 증거물로서 내용은 언어나 그림으로 된 야비한 농담에서 암살하겠다는 협박에 이르기까지 가지각색이었다.

이 밖의 중요한 사항으로 나는 적극적인 활동을 벌였으나, 대중의 관심을 별로 끌지 못한 것들 가운데 특기할 만한 가치가 있는 것이 두 가지 있다. 나는 몇 사람의 독립적인 자유주의자와 함께 1866년 회기의 막바지에 제출된 도망범죄인 인도 법안을 부결시켰다. 이 법안은 정치적인 이유만 있으면 인도된다고 규정되어 있지는 않았으나, 만일 정치적 망명자가 외국 정부로부터 반란을 일으키려는 계획에 수반되는 행위가 있었다고 고발되면, 인도되어 그 반란 대상국인 정부의 형사 법정에서 재판하도록 규정지으려고 하였다. 이것은 결국 영국 정부를 외국의 전제정치의 보복적 행위의 공범자가 되게 하는 것이었다. 이 제안은 결국 부결되고 그 결과 각국간의 도망범죄인 인도 조약을 검토하여 보고하는 하나의 특별 조사위원회 (나도 그 일원이 되었다) 가 구성되었다. 그 결과 내가 의원직을 그만둔 뒤에 의회를 통과한 도망범죄인 인도법에서는 무릇 인도를 요구받은 자는 그 고발된 죄가 참으로 정치적이란 것을 입증하기 위해 영국 법정의 심리를 받을 수 있는 기회를 주도록 되어 있었다. 이에 따라 유럽의 자유 존중의 정신은 중대한 불행으로부터 구출되고, 또한 영국 자체도 커다란 불법행위에 빠지지 않고 지났던 것이다.

특기할 만한 또 한 가지 일은 1868년 회기에 디즈레일리 내각의 매수 방지 법안(買收防止法案)에 관해서 진보적 자유당원 무리들이 끈질긴 투쟁을 시도했다는 것인데, 나도 적극적으로 참여하였다. 나는 이 문제에 대하여 자세하게 검토한 몇몇 사람, 즉 W. D. 크리스티(Christie), 풀링(Pulling) 고급 변호사, 채드윅(Chadwick) 등과 협의하고, 직간접적으로 갖가지 매수책을 방지하는 이 법안을 참으로 효과적으로 할 수 있도록 수정 또는 추가조항을 만들 것을 생각했다. 사실 그와 같은 매수 행위는 아무런 조치를 취하지 않는다면 이번의 선거법 개정법에 의해서 줄기는커녕 오히려 더 증가할 우려가 있었다. 우리들은 또 이 법안에 소위 합법적 선거비용이라는 폐단 많은 부담을 경감시키는 조처를 삽입할 것도 계획했다.

우리들이 제기한 수정조항 가운데는, 첫째로 선거관리위원들의 경비를 입후보자들의 부담으로 하지 않고 지방세로 부담하자는 포셋(Fawcett)의 수정이 있었다. 또 하나는 유급의 선거 운동원을 엄금하고, 유급 선거 사무원을 각 입후보자에게 한 사람씩만으로 제한하는 것이었다. 매수행위에 대한 예방책과 처벌규정을 확대하여 지방자치단체의 의원선거에도 적용케 하는 수정이 있었다. 이 지방자치단체의 의원선거가 국회의원 선거에서의 매수 행위의 양성기관일 뿐더러 또한 상습적 엄폐물인 것은 주지하는 바와 같다.

그러나 보수당 내각은 선거 관계 재판권을 하원에서 재판소로 옮긴다는 그들 법안의 목표가 되는 조항 {여기에 나도 가표를 던지고 찬성 연설도 했다} 을 통과시킨 후로는 다른 모든 개정을 전적으로 반대했다. 그리고 가장 중요한 제안의 하나인 상술한 포셋의 제안이 사실상 다수표를 획득한 뒤로 그들은 당의 총력을 모아 다음 단계에서 그 조항을 부결시키고 말았다.

하원의 자유당도 민의를 올바르게 대변할 사람을 뽑는 데 절대로 필요한 조건을 확보하려는 이 기도에 대해 그 당원 중 많은 사람의 행동이 아무런 도움도 제공하지 못했기 때문에 크게 면목을 실추했다고 할 수 있다. 하원에 그만큼 다수를 점하고 있었기 때문에 모든 수정안을 넉넉히 통과시킬 수도 있었으며, 또 그들이 보다 좋은 안이 있어 이것을 제안하기만 하면 통과시킬 수 있었다. 그러나 회기 말이 박두한 이 때 의원들은 절박한 총선거 준비로 열을 올리고 있었다. 그 중에 {로버드 앤스트루더 경과 같은} 몇몇 의원은 그 상대 입후보자가 이미 선거운동을 시작하였음에도 불구하고 끝내 고결한 태도를 견지하여 그 직책을 완수했지만, 대부분의 의원들은 자기의 공공의 의무보다도 선거의 이해관계를 더 소중히 여겼다. 다수의 자유주의자들은 또 매수를 방지하는 입법에 대해 무관심한 태도를 취했다. 그들은 이 입법이 다만 대중의 관심을 무기명 투표로부터 전향시킬 따름이라고 생각했던 것이다. 그들은 무기명 투표를 부정선거 방지 유일의 충분한 시정책이라고 보았으나 {이 생각이 그릇된 것임이 나중에 드러나게 되리라고 나는 생각하고 있다} 매수금지로 떠들썩하는 것은 대중의 눈을 거슬리게 한다는 의견을 가진 사람이 적지 않았다. 이상의 여러 가지 이유 때문에 우리들은 여러 날 밤을 두고 힘껏 싸웠으나, 결국 완전히 실패하고 말았다. 그리고 새로운 선거법하에서 행한 제1회 총선거에서는 여러 가지 부정수단이 쉽지 않게끔 우리들이 노력했던 것들이 그 전 어느 때보다도 더 광범하게 행해졌다.

디즈레일리의 선거법 개정안에 대한 일반 토론에 내가 참가한 것은 이미 상술한 단 한 번의 연설뿐이었는데, 이 기회를 이용하여 앞으로 대의정치에 가해야 할 두 가지의 가장 중대한 개혁을 정식으로 의회 및 국민들 앞에 제안하였다. 그 하나는 개인 대표제〔또는 비례 대표제라고도 하는데, 그것은 관계없음〕다. 나의 이 착상은 헤어의 안을 반은 해설, 반은 토론하는 연설에 의하여 하원의 고려를 촉구했다. 그리고 그 뒤 소수의 선거구에서 의회가 채용할 의사가 있던 이 안에 대한 극히 불완전한 대안에 대해 적극적으로 지지했다. 이 빈약한 대안에는 신통한 점이 거의 없었으나, 다만 이것으로서도 고칠 수 없는 폐단이 있음을 부분적으로나마 인정했다는 이외에는 거의 아무런 뜻도 없었다. 이렇게 신통치 못한 안이었음에도 불구하고 그것은 마치 좋은 대책이나 되는 듯이 인식 부족에서 공격을 받기도 하고 또 같은 원리에서 변호도 해야만 했다. 어쨌든 몇몇 선거구에서 이것이 채택된 일은 뒤에 오는 런던 교육위원회 선거에서 소위 누적 투표법(累積投票法)이 제안된 일과 아울러 모든 유권자가 평등한 비율로 대표될 권리가 있다는 주장을 한낱 관념적 토의 주제로부터 실제 정치문제가 되도록 전환시켰다.

이런 일이 행해지지 못했을 때를 비교해 본다면, 훨씬 앞당겨 오게 한 공로는 있었던 것이다.

이 비례 대표제에 대하여 나의 의견을 주장한 것은 어딘가 두드러지고 눈에 띄는 실제적 효과를 올렸다고는 할 수 없으나, 선거법 개정안의 수정안으로서 내가 제출한 또 하나의 동의의 경우와는 다른 문제였다. 그것은 하원의원의 자격으로 내가 이룬 것 가운데 다른 것과는 비교할 수 없을 만큼 가장 중요한, 어떤 의미에서는 참으로 유일하고 중요한 국민에 대한 봉사였다. 이는 선거권을 남자에게만 한정되어 있는 것처럼 해석되는 자구(字句)를 삭제하고, 따라서 세대주든 아니든 남자 유권자에게 요구되는 같은 자격을 구비한 모든 부인에게 참정권을 인정하자는 동의안이었다.

선거권의 범위가 대폭 확대되어 가고 있던 시기에 만약 부인들이 자기들의 참정권을 요구하지 않았다면, 그 권리를 영구히 포기하는 셈이 되었을지도 모른다. 대체로 이 운동의 시작은 1866년 내가 유명한 부인 여러 사람으로부터 서명을 얻어 부인 참정권 신청서를 제출했을 때였는데, 그 당시는 아직 이 제안이 하원에서는 극히 소수의 산표(散票) 이상을 얻을 수 있을지 심히 서글픈 상태에 있었다. 그런데 토론이 있었고, 그 토론에서는 반대측 변사의 논지가 빈약하다는 것이 눈에 띌 정도로 두드러졌는데, 투표 결과는 동의에 찬성한 자가 73표, 즉 대우 기권자(對偶棄權者)[8]와 투표수 점검인을 고려하면 실질적으로 80표 이상에 도달했다는 것은 일반을 놀라게 함과 동시에 관계자들을 크게 고무했다. 더욱이 찬성표 중에 브라이트가 끼여 있었다는 것은 더욱 큰 격려가 되었다. 앞서 이

8) 반대당의 내통자와 서로 짜고, 투표 결과에는 영향이 없도록 불참하는 버릇이 있었다.

제안에 동의할 수 없다고 공공연하게 토로하던 사람이 이렇게 되었다는 것은 토론을 듣던 중에 깊은 감명을 받은 탓이라고 생각할 수밖에 없었다. 이것을 안 내 딸 헬렌 테일러는 참정권을 부인에게까지 확장시키기 위해서는 협회를 결성할 시기가 다가섰다고 생각했다. 이 협회가 발족한 것은 딸의 제창에 의한 것으로, 그 규약은 거의 그녀가 초안한 것이다. 또한 그녀는 타고난 허약한 체질과 허다한 일 때문에 집행위원회의 역원직을 사퇴할 수밖에 없었지만 처음 수년간은 실로 이 운동의 핵심이었다. 많은 유력한 국회의원, 대학교수, 그 밖의 사람들과 한편으로는 이 나라가 자랑할 수 있는 가장 이름 있는 약간의 부인들이 협회의 회원이 되었는데, 그 중 직간접으로 나의 딸의 영향으로 입회한 사람의 수도 적지 않았다. 그 이유는 이 사람들이 가입하도록 만든 편지의 대부분, 그리고 그 중에서도 우수한 편지의 전부는 나의 서명으로 낸 편지까지 합쳐 실은 딸이 쓴 까닭이었다. 두 가지 특별한 예로 나이팅게일과 메어리 카펜터[9]만 하더라도, 이 두 부인은 애초 전면에 나서는 것을 주저하고 있었는데(주저한 것은 두 사람이 과거에 다른 의견을 가지고 있었던 것은 아닌 것 같지만), 나의 서명이기는 하나 실은 딸이 손수 쓴 호소에 따라 두 사람의 마음도 변한 것이었다. 목적을 함께 하는 단체가 맨체스터, 에든버러, 버밍엄, 브리스틀, 글래스고 등 여러 지방 중심도시에서 결성되었고, 그 밖에도 이 운동을 위하여 많은 귀중한 일을 한 단체가 몇 개 더 생겨났다. 이들 모든 협회는 부인 참정권 획득 전국협회의 지부란 이름을 따고 있었지만, 각기 독자적 운영기구를 갖고 다른 기관과는 완전히 독립적인 행동

---

9) 소년 범죄자를 구출하기 위한 운동을 일으켜 소년 소녀를 위해 감화원을 설립하고 여성교육, 교도소 시설 개선 등을 위해 몇 차례 인도에까지 내왕한 사회사업가다.

을 해오고 있었다.

의원 내에서의 나의 활동 중에 남의 기억에 남을 만한 가치가 있는 것은 이것으로 다 기술되었으리라고 믿는다. 그러나 그것들을 아무리 속속들이 예거해 보았자 이 시기의 내가 무엇에 시간을 소비했으며, 특히 편지 왕래에 얼마나 많은 시간을 소비했는가에 대해서는 충분히 설명되었다고 할 수 없다. 의원으로 선출되기 전 몇 해 동안 나는 끊임없이 알지 못하는 사람들로부터 편지를 받고 있었지만, 그 대부분은 철학 저작가로서의 나에게 보내온 것으로 어려운 문제를 제기하든가 그렇지 않으면 논리학이나 경제학에 관련된 여러 문제에 대한 견해를 피력한 것이었다. 경제학자로서 명성이 있는 모든 사람들도 같으리라고 생각되지만, 나는 통화 제도를 어떻게 좀 인공적으로 개편함으로써 누구나가 다 부유하게 되고 행복하게 되는 길을 밝히려고 줄곧 노력하고 있는 사람들의 온갖 천박한 이론과 엉뚱한 제안을 계속해서 받기도 하였다.

편지를 보내온 사람의 이해력이 충분해서 바르게 지도해 줄 만한 가치가 있어 보일 때에는 나는 그들의 과오를 지적해 주는 수고를 아끼지 않았다. 그러나 편지 왕래의 분량이 많아져서 마침내는 이런 사람들에게도 아주 짧은 회답을 보낼 수밖에 없게 되었다. 하지만 내가 받은 편지 가운데는 이보다도 더 유의할 만한 것들이 많이 있었다. 그 중의 어떤 것은 내 저술의 자세한 점에까지 파고들어 빠뜨린 점을 지적해 주는 것도 있어서 이에 따라 나는 그 유도를 수정할 수가 있었다. 이런 종류의 내신(來信)은 내가 취급하고 있는 주제(主題), 특히 형이상학적 문제가 많아짐에 따라 자연히 증가하였다.

그러나 하원의원이 되면서부터는 개인적 불만을 호소하는 것이나 또는 내 지식이나 직업과는 거리가 먼 온갖 세상일에 대한 편지를 받기 시작했다. 이러한 짐을 나에게 걸머지운 것은 나를 선출한 웨스트민스터의 선거인들은 아니었다. 이 사람들은 내가 입후보할 때 응낙케 한 조건을 훌륭히 그리고 충실하게 지켜 주었다. 물론 가끔은 몇몇 순진한 청년들로부터 미미한 공무원 자리를 하나 얻어 달라는 청탁 편지를 받기도 했다. 그러나 이런 일은 극소수로서 또 어느 정당이 정권을 잡더라도 대개 그 정도의 부탁은 해온 것으로 보아 편지를 보낸 사람들이 얼마나 단순하고 무식한가를 확실히 알게 되었다. 나의 변함없는 답장은 어느 정부로부터도 특별히 봐줄 것을 청하는 것은 내가 선출되었을 때 내세운 주의원칙에 어긋나는 것이라고 적어 보내는 것이었다. 그러나 전체적으로 봐서 국내 어느 지역과 비교해 보더라도 나 자신의 선거구 사람들은 제일 애를 덜 먹이는 편이었다. 그러나 통신량은 차츰 증가하여 마침내 도저히 감당할 수 없을 만큼 되었다.

이 때나 그 후에도 내가 쓰는 편지 (신문에 게재할 입장이 된 많은 것도 포함하여) 의 상당히 많은 부분이 내가 아닌 딸의 손에 의해 씌어졌다. 그것은 처음에는 나 혼자 도저히 감당할 수 없는 많은 편지 처리를 도와 주려던 딸의 성의에 불과했지만, 뒤에 보니 딸이 쓰는 편지가 나보다 우수하고 특히 어려운 편지나 중요한 편지일수록 그 어려움과 중요성에 비례하여 한층 더 우수하다고 나로서 판단했기 때문이다. 나 자신이 쓴 편지도 대개는 딸이 수정하여 줌으로써 크게 면목을 일신했으며, 그러한 일은 내 연설의 초고에서도 비교적 근래의 것은 다 그러했다. 그러한 연설의 적지 않은 부분, 특히 가장 우수한 부분은 딸이 써 준 것이며, 출판된 내 저서 중에도 몇 개는 그렇게 말해야 할 것이 있다.*

---

* 그 중 특필할 가치가 있는 것은 상습범 취체법(常習犯取締法) 및 경찰의 기능 일반에 대한 편지로서 그것은 원래 사적으로 나의 의견을 물어 온

의회생활을 하는 동안 저자로서의 나의 일은 자연히 휴회 기간에 한정되어 있었다. 이 동안에 내가 쓴 것은 앞서 말한 아일랜드에 관한 팜플렛은 별도로 치고 《에든버러 리뷰》 지에 발표한 후에 《논설·논고집》의 제3권에 수록한 《플라톤론》과 그곳 학생들에 의해 명예롭게도 내가 명예총장 직에 선출되어서 앤드류 대학〔스코틀랜드의 대표적 대학〕에서 관례에 따라 행한 강연이었다. 이 강연에서 나는 대학교육에 속하는 여러 가지 학문, 그 효용과 영향력, 그 영향력을 가장 유익하게 만들기 위해서는 어떠한 식으로 연구를 해야 하나 등에 관해서 늘 나의 머리 속에 축적되어 왔던 많은 생각이나 의견을 말했다. 나의 논지는 옛날부터의 고전 연구와 새로운 과학의 연구가 똑같이 높은 교육적 가치를 지니고 있음을 그 많은 옹호자들이 보통 말하는 것보다는 더 유력한 근거에서 주장했다. 또 이 두 연구가 서로 제휴해야 하는데도 오히려 상호 배제하는 것처럼 생각되고 있음은 오로지 일상 교육이 졸렬하고 신통치 않은 때문이라고 역설하는 것이었다. 나의 이 입장은 다행히 국가의 고등교육기관에서 이미 시작된 바 있는 개혁을 돕고 자극했을 뿐만 아니라, 또한 최고의 정신적 도야에 대해서 오늘날 자칫하면 높은 교육을 받은 사람들에게서 볼 수 없는 올바른 관념을 보급시켰다고 나는 생각했다.

역시 이 때 시작된 일로는 (완성은 의회에서 물러난 조금 뒤였지만) 철학에 대한 의무와 아버지를 추모하는 의무를 다하려는 의미

데 대한 답장이었는데, 신문에 게재되어 다소 주목을 끄는 결과가 되었다. 독창적이며 귀중한 의견으로 가득 찬 이 편지는 다 딸의 손으로 씌어졌다. 수단을 목적에 적응시키는 데 있어서의 그녀의 실제적인 발상을 특징지우는 그 창의와 재기는 나로서는 도저히 맞설 수 없는 것이었다.

에서 아버지의 《인간심리의 분석》의 훌륭한 학설을 과학계와 사상계에 있어서 가장 새로운 진보의 수준에까지 높일 수 있도록 주석을 붙인 신판을 준비하고 출판한 일이었다. 이 일은 협동사업으로 심리학 방면의 주해(註解)는 베인과 내가 거의 같은 분량을 나누어 썼고, 때때로 생긴 철학사의 여러 가지 문제점에 대해서는 그로트가 약간의 귀중한 기여를 했다. 또 이 책이 저술된 당시의 불완전한 언어학적 지식으로 말미암아 생긴 여러 가지 미비한 점에 대해서는 앤드류 파인들레이터(Andrew Findlater) 박사가 보충해 주었다.

이 아버지의 저서는, 처음에는 마치 경험이나 관념 연합에 기초를 둔 심리학과는 형이상학적 사색의 경향이 정반대 방향으로 움직이고 있을 시기에 출판되었기 때문에, 직접 성공이란 점에서는 당장에는 그에 합당한 성공을 거두지 못했다. 그러나 그것은 많은 사람들의 마음속에 깊은 감명을 주었고, 또 이 사람들을 통하여 지금 우리들이 은혜를 입고 있는 '관념 연합의 심리학'을 더욱 좋은 호감을 갖고 맞이할 분위기를 만들어 내는 데 크나큰 공헌도 했다. 경험적 형이상학의 교과로서는 더 없이 적합했기 때문에 같은 학파의 최근의 연구결과를 끌어들여서 그 내용을 좀더 풍부하게 하고, 또 몇 군데 수정하기만 하면 이 책이 베인의 여러 논문과 함께 지금 차지하고 있는 것과 같은 분석파 심리학의 계통적 저작의 최고라고도 할 수 있는 지위를 차지하는 것은 쉬운 일이었다.

1868년 가을에 개정 선거법을 통과시킨 의회는 해산되고, 다시 행해진 웨스트민스터 구 선거에서 나는 낙선되었다. 이 결과에 대해 나는 별로 놀라지도 않았고, 또한 나를 주로 지지한 사람들도 같은 생각이었으리라고 짐작한다. 더욱이 이 사람들이 선거 직전 바로 며칠 동안, 전에 비해서 사뭇 낙관적인 것도 사실이었다. 내가 처음부터 아예 당선되지 않았다면 거기에 대해서 아무것도 특히 설명할 필요는 없었을 것이다. 이상한 것은 내가 첫 번째는 당선되었다는 것, 혹은 앞서는 당선되고 이번에는 낙선되었다는 사실이다.

그러나 나를 낙선시키려는 노력은 첫 번째보다도 두 번째 선거 때 훨씬 심했다. 첫째 마침 토리당〔보수당〕은 어떻게 해서든 내각을 유지해 보려고 온갖 안달을 다하던 때였고, 하나라도 선거전에 승리를 더 거두자는 것이 그들에게는 보다 중요성을 지니고 있던 터였다. 그 밖에도 보수적 생각을 갖고 있는 사람들은 모두 나와는 개인적으로도 전과는 비교할 수 없으리만큼 나쁜 감정을 갖고 있어서, 전번에는 나에 대해 호의를 갖거나 무관하던 사람이 나의 재선거에서는 몹시 반감을 갖게 된 사람이 적지 않았다.

나는 나의 정치관계의 저작 중에서 민주주의 견해에도 몇 가지의 약점이 있다는 것을 알고 있노라고 분명히 기술했기 때문에 보수당원 중에는 내가 민주주의의 반대자가 될 것을 희망한 사람이 있었던 것 같다. 내가 문제의 보수적 측면을 볼 수 있었기 때문에 그들은 내가 그들처럼 다른 측면을 전혀 볼 수 없으리라고 추측하였다. 하지만 만일 그들이 내 저술을 잘 읽었더라면, 그들은 내가 민주주의의 반대론 가운데 상당한 근거가 있어 보이는 것에 대해서는 모두 그 가치를 충분히 인정하고 나서, 조금도 주저하지 않고 민주주의를 지지하였다는 것, 다만 민주주의의 원리에 위배되는 일 없이 그 불합리한 점만을 제거할 수 있을 것 같은 제도(그러한 수정의견 중의 주요한 하나가 보수당의 거의 누구 하나 지지하지 않던 비례대표제였다)를 채택해야 한다고 주장하고 있는 사실을 알았을 것이다. 토리당의 몇 가지 기대는 내가 표명한, 어떤 조건하에서는 복수 투표권(複數投票權)을 승인하여도 좋다는 의견에 기초를 둔 것 같다. 사실 디즈레일리가 그의 선거법 개정안을 위한 예비 공작으로서 하원에 끌어들인 결의안의 하나에 나타난 이와 같은 제안이 {이 제안은 아무도 찬성하지 않아 그도 굳이 밀고 나가지는 않았다} 이 점을 논술한 나의 문장을 기초로 하지 않았느냐는 추측까지 있었다. 만약 그렇다면 내가 복수 투표의 특권은 재산이 아니고 교육에 부속시켜야 한다는 것을 명확한 조건부로 한다는 것, 그것도 보통선거를 전제로 하여 찬성한다는 것을 잊은 까닭이었다.

현재의 개정 선거법이 인정하는 선거권 밑에서 이러한 복수 투표가 얼마나 용인될 수 없는 것인가 함은, 어느 선거인에게나 한결같이 한 표밖에 주지 않은 현행법 밑에서도 아직 노동계급이 선거에서 아주 미약한 무게밖에 가지고 있지 않은 사실을 감안한다면, 만약 다른 점에서는 그처럼 생각하지 않은 사람들에게 있어서도 분명히 명확하게 되는 것이다.

그런 의미에서 나라는 존재는 보수파들의 이해관계에 대해서, 또한 보수적 자유주의자들에 대해서 전보다 한결 언짢은 존재가 되었다. 그렇다고 해서 나의 의회에서의 행동은 일반 자유주의자로 하여금 열렬하게 나를 지지하도록 마음을 돌릴 수 있는 것도 아니었다. 이미 말한 바와 같이 내가 눈부신 역할을 하는 경우의 대부분은, 자유당원의 대다수와 의견을 달리하든가 아니면 그들이 관심을 갖지 않는 문제의 경우였고, 나의 행동방향이 그들로 하여금 그들의 대변자로서 나에게 다소의 가치를 인정케 하는 따위는 거의 없었다.

뿐만 아니라 나는 많은 사람들의 마음속에 나에게 대한 개인적인 편견이 생기게 할 일을 이것저것 다했다. 내가 에어를 박해하였다고 분개한 사람도 많았고, 다시 많은 사람을 노하게 한 것은 브래들로(Bradalugh)의 선거비용에 내가 기부한 일이었다. 나 자신의 선거를 위해서는 단 한푼의 비용도 내기를 거절하고 모든 선거비를 남이 내도록 한 나로서는, 선출되는 것이 좋겠다고 생각되는 입후보자들에게 선거비가 모자랄 때 내가 기부해야 할 특별한 의무가 있다고 느꼈다. 그래서 나는 거의 모든 노동계급의 입후보자들에게 기부금을 보냈다. 그 중 한 사람이 브래들로였던 것이다. 그는 노동계급의 지지를 받고 있었고, 나 자신도 그의 연설을 듣고 그가 유능한 사람이라는 것을 알았다. 그는 맬서스의 인구론과 비례 대표제라는 두 개의 중대한 문제에 대하여 자유당 내에 지배적이었던 견해를 강력히 반대하는 입장을 취함으로써 그가 선동 정치가 타입과는 정반대의 사람임을 증명해 주었다. 민주주의적인 감성을 노동계급과 공유하면서, 더욱이 정치문제를 자기의 머리 속에서 판단하고 또 민중의 반대를 무릅쓰면서도 자기의 신념을 주장할 만한 용기를 가진 사람이야말로 의회에서 일할 수 있는 사람이라고 나는 믿었다. 그리고 브래들로의 반종교적 의견(비록 그가 그것을 발표함에 있어서 온당하지 않았다 하더라도)이 그를 배척하는 이유가 되어서는 안 된다고 생각하였다. 그러나 그에게 선거자금을 기부한 사실은 만약에 내가 나 자신의 재선만을 생각하는 처지에 있었다고 한다면 다시 없는 몰지각한 일을 한 것이었다. 독자들도 예상할 수 있겠지만, 이 나의 행동은 정당하든 안 하든 간에 최대한도로 이용되어 웨스트민스터 구의 유권자를 나에게 반대되는 방향으로 선동했다.

이상과 같은 몇몇 원인과 내 반대편의 보수당 입후보자가 돈과 그 밖의 온갖 수단을 무작정 쓰는 데 비해 우리측은 이런 것을 전혀 쓰지 않았다는 사실이 겹쳐 나는 첫 번째는 당선되었지만, 두 번째는 낙선하는 결과를 초래했다고 생각할 수밖에 없다. 선거 결과가 밝혀지자마자 주로 지방이었지만, 다른 선거구로부터 입후보해 주었으면 하는 권고를 서너 번 받았다. 그러나 가령 당선의 희망이 있었다 하더라도, 그리고 출자금 없이 당선이 예상된다 하더라도 나는 나 개인의 생활로 돌아가는 즐거움을 포기할 생각은 없었다. 나에게는 선거인들에게 받아들이지 못한 일에 대하여 부끄럽게 생각할 이유가 없었고, 설사 있었다 하더라도 여러 방면의 인사들이나 각 지방으로부터 받은 유감스럽다는 많은 위로의 인사로 그런 기분은 보상하고 남음이 있을 것이다. 특히 자유당 가운데서도 하원에서 내가 늘 행동을 같이한 인사들로부터는 한층 더 간곡한 위안의 말을 들었다.

그 후로는 특히 여기에 기록해 둘 만한 일은 거의 일어나지 않았다. 남유럽의 전원 생활을 즐기면서 1년에 2회, 2, 3주간이나 2, 3개월씩 런던 근교에서 거주하는 생활로 되돌아갔다. 그로부터 오늘까지, 나는 정기 간행물 [주로 나의 벗인 몰리의 《격주평론(隔週評論)》]에 각종 논문을 쓰기도 하고, 횟수는 많지 않지만 공식 석상에서 연설도 하며, 몇 해 전에 쓰던 《여성의 해방》에 〔딸과 내 손자가〕 약간씩 보충을 하여 출판하기도 했다. 또한 장래의 저서를 위한 자료 준비에도 착수하고 있는데, 거기에 대해서는 오래 살아서 완성하게 된다면 그 때 가서 상세히 이야기할 수 있으리라. 그러므로 이 회상기(回想記)는 여기서 끝맺기로 한다. *

□ 해 설

1 밀의 생애

어린 시절과 주지주의 교육

존 스튜어트 밀(John Stuart Mill)은 1806년 5월 20일에 태어나 1873년 5월 7일 67세로 세상을 떠났다. 밀의 일생은 영국이 나폴레옹과 전쟁을 시작한 직후부터 그 후 경제적 곤란의 시대를 거쳐 천하에 번영을 자랑한 빅토리아 여왕 치세 전반까지의 가장 변화가 심했던 시대에 해당한다. 이 변화는 한 마디로 말해 공업화와 민주화 시대라고 할 수 있을 것이다.

이러한 시대의 사람들은 이 변화를 진보라고 일컫고 있었으나, 영국이 평화 속에서 이 진보의 사상을 받아들이게 된 데에는 여러 가지 원인이 있다. 여기에는 자유주의의 원리 위에 서면서 개혁의 지나침에서 생기는 위험을 경고하고 여론 지도에 노력한 사상가가 있었다는 것을 간과할 수 없다. 영국 노동운동이 혁명적인 경향으로 기울어지지 않은 이유가 여기에 있다. 이러한 사상가의 대표자가 존 스튜어트 밀이었음은 두말할 필요도 없다.

제임스 밀의 아홉 자녀 중 장남으로 태어난 존만큼 특이한 교육을 받은 사람도 드물었다. 공리주의자의 신봉자였던 그의 아버지는 존을 자기의 후계자로 키우기 위해서 어릴 때부터 심리학에 입각한 공리주의 교육과 철저한 천재교육을 시켰다. 존의 자서전에 의하면, 그는 세 살 때부터 이미 그리스어를 배우고 소크라테스를 읽었다고 한다. 많은 어린이들이 먼저 성서(聖書)를 배웠던 것과는 달리 그리스의 고전을 배우게 된 것은 선(善)이란 지식이며, 또 정(正)이 무엇인가를 알면 사람들은 반드시 그것을 행하게 될 것이라는 주지주의(主知主義) 교육 때문이었다. 수학, 역사도 읽게 되었으며 여덟 살 때부터는 라틴어를 배웠고 열세 살 때부터는 리카도의《경제학 및 과세의 원리》를 읽었다.

그 무렵 아버지 제임스는 수입도 별로 없이 어려운 생활을 하고 있었으나, 그러한 속에서도 어린 존의 교육을 위해서 어학을 가르치고 연구의 지도를 했다. 보통 아침 산책을 나갔을 때 존은 아버지를 따라다니면서 전날의 독서내용을 보고하고 질문에 대답해야 했다. 대답을 잘못하면 아버지는 때때로 화를 냈다. 존은 아버지의 꾸중을 듣지 않기 위해 독서에 열중했으며 따라서 휴일도 없고 또 같은 또래의 친구와 놀 수도 없었다. 존은 정규교육을 한 번도 받지 못했다.

아버지는 결코 주입식 교육을 하지는 않았다. 그러나 주지주의 교육은 당연히 결함도 나타났다. 그는 자서전 속에서 자기는 집안에서 주로 아버지한테서 교육을 받았기 때문에 여느 아이들처럼 부모에게서 떨어져 다른 아이들 틈에 들어갔을 때 배울 수 있는 많은 교육을 받을 기회가 없었다고 술회하고 있다. 즉 종교적 교육도 없었고 정서교육도 없었다.

아버지에게서 그가 받은 교육 중 하나가 공리주의였다. 그의 자서전에 의하면 아버지는 항상 선악을 구분하는 기준은 쾌락을 주느냐 고통을 주느냐에 달려 있다고 말했다.

1820년, 열네 살 때 존은 벤담의 동생 새뮤얼 벤담에 끌려 1년간 프랑스에 머문 일이 있었다. 이 1년 동안 그는 파리에 머무르면서 생시몽 등을 비롯해 프랑스인의 사교계와도 어울리면서 그들의 사고방식을 배웠다. 특히 프랑스 자유주의에 대한 관심이 높아졌다는 것은 세계 문제를 영국의 안목에서만 보는 편협한 시각에 문을 열어 준 것이 되었다. 파리에서 돌아온 후에도 아버지의 교육은 계속되었으나, 이 무렵에는 이미 자기 혼자 책을 읽을 수 있었다. 프랑스 혁명에 감격하고 많은 책을 읽었다.

아버지 제임스는 아들의 생활안정을 위해 그를 1819년 이래 자기가 봉직하고 있던 동인도 회사 서기로 취직시켰다. 1823년의 일이다. 케임브리지 대학에 가서 공부하라고 권하는 사람도 있었으나, 그들 부자(父子)는 다 같이 대학을 비웃고 있었다.

정신적 위기와 그 극복

그러나 1826년 가을, 그에게는 하나의 정신적 위기가 닥쳐왔다. 그는 자서전에서 자기에게는 생에 대한 아무런 목적도 찾을 수 없었다고 기술하고 있다. 그에게 어찌하여 이런 정신적 위기가 닥쳐오게 되었는지에 관해서는 여러 가지 연구가 있다. 그 중에서도 가장 큰 원인은 그가 받은 너무 지나친 주지주의 교육 때문이었던 것 같다.

약 반 년 가까운 우울기를 거친 다음 그는 이것저것 독서를 한 후 감격을 하고 자기에게도 아직 감정이 남아 있다는 것을 발견하면서 그 위기로부터 탈출할 수 있게 되었다. 그 다음의 밀은 이미 그 이전의 밀이 아니었다. 급진적 개혁사상을 버린 것은 아니었으나 그의 인간관과 방법론은 벤담주의의 수정으로 향하고 있었다.

행복이란 그것을 구한다고 해서 얻어지는 것이 아니라는 생각이었으며, 인간은 지적 능력과 함께 그 밖의 정서적 능력도 그에 못지 않게 계발해야 한다는 자각이었다. 그림이나 음악, 전원의 아름다움을 노래한 워즈워스의 시 같은 것을 좋아하게 되었다. 그의 이러한 변화는 독서와 또한 친구와의 경우에서 생기게 되었다.

밀이 새로운 사상을 받아들이는 데 힘이 되었던 것은 프랑스의 생시몽파의 역사철학과 사회주의, 오귀스트 콩트의 실증주의의 역사철학을 알게 된 것이었다. 1830년 7월 혁명의 소식을 듣고 크게 기뻐한 밀은 파리로 가서 프랑스의 여러 학자·사상가들을 만났다. 영국에서도 유럽 대륙에 호응해서 개혁을 요구하는 폭동이 일어났으나, 여기에 대한 아버지 제임스와 아들 존의 반응은 서로 달랐다.

아버지는 폭력을 일체 반대하고 사회주의자를 비난했으나, 존은 혁명에 가까운 생각을 한때나마 가졌다. 1832년 벤담이 사망하고 1836년에는 아버지 제임스가 결핵으로 그의 뒤를 따랐다. 밀 자신도 이 시대에는 때때로 병으로 고통을 받았다.

헬리엣 테일러와의 결혼

1830년 여름, 밀은 런던의 실업가 존 테일러의 초대를 받았다. 정신적 위기로부터 겨우 회복된 불안정한 때였다. 이 때 소개받은 테일러 부인과 연애관계에 빠져 이것이 그 후의 밀 사상에 큰 영향을 주었다. 헬리엣 테일러는 밀보다 1년 늦은 1807년 하디의 딸로 태어났다. 1826년 약종상으로 재산을 모은 존 테일러와 결혼했다. 그는 자유 사상가로서 유럽 대륙에서 피해 오는 정치적 망명자의 피난처를 제공해 주기도 했다. 그러나 학문·미술·문학·음악에는 거의 이해가 없었다. 이에 비해 헬리엣은 이 방면에 뛰어난 재능을 갖고 있었다. 이렇게 불만스러운 정치적 간격이 있을 때 똑같이 정신적 동요기에 있으면서 여성에 관해서는 거의 어린애와 같았던 밀을 소개받았다. 둘은 서로에게서 자기가 갈망한 이상적인 이성을 발견하고 깊은 사랑에 빠졌다. 당시 이혼은 그리 쉽지 않았다. 더욱이 이혼한 다음의 재혼은 어려웠다. 특히 테일러 부부 사이에서 태어난 두 어린애의 문제도 생각지 않을 수 없었다.

한편 헬리엣은 테일러를 여전히 존경하고 밀에 대한 것과는 다른 의미에서 사랑하고 있었다. 그녀는 테일러에게 사실을 고백하고 어떻게 해서든지 밀을 단념하려고 했으나 허사였다. 테일러는 아내에게 단념할 것을 설득했으나 강제적으로 둘 사이를 끊으려고는 하지 않았다. 한편 밀도 아버지나 친구들의 비난을 받고 헬리엣을 피하려고 했으나 단념할 수 없었다. 마땅히 추문이라고 해야 할 이 사건이 크게 비난받을 만한 추문이 되지 않은 것은 관계자 세 사람의 이성적인 태도 때문이었다.

밀이 1836년 건강을 해치고 파리로 정양(靜養)을 갔을 때 헬리엣도 남편의 양해를 얻어 두 아들을 데리고 파리로 가서 밀의 간호를 했다. 그 후 이들은 스위스, 프랑스, 이탈리아 각지로 여행을 했다. 그러나 두 사람의 관계는 어디까지나 정신적인 것이었다. 이러한 부자연스러운 관계는 1849년 테일러가 암으로 사망할 때까지 계속됐다. 헬리엣과의 관계는 밀의 사상이나 생활에 큰 영향을 주었다. 헬리엣과의 교제로 말미암아 밀은 많은 친구를 잃었을 뿐 아니라 어머니나 누이들과의 관계도 멀어졌다. 밀의 가족들은 헬리엣에게 호의를 갖지 않았다.

그러나 그녀와의 교제는 손실 이상으로 큰 이익이 있었다. 그 까닭은 밀이 사상적으로 좋은 벗을 만났기 때문이었다. 밀은 1840년대 후세에 길이 남을 만한 두 저작을 발표했다. 그 중 하나는 1843년에 발표한 《논리학 체계》이다. 이것은 10년간 연구를 거듭한 주제로서 밀의 학문 방법론을 이해하는 데 중요한 책이다. 매우 어려운 책이었으나 예상외로 많이 팔렸으며 사상가로서 밀의 지위도 뚜렷해졌다. 다른 하나는 1848년에 발표한 《경제학 원리》이다. 이 책도 많이 팔렸다. 오랫동안 영국의 대학교재로 읽혔다. 그런데 이 책의 저술에 너무 진력한 탓인지 밀의 건강은 한때 쇠퇴했다. 그러나 이 무렵 밀의 사생활은 오히려 안정되었다. 왜냐하면 헬리엣과 결혼을 했기 때문이었다. 이 해 남편 테일러는 헬리엣의 뜨거운 간호를 감사해하면서 세상을 떴다. 많은 유산이 그녀에게 남겨졌다.

이로부터 2년 후 밀은 헬리엣과 비로소 결혼식을 올렸으나 간단한 식으로 끝마치고 누구도 초대하지 않았다. 그러나 결혼 후 1년도 되지 않아서 둘은 다 같이 결핵에 걸려 있는 것을 알았다. 밀은 그녀를 프랑스 남단으로 요양보내고 자기는 여가를 이용해서 계획된 저술을 서둘렀다. 그의 자서전의 3분의 2는 1856년경에 이미 끝나 있었다. 그러나 1858년 겨울, 밀 내외는 프랑스의 아비뇽으로 피한(避寒) 여행을 떠났으나. 이곳에서 헬리엣은 감기에 걸려 갑자기 죽고 말았다.

그녀의 죽음은 밀을 매우 슬프게 했으나, 아직도 자기에게 남아 있는 사명을 자각한 정신력 때문인지 그 후 그는 기적적으로 건강을 회복했다. 헬리엣이 살아 있었을 때 그녀와 의논하고 집필을 계획한 책은 둘 사이에 오고간 편지에 나타나 있다. 즉 《성격론》《연애론》《취미교육》《미래의 종교》《플라톤론》《도덕의 기초》《종교의 효용》《사회주의》《자유론》《인과론》《가정론》《인습론》 등이었다. 1858년 밀은 오랫동안 근무한 동인도 회사를 사직했다. 2년 전 밀은 통신 심사부장이라는 요직으로 승진했으나, 이 때부터 그는 회사를 그만둘 것을 생각했다.

말년의 밀

헬리엣이 죽은 후 밀을 돌봐 준 것은 그녀의 장녀 헬렌 테일러였다. 그녀는 연극에 소질이 있었고, 한때 무대에도 선 일이 있으나 어머니가 죽은 후로는 대신해서 밀의 비서 역할을 했다. 이 헬렌과 밀은 어떤 때는 아내의 무덤이 있는 프랑스의 아비뇽에 가서 살기도 하고 어떤 때는 런던에 돌아와 생활하기도 하면서 저술에 힘썼다. 말년의 밀은 저술에 힘을 썼으나 현실정치에도 무관심하지 않았다.

1861년 미국에서 남북전쟁의 위험이 절박했을 때, 영국에서는 자유주의자라고 자칭하는 사람들까지 포함해서 많은 사람들이 남부를 편들었다. 그러나 밀은 전부터 노예제도의 폐지를 주장하였기 때문에 북부를 편들어야 한다고 주장했다.

1865년 밀은 웨스트민스터 선거구 유지들의 권유를 받고 선거에 입후보해서 당선됐다. 그는 입후보 승낙에 네 가지 조건을 내세워 승낙을 받았다. 당선되어도 지방의 이익을 위해서 일하지 않는다. 당선 후에도 자기의 의견이 당에 구속되지 않는다. 선거운동에 돈을 쓰지 않으며 선거운동도 하지 않는다. 전능의 신도 이러한 조건으로는 당선되기가 어렵다고 사람들은 말했으나, 7월 12일 개표 결과 밀은 700표 차로 당선됐다. 밀은 의회에 들어가 평화와 사회정의를 위해서 많은 일을 했다. 그러나 3년 후인 1868년의 총선거에서는 낙선이 되고 그 후 정계에서도 은퇴했다. 1870년 프로이센과 프랑스가 전쟁을 했을 때 밀은 나폴레옹 3세의 전제정치를 비난하고 프로이센을 지지했다. 그 후 그는 사회주의에 관한 집필을 시작했으나, 완성하기 전에 아비뇽을 여행하던 중 그곳에서 병을 얻어 다시는 일어나지 못했다. 그는 간호를 하고 있던 헬렌을 향하여 "나는 내 일을 다 끝마쳤다"라는 말을 남기고 눈을 감았다. 우리나라에서는 대원군이 득세하고 있던 1873년 5월 7일이었다. 밀의 유해는 아비뇽에 있는 헬리엣의 묘와 나란히 안장되었다.

2 밀의 사상체계

사회과학 방법론

"덕이란 지식이다"라는 플라톤적인 생각은 밀이 아버지에게서 받은 교육적 신념이었다. 따라서 밀은 젊었을 때부터 옳은 지식을 얻기 위해서는 어떠한 방법에 의할 것인가 하는 논리학의 문제에 관심을 가지고 있었다. 그러나 용이한 문제가 아니었다. 하지만 정신적 위기를 거친 후에 밀은 더욱 이 문제에 대한 관심이 절실해졌다. 그것은 아버지 제임스와 매콜리와의 생활철학에 관한 논쟁 때문이었다. 밀은 이 논쟁을 보고 사회과학의 올바른 방법론은 연역법인가 귀납법인가를 뚜렷이 할 필요가 있다는 것을 통감하고 논리학 연구에 들어갔다. 여기에서 나온 것이 그의 대저(大著) 《논리학 체계》였다.

그러면 사회과학의 옳은 지식은 어떻게 얻어지는가. 사회 전체에 실험을 적용하는 것은 불가능하다. 그러나 사회는 개인의 복합이다. 개인의 인간성에 관해서는 자연 현상과 같이 관찰과 실험으로써 귀납법으로 약간의 심리적 법칙을 만들어 낼 수 있다. 이렇게 귀납법으로 얻어진 지식을 토대로 인간성이라는 복잡한 현상에 관해서는 연역법에 의해 어떠한 인간의 성격이 일정한 환경 속에서 형성되는가를 조사한다. 이것을 성격학이라고 한다. 이 심리적 법칙과 성격학적 법칙에 의해 어떠한 조건하에서는 인간의 행동에 관해 일정한 경향성이 생긴다고 지적할 수 있다.

밀은 사회를 개인에서 초월한 유기체적인 것으로 다루는 콩트의 방법에 반대하고 사회는 개인이 복합한 관계에 지나지 않는다고 생각했으나, 신학적 · 형이상학적 · 실증적 단계를 거쳐 인간의 지식이 발달한다는 그의 역사적 방법에는 감명을 받았다. 구체적 연역법을 적용할 수 없을 정도로 복잡한 현상에 대해서는 그 순서를 반대로 하여 우선 역사적 · 경험적 사실의 관찰에 의한 귀납으로 경험적 법칙을 파악하고 그 다음 인간성의 심리학적 법칙에 의한 연역에 의해 검증하는 방법을 주장했다. 그리고 양자가 합치하면 그 경험적 법칙은 인과법칙이 된다고 했다. 사회과학의 확실한 지식을 얻는다는 것은 인간을 인과법칙에 의해 지배받는 것으로 이해하는 것이다.

이것은 자유의사를 전제로 한 도덕과 모순되지 않는가. 만약 로버트 오웬처럼 인간의 성격이 환경에 의해 결정되는 것이라면 행위의 예측은 할 수 있으나 숙명론에 의해 도덕의 존재 이유가 없어진다. 이에 대해서 밀은 학문적 필연성과 숙명론을 구분함으로써 도덕의 존재를 증명하려고 했다. 즉 필연이 의미하는 바는 일정한 원인이 다른 원인에 의해 억압되지 않는 한 일정한 결과를 가져오는 것이라고 했다. 인간의 행위에 관해서 말한다면 어느 동기가 주어지더라도 인간의 성격이 서로 다르기 때문에 서로 다른 행동을 가져온다. 더욱이 인간은 원한다면 성격도 어느 정도 변경할 수 있는 힘을 가지고 있다. 이러한 가능성을 무시한 곳에 숙명론의 잘못이 있다고 했다.

그의 자유주의에 관해서는 유명한 《자유론》이 있다. 이 저작은 자유의 중요성과 그 한계를 논한 자유주의의 고전이다. 그는 민주주의를 무조건 찬미하지는 않았다. 민주주의를 확대하는 데 있어 주의할 것은 교육을 안 받은 다수자가 숫자를 이용해서 소수자의 의견을 억압하는 것이라고 했다. 그는 언론의 자유에 관해서도 적극적으로 주장했다. 언론의 자유는 진리의 발견에 필요불가결하며, 진리의 발견은 사회의 진보에 크게 유익하다는 생각을 가지고 있었다. 또한 밀은 국가권력의 증대는 항상 자유에 해롭다는 견해를 갖고 있었다. 이것은 그의 자유론이 소극적으로만 생각되어 왔다는 것을 뜻한다. 아무런 강제·간섭이 없을 경우 사람은 과연 인간을 발전시킬 수 있을까. 국가의 간섭, 가령 경제에 통제를 가하는 곳에서 오히려 개인의 능력을 계발할 기회가 생기는 것이 아닌가 등등의 자유의 적극성에 관해서는 논급이 없다. 이러한 적극적 자유론은 그 후 토머스 힐 그린에 와서 이론이 확립되었다.

민주주의의 옹호와 대의정치

정치의 경우 그는 어디까지나 민주주의를 옹호했다. 여성에 대해서도 선거권을 주어야 한다고 한 점에서는 아버지와 같았으나, 그보다 훨씬 급진적이었다. 그의 아버지는 인간성을 연역해서 그것에 맞는 정치형태가 바로 민주주의라고 생각하고 이러한 민주주의는 어느 나라에나 모두 적용된다고 했다.

그러나 밀은 이러한 생각에 반대했다. 그는 일정한 조건이 갖추어져 있지 않으면 민주주의는 실시되지 않는다고 했다.

이와 동시에 그는 민주주의에 따르기 쉬운 결함도 알고 있었다. 부분적인 이익에 좌우되기 쉽다든지, 또는 다수자가 반드시 자기의 참된 이익이 무엇인가를 알고 있다는 생각에는 회의적이었다. 그는 소수자의 의견을 의회에 반영시키는 방법으로서 비례 대표제를 주장하였다. 그러나 한편 그는 지적으로 우수한 소수에 선거권을 주어야 한다느니 유기명 투표를 시켜야 한다느니 하는 등의 주장을 하기도 했다.

경제이론에 관한 한 밀은 어려서부터 배운 리카도의 이론과 거의 다를 것이 없었다. 차이점이 있다면 부의 생산에 관한 법칙과 분배에 관한 차를 논한 점이다.

사람은 어떠한 것을 생산하든지 간에 외적 자연의 구조와 자기의 육체적 · 정신적 구조에 의해서 결정되는 방법과 조건에 따르지 않을 수 없다고 하고 자본축적의 정도, 인간의 정력, 기계의 정교함, 분업의 효과에 의해 생산이 가능하다고 했다.

이에 반해서 분배의 법칙은 이것과 다르다. 그는 분배의 문제는 전적으로 사회제도의 문제라고 보았다. 일단 생산물이 생기면 인류는 개인적 또는 집단적으로 그것을 제멋대로 원하는 대로 분배한다.

부(富)의 분배는 사회의 법과 관습에 의존한다. 분배법칙은 사회의 지도적 계급의 의견과 감정에 의해 만들어지며, 시대와 나라를 달리함에 따라 다르고, 장래에도 사람이 원하기만 한다면 얼마든지 변경시킬 수 있을 것이라고 그는 주장했다. 사람들은 누구나 정체된 사회를 싫어하나, 반드시 그렇게만 볼 것은 아니라고 그는 논했다. 만약 자발적으로 인구증가가 억제되면 노동자의 생산수준도 상승될 것이라고 했고, 또 누구도 가난하지 않고 부자가 되려하지 않고 타인을 제쳐 놓고 앞으로 나가려고 덤비는 사람도 없는 사회는 인간성을 위한 최선의 사회라고 했다.

그의 경제사상

밀의 경제이론에는 오늘날 불완전하다고 생각되는 점이 많다. 더욱이 그 중 가장 큰 문제는 밀의 특색인 생산의 법칙과 분배의 법칙을 별개의 것으로 다룬 점이다. 생산의 법칙에도 사회조건이 포함되어 있는 것은 밀도 지적한 바이지만 양자를 별개로 분리할 수는 없는 것이다. 자연의 법칙으로서 밀이 방임한 생산의 영역에도 인위적 통제를 안 하려고 한 것이 케인스의 경제학이며 계획과 경쟁을 종합한 혼합경제의 생각이다. 이것은 복지국가 경제정책의 기본 사고다.

밀의 시대는 자본주의의 성장이 상당한 정도에까지 도달해 이미 그 폐단이 부분적으로 나타나기 시작한 때였다. 이러한 점에서 그는 자본주의에 대해 수정적 생각을 갖고 있었고 그의 사회주의론은 여러 번의 개정이 있었다. 처음 그는 사회주의에 공감을 안 가진 것은 아니나, 그것이 불가능하다고 믿었다. 무제한의 자유방임이 아니고 소비자의 교육, 노동시간의 제한, 극빈자의 구제, 이민사업 등 국가사업 또는 국가 간섭을 인정하고 있었으나, 국가세력이 증대되는 것에 대해서는 두려움을 표시했다. 그는 자유를 제한하는 것을 더 적극적으로 반대했다. 그러나 밀은 1848년 혁명 이후, 사회주의에 대해 점차 호의적으로 변해 가는 듯이 보였다가 그가 만년에 쓴 글을 보면 또 호의적이 아니었다는 인상도 준다. 밀은 제1 인터내셔널의 관계자 조지 오저를 알고 있었지만 이것을 창립하는 데 힘이 된 카를 마르크스에 관해서는 전혀 언급이 없다.

그가 인용하고 있는 것은 로버트 오웬, 루이 부랑 등 극단적이나 다분히 공상적인 사회주의자들이다. 이들은 생산수단의 공유, 생산물의 동등한 분배 등을 주장하고 있다. 이러한 이론과 밀이 살고 있는 현실사회를 비교 분석하고 있는 것이다. 밀은 아직 실현되지 않은 이상으로서의 공산주의 내지 사회주의와 현실사회를 비교하면 이상 쪽이 훨씬 좋다고 시인하고 있다. 현실사회에서도 교육을 보급해서 인간성을 개선하고 인구를 억제하면 분배의 불평등은 어느 정도 시정된다고 그는 보았다. 그가 이상사회와 현실사회를 비교하는 데 있어 기준으로 삼은 것은 개성의 신장과 에너지의 증진에 있다고 했다. 이 기준에서 보면 공산주의는 생활이 획일적이 되기 때문에 개성의 존중이라는 점에서는 바람직하지 못하다고 했다. 그러나 사유재산과 그것의 상속을 인정하는 푸리에주의에서도 각 성원의 최저생활을 보장하고 나머지 생산물은 노동의 양, 출자액 및 재능의 정도에 따라 분배한다는 점에 장점이 있다고 보았다. 다만 문제는 이것을 어떻게 실현하느냐에 대한 귀착이었다.

사회주의를 실현하기 위해서도 사회성원의 높은 도덕적 자질이 필요하다고 했다. 밀은 사회주의를 우선 이 사회에서 실험하고 성공하면 대사회에 확대 실시하는 것이 안전하다고 주장했다. 그도 노동계급에 관해서는 그들이 우선 인구억제를 하는 한편, 협동조합을 만들어 스스로 사업을 떠맡는 방법과 자본주와의 협동기업에 참가할 것을 권하고 있다. 자본가 입장에서 보더라도 이렇게 하는 것이 노동 능률을 높인다는 점에서 유리하다고 권하고 있다. 이렇게 되면 자본, 노동계급의 대립도 완화될 것이라고 그는 보았다. 이러한 밀의 생각은 피고용자들이 경영 참가를 하는 이른바 인민자본주의와 같은 것이다.

사회주의론

밀은 사회주의를 실현하는 방법으로서 폭력 혁명을 주장하는 유럽 대륙의 많은 혁명적 사회주의에 대해서는 그것이 자기의 생각만을 옳다고 고집하고 타인에게 자기 생각을 강제하는 것이라고 해서 반대하였다. 그러나 소(小)사회에서 우선 실행하고 타(他)사회에서 확대하려는 푸리에나 오웬의 실험적인 사회주의에는 크게 문제될 것이 없다고 보았다. 밀이 사회주의에 어느 정도 관심이 있었는가는 단정해서 말할 수 없으나, 그가 바라는 바는 자유를 살려 가면서 평등화와 협업화를 추진하는 것을 바라고 있는 것 같다. 그는 기존사회를 파괴하면 저절로 모순 없는 사회가 실현된다고 생각할 만큼 공상가는 아니었으며 자유를 희생한 완전한 계획화를 주장할 정도로 자유의 가치에 무관심하지도 않았다. 그는 자서전에서도 언급했듯이 경험주의적 사회주의로의 접근을 바랐으며 그가 원한 것은 제도보다도 인간의 가치 능력의 향상·개량 등이었다.

슘페터는 밀을 평해 말하기를 "정서적으로 그는 사회주의에 매력을 느꼈으나, 노동자의 빈궁을 내세워 혁명을 하려는 사회주의에는 반대했다. 이것은 베른슈타인의 수정주의와 다를 것이 없다. 그렇기 때문에 마르크스주의자들은 그를 싫어한다"고 말했다. 만약 밀이 오늘날 이 세상에 다시 태어난다면 그는 아마도 영국 노동당이나 유럽 사회당이 주장하는 것 같은 사회민주주의를 지지할 것이다.

3 밀의 사상과 현대사회

밀에 관한 것은 지금껏 우리나라에서는 거의 관심의 대상이 되지 못했다. 그것은 우리나라의 근대화 과정과 8·15 해방 후의 서구 사조 유입 경위를 되돌아보면 쉽게 알 수 있다. 구한말 일부 선각자들이 서구 선진문명에 접촉하고 국가의 개화에 노력했으나, 이러한 국민적 각성과 거의 때를 같이해서 열강의 침략 마수가 뻗쳐 이 모든 개화운동이 궤도에 오르지 못한 채 좌절되었으며 이후로는 격렬한 저항시대로 들어갔다. 밀의 사상은 영국 국민의 특유한 공리주의 · 경험주의의 산물이었고 안정된 사회, 차분한 진보를 지향하는 사조라고 할 수 있다. 식민통치하에 신음하고 있던 우리 지식인 사회에는 극단적인 민족주의나 그렇지 않으면 마르크스주의가 관심의 대상이었다. 더욱이 8 · 15해방 후 국토가 남북으로 양단된 여건에서는 좌우의 격렬한 대립에서 사회사조도 이것과 맞추어 극단으로 기울어져 온건한 경험주의를 토대로 한 밀의 사상은 받아들여질 여지가 없었다.

그러나 밀이 우리에게 전혀 의미가 없는 존재일까. 의회정치는 어떤 상태에 있는가. 극과 극의 대립으로 대화의 여지가 없고 거의 유명무실한 존재가 되어 있지는 않은가. 경험을 존중하고 극단을 피하는 영국의 민주주의, 오늘의 영국 민주주의의 사상적 원천이라 할 수 있는 밀의 사상은 우리에게 새로운 의미에서 관심을 환기시키고 있다. 한때 우리나라의 언론은 어떠한 상태에 있었던가. 정 · 재계의 부패, 소수 의견의 공공연한 무시, 민주주의의 연륜이 성년이 넘었다고 하지만 오히려 성장 아닌 침체 속에 있다는 비난, 자탄은 웬 까닭이었던가. 그리고 복지사회로 가는 장애요소 혹은 빈부의 차는 무엇이었던가.

사회 · 경제 · 정치 · 풍속 · 가치관 할 것 없이 극에서 극으로 달리고 있었던 것이 사실이다. 경제계의 실정을 돌이켜 볼 때 그 때가 과연 최대 다수의 최대 행복을 지향하고 있던 사회라고 할 수 있을까.

밀은 사회주의를 동경하면서도 그것이 자의나 설득이 아닌 강제를 뜻하는 것이기 때문에 찬성할 수 없다고 했다.

밀은 어떠한 명분이나 이유로도 강제란 있을 수 없다고 했다. 민주주의가 말 그대로 훌륭하게 운영되고 있는 것이 영국인 까닭은 어디에 있을까. 밀의 사상을 오늘의 영국 민주주의와 관련시켜 생각할 때 우리는 무엇인가 깨닫는 바가 있어야 할 것이다.

물론 밀의 사상은 오늘의 시점에서 볼 때 미숙한 점이 없지 않고 그 이론에는 혼란이나 오류가 적지 않다. 그러나 그가 지향한 바는 개인의 물질적 행복의 중요성을 한편으로 긍정하면서도 그것을 넘어선 활력에 찬 자유로운 사회였다. 이러한 의미에서 밀의 사회사상에 대해 우리는 그것이 가지는 이론적 허점이나 시대적 제약을 비판하면서도 그에게서 많은 것을 배우지 않으면 안 될 것 같다.

오늘날 우리 지식인 사회에서 가장 결핍되어 있는 것은 사상의 다양성이다. 사상은 그 자체 상대적이다. 다른 사상에 대해서 그렇고 시대적 제약을 벗어나지 못한다는 점에서도 그렇다. 우리 지식인에게 별로 소개된 바 없는 밀의 사상에서 오늘의 시대에 도움이 되는 사상적 가치를 찾았으면 한다.

✽ 옮긴이 소개

배영원

칼럼니스트.
《여원》, 《어깨동무》, 《월간 아시아》, 《공산권 연구》 지의 주간 역임.
국제PEN클럽 한국본부 회원.
저서로 테마 에세이 《남들은 방방 뛰는데…》, 《논문의 구성과 기법》 등.
역서로 《존 스튜어트 밀 자서전》, 《중국인》, 《통치론》, 《희망의 철학》, 《제인 에어》, 《양지바른 언덕의 소녀》 등이 있음.

존 스튜어트 밀 자서전

발행일 | 2022년 5월 10일 초판 1쇄 발행
2024년 2월 1일 초판 3쇄 발행

지은이 | J.S. 밀
옮긴이 | 배영원
펴낸이 | 윤재민
펴낸곳 | 종합출판 범우(주)
교 정 | 신영미
인쇄처 | 태원인쇄

등록번호 | 제406-2004-000012호 (2004년 1월 6일)
(10881) 경기도 파주시 광인사길 9-13 (문발동)
대표전화 | 031-955-6900
팩 스 | 031-955-6905
홈페이지 | www.bumwoosa.co.kr
이메일 | bumwoosa1966@naver.com

ISBN 978-89-6365-391-4 03850

* 책값은 뒤표지에 있습니다.
* 잘못된 책은 바꾸어드립니다.